최민희 나의 인생 에피소드

아버지

삼사재

목 차

프롤로그 / 05

아버지는 사연이다 / 11
여성호르몬 때문인가 / 32
아버지를 위하여 / 40
정직하게 살아라! / 48
아버지의 산책과 독서 / 64
심지어 성교육 까지? / 80
아들과 딸 / 86
구두쇠 할아버지의 손주대하는 방식 / 90
사과 한 알, 계란 두 개 / 100
해직기자 잡지라꼬? / 148
진짜가 되라고 말하시다. / 173
아버지를 위로하고 싶다 / 187
아버지의 유언 두 가지 / 193
나는 아버지의 딸이다 / 199
촛불집회 / 213
아버지 청출어람, 울 집 남친 / 223
여자가 한을 품으면 / 243

작업후기 / 245
에필로그 / 252

프롤로그

아버지가 돌아가셨다. 2015년 11월 23일 저녁 9시 15분.

병원에 입원하신지 딱 20일 만에 유명을 달리하셨다. 아버지는 이해할 수 없을 만큼 단도직입적이고 쿨한 분이다. 이승과의 이별도 그랬다. 아흔두 살에 작고하기까지 꿋꿋하게 독립적으로 생계를 유지하셨을 뿐만 아니라 일상생활에 있어서도 결코 자식들에게 의존하는 법이 없었다. 다만 어머니에 대한 의존도는 매우 높았다. 점잖게 의존도가 높다고 쓰려니 양심에 찔린다. 아버지는 어머니를 거의 괴롭히는 수준이었고 엄마는 아버지 뒤치다꺼리에 늘 바쁘셨다. 생도 살아온 삶과 똑같이 마감하셨다. 자식들에게 물리적으로 귀찮은 일을 하게 하지 않으셨다.

내 남편의 아버지는 일흔에 돌아가셨다. 돌연 심장마비로 급서해가신 뒤 오랫동안 가슴이 아팠다. 내 남편의 어머니는 예순에 중풍으로 쓰러진 뒤 84세에 돌아가셨다. 20년 이상 병 뒷수발을 한 때문인지 시댁 식구들은 모두 어머님의 죽음을 비교적 담담하게 받아들였다.

성질 급한 아버지의 임종 뒤 언니들은 어떻게 한두 달 병 수발 할 기회도 안주고 저리 가시냐며 못내 안타까워했다. 어디 한두 달 뿐이랴. 아버지가 우리에게 헌신했던 것을 생각하면 우리는 10년이라도 아버지 병수발 할 준비가 되어 있었다.

아버지가 돌아가신 뒤 많이 아팠다. 눈물은 나오지 않았다. 아버지는 인생의 기둥이라 내 삶의 기둥뿌리가 뽑혀나간 기분이었다. 온몸이 아팠고 세포 하나하나가 앓고 있는 느낌이었다. 모든 일을 접고 아버지 유언대로 어머니를 잘 모시면서 조용히 살고 싶은 마음이 들었다. 아버지가 돌아가신 뒤 한 달 동안 무슨 일을 했는지 기억이 나지 않는다. 습관적으로 움직이고, 몸의 시계에 따라 걷고 말하고 먹고 마시고 일했을 뿐이다. 견디기 힘들어 아버지에 대한 기억일부를 기록하다 버거워 중단했다.

우리 아버지에게 나는 애물단지였다. 부모 속을 많이 썩인 자식이 부모를 잃고 가장 애통해하는 법이라고 사람들은 말한다. 예전에 그 말의 의미를 깨닫고 효도는 아니더라도 부모님 속을 좀 덜 썩이고 살았더라면 얼마나 좋았을까. 오래전에 동양의 현인은 부모에게 걱정을 덜 끼치는 것을 효도라고 했다. 부모를 기쁘게 하는 것이 효도가 아니라 걱정을 덜 끼치는 것이라고 한 까닭을 아버지가 돌아가시고 나서야 깨달았다.

아버지는 보수적인데다가 몸에 일본식 사고와 생활이 몸에 배인 분이었다. 1924년 경남 밀양에서 태어나 4살 때 부친을 따라 일본으로 건너갔다가 20살에 귀환한 아버지는 내가 안티조선운동을 주도할 때에도, "신문은 역시 조선일보가 최고다. 활자부터가 권위가 있어요." 라며 내 앞에서 조선일보 예찬론을 펼치시곤 했다. 그런 아버지는 요즘 말로 극혐이었다.

하긴 아버지 집안 전체가 보수적이다. 아버지는 공직에 40년 계셨으며 아버지의 세 동생 중 한 분은 농사를 지으셨고, 두 분은 군인이셨다.

이런 집안에서 자란 할아버지의 모든 자손들은 보수적이거나 오른쪽 중도였다. 큰 형부 표현을 빌리자면 유독 나만 대학에 들어간 이후부터 '반골의 길'을 간 것이다. 내 학내시위주도 건으로 집안의 분란도 있었다. 난 늘 이 보수적인 집안으로부터의 완전한 독립을 꿈꾸었으나 그러지 못했다. 결혼 이후에도 물적 심적으로 엄마 신세를 많이 졌다. 내가 엄마에게 어떤 신세를 지며 살았는지 있는 그대로 알지 못하셨기에 망정이지 아버지가 엄마의 지원내용을 아셨다면 어떤 일이 벌어졌을까, 생각하기도 끔찍하다.

가끔 아버지는 이렇게 말씀하셨다. "너희 큰언니는 공부를 아주 잘했다. 근데 그 애는 몸이 약했다. 마음이 작아서 크게 기대하기 어려웠다. 너는 공부는 열심히 하지 않았지만 머리가 좋고 간이 컸다. 성격도 활발해 기대를 했었다..." 그런 말씀 뒤에 꼭 이말 이 붙었다. "네가 영문과만 갔어도 이리 힘들게 살진 않았을 거다"

아버지와 나는 지지하는 정당이 달랐고 집안 대부분의 식구들은 아버지와 같은 편이었다. 따가운 눈총에 주눅들 때가 많았지만 나는 내 정치적 지향을 접지 않았다.

아버지를 기록해두고 싶었다. 아버지는 인간적으로도 기억할 만한 독특한 성품의 소유자였으며 어떤 측면에선 근현대사의 아픔을 간직한 민중의 전형이다. 가난한 소작농의 아들로 태어나 뭣도 모를 나이에 일본으로 가게 되었고 20살에 귀환 동포라는 낙인이 찍힌 상태에서 고향에 돌아왔던 아버지의 삶은 그래서 내겐 울림이 컸다. 역사의 아픔과 개인으로서의 실존적 삶, 가장으로서의 무게로 어깨가 처지고 등이 휠 것 같은 순간 순간을 아버지는 감내해왔다. 그러나 자식 누구도 아버지를 이해하지 못했으니 그 아버지는 얼마나 외로웠을까.

2021년 8월 15일 광복절 사면이 이뤄지지 않아 마음이 산란했다. 버티기 힘들었던 8.15 이후 아버지를 쓰기 시작했다. 그런데 막상 글을 쓰려하면 미운정 고운정이 뒤얽힌 아버지와의 추억에 빠져 버렸다. 에피소드의 한 장면을 글로 옮길 때마다 가슴이 먼저 시끄러워 졌다.

아버지는 '홀로몬교'였다. 끝까지 무신론자의 스탠스를 지키셨다. 마지막 순간에 "아버지 기도해드릴까요?" 여쭸다. 부질없는 물음이었다. 아버지는 고개를 저으셨다. "아무 것도 없어요. 끝이예요. . ." 하시며 "엄마, 부탁" 두 단어를 힘겹게 되뇌이셨다.

아버지는 제사나 신앙에 관심을 보이지 않으신 분이셨다. 아버지가 살아생전 불효한 막내가 남기는 기록 따위 저승에서도 관심조차 가지실리 없음은 분명하다.

그럼에도 나는 아버지께 이 책을 드리려 한다. 잠이 들면 업어 가도 모르고 지금까지 살아오면서 꿈을 꾼 기억이 별로 없다. 아버지가 돌아가신 뒤 아버지 꿈을 자주 꾼다. 그 꿈이 이승과 저승 경계 어느 언저리에 있는 것이라면 나는 이 책을 정갈하게 만들어 꿈속에서 아버지께 전해드리고 싶다. 2016년 1월 타이핑해 뒀던 낡은 원고를 다시 손에 들고, 책을 쓰기 시작한 날 밤 아버지를 꿈에서 만났다.

꿈에서라도 아버지를 뵈니 좋았다.

아버지는 사연이다

> 오늘은 면도를 더 정성껏 해드려야지
> 손톱도 으깨어진 발톱도 깎아드리고
> 내가 누구냐고 자꾸 물어보아야지
> TV도 켜드리고 드라마도 재미있게 보시라고
> 창밖에 잠깐 봄눈이 내린다고
> 새들이 집을 짓기 시작한다고
> 귀에 대고 더 큰 소리로 말해야지
>
> 정호승 시
> — 아버지의 마지막 하루 中

아버지는 1924년 삼랑진에서 태어나 6살 때 할아버지를 따라 일본으로 건너갔다.

1919년 3.1운동 이후 일본은 식민지 조선지배방식을 바꾸었다. 조선총독부는 무단통치를 끝내고 문화 통치를 시작했다. 한편 일제는 부족한 노동력을 보충하기 위해 한국인 노동력 동원을 시작했다. 할아버지는 1930년 일자리를 찾아 가솔을 이끌고 오사카로 갔다.

중국침략 전과 후 일제의 노동력 충원방식은 달랐다. 중국침략 전 일제는 조선 노동자들을 모집해 일본의 토목공사나 광산 등에서 집단노동을 시켰다. 중·일전쟁(1937)이후에는 강제징용이었다. 일제는 국가총동원법으로 노동력 강제동원에 나섰다. 1939년부터 1945년까지 강제 징용된 조선인은110만명 - 150만명에 이르는 것으로 알려져 있다.

할머니는 네 명의 아들과 한 명의 딸을 낳았는데 딸은 열서너 살에 잃으셨다. 장남인 우리 아버지는 어렸을 때부터 천재 소리를 들을 만큼 총명했고 외모가 준수했다. 조선인에게 조센징 조센징하면서 비아냥거리던 일본 아이들도 우리 아버지한테만은 그러지 못했다. 그건 국민학교 내 전교 1등을 놓치지 않았던 덕분이라고 할머니는 말했다. 전교 1등도, 1등과 2등의 격차가 너무 현저해서 일본인 교사가 아버지를 유독 귀여워하기까지 했다고 한다. 아버지 자랑을 할 때 할머니의 온몸은 반짝반짝 윤이 났다.

할머니에게 아버지는 삶의 버팀목이였다. 아버지가 일본 국민학교를 졸업할 때 학생대표로 인사말을 하는 모습을 보며 할머니는 철철 눈물을 흘리셨다. 할머니는 늘 "산호는 못하는 게 없었다. 공부면 공부, 글이면 글, 말이면 말 모두 흠잡을 데가 없었다." 고 입버릇처럼 되뇌었다. 산호는 아버지 애칭이었다. 할머니가 아버지를 산호라고 부를 땐, 두 분 사이가 좋을 때 였다. 아버지가 마음에 안들 때 할머니는 아버지를 산호라고 부르지 않았다.

할아버지는 뼈가 부서져라 일했다. 할아버지는 건장했고 공장에 다녀도 남보다 몇 배로 일을 했기 때문에 수입이 넉넉했다. 그런데도 생활은 쪼들렸고 할아버지는 아버지 중학교 입학금을 주지 않으셨다. 할아버지가 학비를 대주지 않았으므로 할 수 없이 아버지는 중학교로 진학할 때 사환으로 일해야 했다.

할아버지는 단지 학비만 대주지 않는 것이 아니었다. 아버지가 밤늦게까지 공부를 하고 있으면 아버지 책을 화롯불에 던져 태우는가 하면 부지깽이로 때리기도 하셨다. 왜 할아버지는 똑똑하고 야무진 아들이 공부를 하지 못하게 그리도 방해하신 것일까. 링컨의 아버지는 책 읽는 사람을 혐오했다. 링컨에게 공부를 하면 게을러지니 아예 책 따위는 가까이 하지 말라 일렀고 육체노동을 시켰다. 할아버지도 링컨의 아버지와 같은 이유였던 걸까.

아버지 공부 문제로 할머니와 할아버지는 자주 다투셨다고 한다. 심하게 말다툼을 한 날 이면 할아버지는 할머니에게 손찌검까지 했던 모양이다. 우리 할머니는 별명이 변호사였다. 청산유수처럼 할머니는 정말 말을 잘하셨다. 할머니 언변에 눌린 할아버지가 말이 딸리자 손찌검을 했던 것인데, 집채만 한 몸을 가진 할아버지가 자그마한 할머니를 때리는 것을 지켜보던 아버지는 두려움에 떨었다. 말릴 엄두도 내지 못하고 도망쳤다. 그러면 할아버지가 몽둥이를 들고 아버지를 쫓아왔다. 아버지는 할아버지를 피해 툇마루 밑에 몸을 숨겼다. 툇마루 사이로 달빛이 비쳐 들어왔다. "뽀얀 달빛을 바라보면 이상하게 눈물이 솟구쳐 올랐어" 라고 아버지가 말씀하신 일이 있다.

어림잡아 할아버지는 175cm가 되셨는데 아버지는 할머니를 닮아 키가 작았다. 165cm 정도였는데 몸이 가늘어서 더 작게 보이셨다. 아들은 대개 초등학교 4~5학년이 되면 육체적으로 성숙한다. 당연히 부모가 때리려고 매를 들면 사내아이들은 매를 붙잡고 버티게 된다.

그런데 체격이 작았던 아버지는 할아버지에게 맞설 수가 없었다.

　중학교 학비 하나 대주지 않으면서 아내에게 손찌검을 하고, 부지깽이로 아들을 때리려고 달려드는 할아버지 모습을 상상하면 나도 소름끼쳤다. 직접 당한 아버지의 마음을 우리가 상상이나 할 수 있을까. 그렇다면 할아버지는 번 돈을 어디다 쓰셨던 걸까.

　흔히 이런 경우 여자가 있었다거나 노름을 했다거나 하는 상상을 하게 되는데 할아버지의 경우는 달랐다. 할아버지는 월급을 받으면 그대로 당신 형에게 봉투째 갖다 주었다고 한다. 할아버지의 형은 약방도 하고, 역술도 하는 조금 특이한 분이었던 것 같다. 봉건적 사고방식에 따라 큰할아버지는 부모를 봉양했고 우리 할아버지는 형과 형의 가족을 봉양한 것이다. 그게 가당키나 한 일일까. 돈을 벌어 모두 큰형에게 갖다 바치면서 왜 결혼을 해 할머니와 당신 자식들을 그렇게 고생시킨 것일까. 남편이 돈을 벌어 아내와 자식을 부양하는 것은 너무나 당연한 일이다. 1920~30년대는 여성이 사회생활을 할 여건도 마련되어 있지 않았다. 게다가 식민지 여성이 식민지 본국에서 무슨 일을 할 수 있었을까. 가장이 생활비와 학비를 벌어다주지 않으면 도대체 어떻게 살란 것이었을까.

　할머니는 몸이 많이 약했다. 어린 시절 할머니를 떠올리면 아파서 누워계시던 모습이 가장 먼저 떠오른다. 할머니는 몸이 약했기 때문에 똑똑한 자식을 위하여 아무것도 할 수 없는 스스로가 미웠다고 한탄하셨다. 할머니는 건강만 허락하면 생선이라도 떼어다가 팔고 싶었다. 신동 큰아들을 공부시키고 싶었다. 할머니는 밤새 혼자 궁리를 했다. 내일 새벽 댓바람에 일어나 어시장에 달려가야지, 생선을 한 광주리 싸게 사와야지, 그걸 이고 장에 가져다 팔아야지, 돈을 벌어야지... 막상 아침이 되면 지난밤의 각오는 온데간데없이 사라져 버렸다. 아침에 일어나 가족들을 위하여 밥 짓는 것도 할머니 체력으로는 감당하기 어려웠던 것이다. 큰아들은 부모공양, 작은아들은 큰아들의 식솔공양 이야기를 내게 해준 것은 둘째 오빠였다.

나는 둘째 오빠의 말을 들으며 분통이 터졌다. 더 화가 나는 것은 할아버지 형의 자식들이 고등교육을 받았다는 거다. 아버지가 사환을 하며 어렵게 중학교를 다닐 때 할아버지 형의 자식들은 편안하게 우리 할아버지가 번 돈으로 학교를 다녔다고 생각하니 못난 할아버지보다 동생을 등쳐먹은 큰할아버지에 대해 분노가 치밀어 올랐다. 둘째 오빠의 말을 듣다 나는 가슴을 팡팡 쳤다. 중학생 아버지가 주경야독하다가 체력이 버티지 못해 학교를 중퇴했다는 얘기를 듣고 중학생 아버지가 불쌍해 눈물이 핑 돌았다. 우리아버지는 죽을 때까지 할아버지를 용서하지 않았다. 할아버지를 미워했다. 나는 그런 할아버지를 아버지가 미워하고 증오하는 것은 당연하다 생각했다. 만일 우리 아버지가 당신 동생들 생활비와 학비를 건사하기 위해 내 학비를 주지 않았다면 나는 아버지가 할아버지를 미워하는 것 이상으로 우리 아버지를 증오했을 거다.

중학교를 중퇴한 뒤 아버지는 공장에 들어갔다. 몸이 약한 아버지는 공장생활에 적응하기가 힘들었다. 많이 아팠고 하루 출근하고 하루 쉬는 일들이 되풀이 되었다. 결국 아버지는 월급이 좀 적더라도 약한 체력으로 버틸 수 있는 일들을 찾게 되었다.

공장에 다니면서 친구도 생겼다. 그런 친구들 중에는 노동조합을 하는 일본인 친구도 있었다. 그 친구를 따라 공산주의 운동을 하는 사람들의 모임에도 가보았다고 한다. 그런데 아무리 강연을 들어보아도 아버지에게는 능력에 따라 일하고 필요에 따라 분배한다는 그들의 말이 다 가오지 않았다. 열심히 일하고 일한 만큼 댓가를 받고 자신의 삶은 자신이 개척하는 것이지 노동자의 단결된 조직이 아버지의 삶을 지켜 주리라는 믿음이 생기지 않았다.

아버지는 태생적으로 두뇌형 인간이었다. 평생 52kg 몸무게를 유지했던 아버지는 온도변화, 식사량, 주변 환경 등에 지나치다 할 정도로 민감했다. 찬바람이 불면 감기에 걸렸고 조금만 과식을 해도 설사를 했다. 채소를 날 것으로 먹어도 복통을 앓았고 기름진 음식을 먹으면 토하곤 했다. 근육이라고는 하나도 없던 아버지의 몸에 근육이 생긴 건 70세 부터 였다.

귀국하기 전까지 아버지의 일본 생활은 흐지부지였다. 기억나는 게 하나도 없다고 한다. 거의 하루 벌어 하루 먹고 살고 배급받은 설탕을 과하게 먹어 사흘동안 내리 설사를 했던 기억정도가 남아있다고 하니 아버지에게는 사춘기도 청춘도 아무것도 없었던 것 같다.

대한민국이 해방되었다. 조국에 대해 아무런 기억이 없는 아버지였지만 해방이 되고 주변 이웃들이 귀국선을 탔다는 소식이 떠돌아다니면서 고국에 돌아가고 싶다는 열망에 사로 잡혔다.

할아버지는 나름 괜찮은 공장에서 실력을 인정받은 상태였기 때문에 귀국을 해야할 절박함이 없었다. 아버지와 작은아버지들의 성화를 못 이겨 할아버지는 귀국선을 타기로 결정했다. 귀국선을 탈 때 아버지의 마음은 매우 부풀어 있었는데 배가 한반도에 다다르면서 실망감이 엄습해 왔다. 멀리 보이는 조국의 땅이 황폐해 보였던 것이다. 아버지가 마음속에 그리던 조국은 녹음이 우거지고 한없이 넓은 품으로 아버지를 받아주는 곳이었다. 그러나 멀리서 바라본 조국 땅은 메마르고 거친 황토색뿐이었다.

조국에 돌아오자마자 할아버지는 사기를 당했다. 일본에서 모은 돈을 몽땅 날렸다. 부푼 기대를 안고 돌아온 고국은 귀환동포에겐 차갑고 냉정하기만 했다. 하긴 일본의 극악한 수탈 뒷 끝에 해방된 대한민국에 뭐가 남아있었겠는가! 내지인도 먹고 살기 힘든 판에 귀환동포가 몰려들어오니 반가울 수가 있겠는가?

당시 일본 귀환자가 몇 명이었는지 통계가 별로 없다. 일본 정부의 자료에 따르면 1944년 말 재일 조선인 수는 193만 6843명이다, 1947년 9월 일본 자료에 재일 조선인 수는 53만 명 정도다. 약 140만 명 정도가 해방 직후 일본에서 귀환했을 것으로 추정해 볼 수 있다. 귀환동포 중 52만명이 경상남도에 거주했다. 아버지 가족은 그 52만 명 중 몇 명이었다.

한국은 귀환동포에게 1,000원 한도 내에서 일본 돈을 한국 돈으로 교환해줬다. 나머지는 보관증을 주고 회수했다. 1946년 3월 귀환동포의 재산반입 제한은 더 강화됐다. 일화 예금령이 실시됐고 일본 돈을 소지한 사람들은 은행에 예금해야 했다.

일본에서 혹사당한 재일동포들은 해방 후에 보상과 대우도 받지 못한 채 귀국했다. 귀국 후에도 집도 땅도 직업도 없는 그들은 천덕꾸러기가 됐다. 증언에 따르면 그들은 '지원 같은 거 아무 것도 없는' 상태에서 '합천서는 또랑에 갈치 꼬랑댕이 끓어 놓은 것도 다 구어 먹으며' 버텨야 했다.

귀국 후 아버지 가족은 먹고 살기가 더 힘들었다. 아버지는 먹고 살기 위하여 혼자 국어를 공부했다. 아버지 어떻게 혼자 국어를 배웠어요? 여쭌 일이 있다. 아버지는 "신문을 무조건 다 외워뿌따" 셨다. 읽을거리가 있으면 읽는 게 아니라 닥치고 외웠다. 그렇게 석 달 쯤 지나자 한국어 문법이 저절로 익혀졌다.

그리고 이듬해 아버지는 면서기 시험에 합격했다. 그리고 그 다음 해 사법고시를 치렀고 1차 시험에 붙었다. 귀환동포가 귀국한지 2년 만에 사법시험 1차 시험에 합격하자 밀양에 천재가 났다고 소문이 짜하게 퍼졌다. 그러나 주관식으로 치러지는 2차 시험은 난공불락이었다. 그 사이 아버지는 혼인을 하게 되었고 혈혈단신 서울로 올라와 3급 공무원시험에 응시해 합격했다. 이후 아버지는 국방부에 오랫동안 근무하셨는데 사무관에서 서기관 부이사관 등등으로 진급하는 길이 정해져 있었다. 서기관까지는 무리 없이 진급이 되신 것 같다. 어쩌면 당시 내가 너무 어려서 아버지 진급과 관련된 것들을 기억하지 못하는지도 모르겠다.

내가 6살 때부터 사람들은 아버지를 최 과장님이라고 불렀다. 그 이전부터 아버지는 최 과장이었을 것 같다. 6살 이전의 기억은 잘 나지 않는다. 우리 동네 대소사 민원, 이러저러한 송사가 있으면 사람들은 아버지를 찾아왔다. 하여간 우리 집은 늘 사람들로 북적였다. 사람들이 아버지를 대하는 태도에는 존중과 경외감이 배어 있었다. 말 좋아하는 동네 아줌마들은 아버지를 보기 드문 천재라고 칭송했다. 엄마도 귀환 동포가 한두 해 만에 고등고시 1차 시험에 합격하는 일은 너네 아버지 아니면 해낼 수 없는 일이야 라는 말을 입에 달고 사셨다.

우리 외할아버지는 일본 명치 대학을 졸업한 재사 셨는데 밀양 무실 동네에서 조용히 생을 마무리하셨다. 아버지와 어머니의 혼례를 서두른 것도 아버지의 명민함을 높이 산 외할아버지였다.

내가 초등학교 6학년이 되었을 때도 아버지는 과장이었다. 초등학교 1학년 때 환경 조사서에는 아버지 직업과 직위를 쓰는 란이 있었다. 그 당시엔 서기관이라는 직위가 공무원 서열상 높은 직위였나 보다. 환경조사서를 내고 나면 담임선생님이 나를 꼭 불렀고 아버지에 대해 물었으며 한동안 나를 눈여겨보았다. 당시엔 도무지 왜 그러시는 알 길이 없었다. 대개 선생님들의 그런 관심은 두 달 이내에 소멸했다.

내가 다니던 학교는 상도동에 있는 강남국민학교였는데 부잣집 아이들이 많았다. 김영삼 대통령의 딸도 강남국민학교를 다니고 있었고 6학년 땐 국방부 장관의 딸과 같이 학교를 다녔다. 지금의 압구정동 정도였다고나 할까.

학기 초 두 달 동안 엄마가 한 번도 학교에 찾아오지 않으셨고 그러고 나면 나에 대한 선생님의 관심도 시들해져 갔다. 2학년, 3학년, 4

학년 때까지 같은 일이 반복되었다. 5학년 때 담임선생님은 젊은 여성이었는데 옆 반 총각 담임선생님과 썸을 타느라고 아이들에게 무관심했다. 6학년 때 담임선생님은 50대쯤으로 기억되는데 가정환경조사서에 유독 관심이 많았다. 아버지가 공무원이시냐, 어느 부처에 근무하시냐, 가족관계는 어떻게 되냐 등등 관심이 많았다. 어머니를 학교에 한번 모시고 와라라고 내게 직접 말한 적도 있다.

그 당시엔 육성회비 봉투를 학생들에게 나눠주고 수업료를 내게 했다. 등급수업료제였는데 150원부터 시작하여 600원까지 등급이 나눠져 있었다. 따지고 보면 육성회비징수는 불법소지가 있었던 것 같다. 1970년부터 학부모의 자진협찬 형식으로 마련하는 회비 같은 것이었는데 사친회비라고도 불렀다.

나는 450원을 내겠다고 약정했다. 그런데 담임선생님이 나를 불러 아버지가 공직에 계신데 450원이 뭐냐, 600원을 내라 라고 말하셨다. 150원을 올린다는 것은 큰일이었다. 그렇지만, 담임선생님을 거스를 수는 없었다. 학교를 마치고 집에 돌아가 엄마에게 담임의 말을 전했다. 엄마는 아무 말도 하지 않으셨다. 옆에 계시던 아버지가 봉투를 가져가더니 만년필로 450원이라고 쓰인 글자를 지우고 600원이라고 고쳐 쓰셨다.

왜 그 장면이 이토록 선명하게 기억이 남은 것일까? 지금도 말 없던 엄마의 표정, 봉투를 가져가던 그 때의 분위기가 또렷하게 느껴진다. 당시 150원이면 지금 얼마나 될까? 그때로 돌아가 곰곰이 생각해 보면 막내인 나를 위하여 월 150원을 더 쓴다는 것이 가정형편상 쉬운 일이 아니었던 것 같다. 나는 2남3녀의 막내였는데 나만 유독 강남국민학교에 다녔다. 우리 집은 상도동과 본동의 경계에 있었기 때문에 상도동에 있는 강남국민학교에 갈 수도 있었고 본동에 있는 영본국민학교에도 갈 수가 있었다.

강남국민학교는 돈이 많이 드는 학교로 알려져 있었다. 상대적으로 상도동이 부자 동네였기 때문에 부잣집 아이들이 많았고 학력도 높았다. 강남국민학교를 강남의 덕수라고 불렀다고 하니 거의 사립학교 수준으로 대접받던 학교였던 것 같다. 아마도 아버지는 막내인 나만은 돈이 좀 더 들더라도 좋은 교육환경 속에서 공부하게 해주고 싶었던 모양이다. 당시 강남국민학교에는 학내수영장도 있었고 내가 졸업할 즈음에는 교내체육관이 건립되기 시작했으니 교육환경이 좋았음에 틀림없다.

그런데 학비로 월 150원을 더 부담해야하는 현실을 맞딱드렸을 때 아버지는 많은 생각을 하셨을 게다. 그래도 막내딸 기를 죽이고 싶지 않아서 450원을 600원으로 고칠 때 어떤 심정 있었을까? 600원 육성회비 덕분에 담임선생님의 나에 대한 관심은 조금 더 지속되었다. 그러나 그 후 채 한 달도 지나지 않아 담임은 나에 대한 관심을 끊었다.

아버지는 26살 무렵 밀양박씨 집안으로 장가를 들었다. 엄마는 18살이었다. 외갓집은 그 동네에선 나름 큰 양반집이었다. 무실에 가면 밀양박씨 집성촌이 있었는데 엄마는 밀양박씨 본가의 큰 딸이었다. 아버지가 면서기를 하면서 사법고시 1차 시험에 합격하자 외할아버지는 아버지를 점찍어두고 살폈다. 아버지는 반듯한 외모뿐만 아니라 눈빛이 형형해서 범상치 않은 느낌을 주었다. 한마디로 꽃미남이었다. 내가 어린 시절 우리동네 사진관에 가면 아버지 사진이 걸려있었다. 사진관 아저씨는 "아버지가 인물이 너무 좋으셔. 어제도 요 앞 다방 일하는 아가씨가 와서 너네 아버지 사진을 뽑아달라고 졸랐단다"라고 말했다. 예나 지금이나 젊은 아가씨들의 팬심은 똑같나 보다.

외할아버지는 하릴없이 면사무소에 가서 죽치고 앉아 아버지를 살펴보았다. 성실한지 동네사람들을 대하는 태도는 어떤지 꼼꼼하게 살폈다. 그리고 아버지를 사위로 들이기로 마음먹었다. 당시 엄마는 부산에 혼처가 있었다고 한다. 아마도 할아버지는 부산에서 들어온 혼사 제의가 마음에 들지 않았던가 보다. 엄마는 은근히 이 좁은 무실을 벗어나 부산대처에 나가 살 수 있을까? 설레이는 마음이 있었지만 할아버지의 뜻을 거스를 수가 없었다.

엄마는 웬만해서는 누군가를 원망하지 않는 사람이다. 그런데 외할아버지에 대해서는 크게 두 가지 불만을 품고 계셨다. 하나는 엄마 중학교 진학 문제였다. 엄마는 중학교에 가고 싶어 몇날 며칠 할아버지께 애걸하다 시피 매달렸지만 할아버지는 '여자가 많이 배우면 못 쓴다'며 끝내 중학교 진학을 허락하지 않으셨다.

한 사람의 인생이 결정지어지는 순간이었다. 엄마는 통이 크고 대인관계가 원만할 뿐만 아니라 리더십이 있는 여성이다. 한마디로 지도자감 이었다. 그때 할아버지가 엄마를 중학교에 보내고 엄마가 대학교까지 나왔다면 엄마는 훌륭한 여성지도자로 성장할 재목이었다. 하여간 외할아버지의 만류로 엄마는 소학교를 졸업한 뒤 더 이상 공부할 기회를 가지지 못했다. 다른 하나는 외할아버지가 부산혼처를 마다하신 것이다. 엄마입장에서 보면 부산대처로 나가 살 기회가 사라진 것이었다.

결혼 후 두 사람은 2남3녀를 낳았다. 엄마는 19살에 첫 아들을 낳았고 두 살 터울로 첫 딸, 둘째 아들, 둘째 딸을 낳았다. 그리고 3년 후 막내인 내가 태어났다. 넷째와 다섯째 사이 터울이 1년 늘어난 데에는 사연이 있다.

엄마는 넷째를 낳고 사경을 헤메일 만큼 큰 병을 앓았다. 엄마 나이 스물아홉에 척추가리S 라는 무서운 병에 걸려 살기 힘들다는 의사의 판정을 받았다. 그때가 넷째 즉 둘째 언니를 낳은 직후 였다.

할머니는 가끔 내게 "네 에미는 천벌을 받은 거다. 시부모 버리고 남편 따라 서울 가더니 죽을병에 걸린 것이다." 라고 말하곤 했다.

고등고시 2차에 떨어지고 면서기를 하던 아버지가 3급공무원 시험을 보기 위해 서울로 올라갔다. 엄마는 아버지가 고향를 떠난 뒤 3년이 채 못 되어 할머니의 만류를 뿌리치고 어린 아들을 들쳐 업고 서울로 올라갔다. 요즘 시각에서 보면 아내가 남편을 따라 서울로 올라가는 건 너무 당연한 일이다. 그러나 당시엔 남편은 돈벌러 서울로 가고 아내는 시골에 머물며 시부모를 부양하는 일이 당연지사였다. 할머니가 "네가 나를 버리고 서울로 가서 천벌을 받았다"며 엄마를 갈굴 때 마다 엄마는 대꾸조차 하지 못했다. 우리 할머니는 뒤끝이 참으로 긴 분이었다. 그리고 그 점을 나는 빼어 닮았다. 본래 엄마는 조용한 성품이라 대거리를 하지 않았다. 나는 딱 한번 엄마가 할머니에게 그

때 정말 잘못했다고 말하는 것을 본 적이 있다. 그 장면을 보고 나는 의아하기만 했다. 솔직히 어처구니가 없었다.

하여간 할머니의 '저주'에도 불구하고 엄마는 극적으로 살아났다. 엄마 담당의사가 엄마에게 말했단다. "박의득 환자는 어렸을 때 잘 먹고 커서 회복력이 빨랐다. 당신이 살아난 건 기적이다." 엄마는 밀양부잣집 딸이었고 마당에 암탉이 뛰어 놀았다. 먹고 싶으면 언제든 닭을 잡아 삼계탕을 끓여먹으며 컸다. 마을 앞 강가에서 천렵해 잡은 민물고기 회를 원 없이 먹었다. 그 때 먹은 생선회보다 맛있는 회를 먹어본 적이 없다고 엄마는 회상했다.

내가 아무리고 힘들다고 투정을 부려도 엄마는 반응을 보이지 않았다. 성가실 정도로 내가 징징거리면 엄마는 이런 말을 하셨다.

"너는 내가 기적적으로 살아나서 잉태한 아이였다. 병원에서 태어나고 1년쯤 지나 내가 너를 임신했다. 병원에 갔더니 한국인 의사가 당장 소파수술을 하자, 당신 이 아이를 낳으면 죽는다, 왜 이렇게 조심하지 않았느냐 겁을 주었다. 그런데 이상하게 나는 너를 낳고 싶었다. 의사가 너 때문에 내가 죽을지도 모른다고 겁을 주는데도 너를 지우고 싶지 않았어"

엄마는 엄마수술을 집도했던 닥터 바우스에게 의논해 보겠다고 버텼다. 한국인 의사는 당신 미쳤냐, 당신 죽는다며 화를 많이 냈다. 더 대화를 나누고 싶지 않았다. 엄마는 닥터 바우스를 만났다. 가슴이 너무 뛰어서 닥터 바우스에게 임신했다는 말을 못하고 우물쭈물 하는데 한국인 의사가 다가왔다. 그 한국인 의사가 닥터 바우스에게 엄마의 임신사실을 알렸다. 알아들을 수 없는 영어로 두 사람이 대화할 때 엄마는 두려움에 떨며 지켜보고 있었다. 한국인 의사의 말을 진지한 표정으로 듣고 있던 닥터 바우스의 얼굴이 갑자기 환하게 밝아졌다. 닥터 바우스의 입에서 이런 말이 터져나왔다. "판타스틱 베이비, 미라클". 세상에 태어나느냐 못 태어나느냐, 내 운명이 결정지어지는 순간이었다.

무슨 말인지 알아들을 수 없었지만 닥터 바우스의 얼굴이 환해졌기에 엄마 얼굴도 덩달아 환해졌다. 서툰 한국말로 닥터 바우스가 말했다. "행운의 아기에요!" 이런 사연으로 나는 둘째 언니와 3년 터울로 태어났다. 닥터 바우스는 아기를 가진 엄마를 유독 알뜰살뜰 보살펴 주었다. 뿐 만 아니라 본인이 네덜란드로 떠나기 직전 그 아이가 여섯 살 될 때까지 필요한 의료적 지원을 확정해 놓았다. 엄마는 엄마대로 나를 임신했을 때 좋다는 것은 다 해먹었다고 한다. 한마디로 한방, 양방, 민간요법을 동원해 건강회복에 힘썼는데 정작 단 꿀은 내가 다 빨아 먹은 셈이다.

막내아들이 태어날 것이라고 철석같이 믿었던 아버지는 병원에도 냉큼 오지 않았다. 엄마가 딸을 낳았다는 소식을 듣고 화를 먼저 냈다. 엄마가 퇴원할 때 겨우 병원에 왔다. 그리고 산모와 아이를 집으로 배달했다.

국민학교 때 이 이야기를 우연히 듣게 되었는데 "뭐랄까 버려졌다는 느낌", 같은 것이 들었다. 그 사실은 내게 식스센스급 반전으로 다가왔다. 아버지는 나를 몹시도 귀여워했기 때문이다. 딸을 낳았다고 병원에도 오지 않았던 아버지는 내가 생후 1개월쯤 되었을 때 아버지와 눈을 맞추고 활짝 웃어준 이 후 태도를 180도 바꾸었다. 내가 대학교에 들어간 이후에도 아버지는 나를 아가야가 하고 불렀다. 내가 초등학교 땐 내가 조금이라도 꾀병을 부리면 아버지 지프차에 태워 학교에 데려다 주었다. 언니오빠들에겐 그렇게 엄격했던 아버지가 나에게만은 자애로웠다. 어떤 어리광을 부려도 받아주었고 내 어린시절 기억 속에는 엄마와의 스킨십보다 아버지와의 스킨십이 더 강렬하게 남아있다. 내가 태어났을 때 아버지가 딸 낳았다고 엄마를 구박했다는 말을 듣게 된 상황도 그 연장선상에서였다. 아버지가 나를 너무나 예뻐하자 누군가가 딸 낳았다고 병원도 안 왔던 사람이 왜 저래? 라고 말을 해서 알게 된 것이었다. 아버지가 턱으로 내 얼굴을 하도 비벼 내 얼굴에는 늘 긁힌 상처 같은 것이 있었다. 지금도 면도한 아버지 턱의 까칠한 감촉이 되살아나는 것 같다.

    나는 어린 시절 엄마에 대한 기억이 거의 없다. 엄마는 늘 일을 하고 계셨고, 집안일 뿐 만 아니라 부업으로 뜨개질을 하셨으므로 초등학교 이후 엄마와 살갑게 대화해본 기억이 거의 없다. 바쁘셨기 때문에 간섭도 거의 하지 않으셨다. 물론 용돈 등에 관해서는 인색한 분이 아니라서 천 원을 달라하면 이천 원을 주시고, 만 원을 달라면 만 오천 원을 주시는 분이셨다. 전체적으로 보아 엄마는 좋은 느낌으로 남아있긴 했다.

    엄마는 내가 6살 될 무렵부터 소위 부업으로 이 일 저 일 마다하지 않고 하셨다고 한다. 은수저 장사, 찐빵 장사, 만화가게 등등 여러 가지 일을 하셨다. 은수저 장사는 은수저를 도둑맞아 그만두고, 찐빵 장사는 애들이 다 먹어버려 손해보고, 만화가게는 외상이 많아져 감당할 수 없어 포기했다고 한다. 이후 뜨개질을 시작하셨는데 손재주가 좋은 엄마는 곧 인정을 받았고 혼자 시작했던 뜨개질이 날로 번창해 급기야 사장님 소리를 듣게끔 되신 거다.

눈을 감고 어린 시절을 떠올려본다. 그러면 커다란 대청마루에 여섯 살배기 꼬마아이가 혼자 우두커니 앉아 있는 광경이 떠오른다. 엄마가 은수저 장사를 할 때인가 보다. 아침 일찍 일어나 엄마는 온 가족에게 밥을 해먹이고, 도시락을 싸 남편과 아이들을 학교와 직장에 보냈다. 그리고 나를 씻겨 머리를 빗겨주고 나서 집을 나섰다. 지금 이 순간 당시 엄마의 삶을 생각하면 그리고 내가 당시 엄마였다면 나는 견디지 못 했을 것 같다. 정말 엄마는 등이 휘도록 일하셨다. 엄마는 영양부족과 고된 노동으로 인해 척추결핵에 걸리고 나은 이후에도 일을 했다. 목과 척추를 일부 도려내고 이어 붙여 본래 158센티였던 키가 153센티로 줄고 등도 약간 휘어 버렸다. 그러나 이건 어디까지나 지금 돌이켜보며 헤아린 것일 뿐이다. 대여섯 살의 나는 엄마가 없는 시간들이 너무나 외롭고 무서웠다.

내가 혼자 대청마루에서 울고 있으면 뒷방에 세 들어 살던 미용사 아줌마가 나를 자기 방으로 데려갔다. 그 미용사 아줌마의 얼굴이 뿌연 기억속에 남아있다. 파마머리의 얼굴은 그리 곱지 않았지만 통통해서 푸근한 인상을 주었다. 아줌마는 내 눈물을 닦아주고 세수를 시켜준 다음 머리를 만져주고 화장을 시켜주었다. 그리곤 거울을 보여주며 정말 예쁘다, 공주님 같아 하며 내 볼을 꼬집었다. 정말 거울 속에 예쁜 여자아이가 있었다. 그 순간만은 외롭지 않았고 무섭지도 않았다.

어떤 날은 둘째 언니를 따라 학교에 갔다. 둘째 언니 자리 옆 교실 바닥에 쪼그리고 앉아 둘째 언니 의자에 몸을 기대고 있었다. 언니 담임 선생님은 어떤 날엔 나를 방치했고 어떤 날은 나를 불러 내 손에 동전 몇 닢을 얹어주며 운동장에 나가 놀라고 했다. 집에서라면 싫다고 떼를 썼을 거다. 그러나 어린 나이에도 나를 운동장에 나가서 놀라고 할 때 언니 담임선생님의 표정은 근엄해 보였다. 기가 질린 나는 아무 말 못하고 뒷걸음질 쳐서 교실을 나왔다. 그럴 때마다 교실 문 앞에서 하염없이 서 있었다. 둘째 언니와 문 하나를 사이에 두고 있다고 생각하면 마음이 푸근했다. 어떤 날은 문 앞에 서있을 수 있었고, 어떤 날은 둘째 언니 친구들이 나와 빨리 운동장으로 나가라며 나를 재촉했다. 언니가 다니던 영본국민학교 운동장은 크지 않았다. 어린 내게도 그렇게 보였으니 실제로는 매우 작았을 테고 영본국민학교 자체가 본동국민학교에서 분교 했기 때문에 규모가 그리 크지 않았다.

운동장으로 나가 나는 뺑뺑이에 걸터앉았다. 해가 있는 날엔 괜찮았는데 비가오거나 눈이 올 때는 정말 낭패였다. 어떤 날은 갑자기 소나기가 쏟아지기도 했다. 나는 생쥐가 되어 학교 건물입구 처마 밑에 쪼그리고 앉아있었다. 당시를 가만히 생각해보면 외로웠다, 무서웠다, 한없이 기다렸다... 이 세 문장 외에 떠오르지 않는다. 6살배기 꼬마가 혼자 방치되어 시간을 보내야만 했던 상황은 내 무의식속 아픈 상처로 각인돼있다.

  내가 만 5살 될 무렵 말하자면 1966년은 1차 경제개발 5개년 계획이 진행되는 중이었다. 4.19 혁명으로 이승만 대통령이 미국으로 쫓겨 가고 잠시 민주정부가 들어섰지만 5.16 쿠데타로 무너졌다. 쿠데타로 정권을 잡은 박정희 장군은 민정이양 후 대통령이 되었다. 쿠데타로 집권한 모든 정치세력은 정당성이 결여되어 있기 때문에 국민의 지지를 얻으려면 경제적 성공이 필수였다. 박정희대통령은 그의 일본인 멘토의 조언을 받아들여 경제개발을 추진했다. 지금이나 그때나 경제가 잘 된다는 말은 일자리가 늘어난다, 소득이 올라간다는 말과 동의어다. 기업이 늘어나고 가게가 생긴다는 말이다. 그러니까 엄마는 그런 틈을 타 이런저런 부업을 시작해 본 것이다. 우리 엄마만 그랬겠는가. 당시엔 변변한 직업 이래봐야 공무원, 교사, 은행원 등등 많지 않았다. 주부들이 이런저런 부업을 찾아 뭔가 해보려고 애쓸 때였고 대한민국 전체가 꿈틀꿈틀될 때였다. 엄마도 그 부업전선에 뛰어든 것이었다. 자식들을 더 잘 키우려고 나선 것이므로 엄마는 간절했다. 그래서 엄마는 내가 가끔 "엄마가 날 버리고 나갔다. 그래서 내가 정서불안이 됐다"고 말할라치면 "호강에 겨워 요강에 똥 싼다"며 큰소리를 치실 수 있는 거였다.

  특히 뜨개질은 엄마가 1960년대 말에 시작하여 70년대 전성기를 거쳐 80년대 말까지 하신 일이다. 그것도 가만히 보면 박정희 정부의 대외 무역 정책과 무관하지 않다. 박정희 정부는 대외 가공무역을 거쳐 중화학공업 육성정책으로 나아갔다. 가발과 뜨개질을 비롯한 섬유제품 수출은 주요한 부가가치 생산 품목이었다. 말하자면 엄마는 정부의 경제정책 방향, 육성 산업, 시대의 흐름을 타고 돈을 벌어들인 여장부였다. 엄마가 엄마의 친구들과 만든 뜨개질 제품들은 주로 일본으로 수출되었다. 엄마는 정말 솜씨가 좋았다. 뜨개질로 형형색색의 예쁜 꽃모양을 만들고 나서 그것들을 이어 붙여 조끼를 만들고 치마를 만들었다. 엄마 무릎에 누워서 엄마가 오각형모양의 꽃을 만들기 시작한 것을 보고 잠들었는데 한 시간쯤 잠을 잤을까. 일어나보면 엄마는 조끼 하나를 만들어 놓으셨다. 납품기일에 밀려 밤을 새는 경우도 잦았다. 그럴 때면 나는 엄마 옆에 웅크리고 새우잠을 잤다. 이상하게 엄마 젖을 만지지 않으면 잠이 오지 않았다. 나는 막내여서 6살 까지 엄마 젖을 먹었다. 내가 엄마 곁을 맴돌며 계속 살아온 것이 6살 까지 젖을 먹은 탓이라며 언니들이 나를 놀려대곤 했다.

언니, 오빠들을 공부시킨 열성에 비하여 엄마 아버지의 나에 대한 그것은 제로에 가까웠다. 그냥 내버려두었다. 중학교 2학년 때 아버지의 3일 실직과 아버지의 축 처진 어깨를 본 이후 나는 좀 달라졌다. 반에서 18등이라는 내 성적에 충격을 받았던 아버지를 위로하고자 공부를 좀 하게 되었는데 표면적으로 이후 나는 줄곧 우등생이긴 했다. 주변 친구 들은 학교 선생님들로부터 과외 교습을 받았다. 나는 물리와 수학을 좀 더 공부하기 위하여 새벽학원에 등록했었는데 별로 도움이 되지 않았다. 새벽 4시에 일어나 5시 20분 까지 학원에 가야 했다. 나는 단 하루도 결석하거나 지각하는 일이 없었다. 그렇지만 수학이나 물리는 내 적성과는 거리가 먼 과목이었고 열심히 받아 적었지만 지금도 기억에 남는 것이 거의 없다. 그때를 생각하면 잠이라도 더 자둘 걸. 돈 날려 잠 날려 안타깝기 그지없다.

우리 언니 오빠들은 모범생으로 학업을 마치고 공무원, 교사, 대기업 직원으로 취업했다. 얌전한 아들딸로 아버지 플랜대로 살았다. 엄마는 내가 여대를 나와 시집 잘 가서 살림하고 애 키우며 살기를 바라셨다. 그래서 공부를 썩 잘하지 않아도 괜찮다고 하셨다. 꼭 서울대를 가지 않아도 된다고 내게 반복해 주입시키곤 하였다. 여자 팔자는 뒤웅박 팔자라며 남편 잘 만나는 게 최고라고 세뇌시키다시피 말하셨다. 나중에 엄마는 딸 셋이 전부 직장생활을 하게 되자 차라리 고등학교만 졸업시키고 시집을 보낼 걸, 내 딸 고생 손자, 손녀들 고생 나까지 덤으로 고생이다, 푸념하셨다. 그러다가 타고난 팔자는 거스를 수 없다 시며 안 가르쳤다면 시장에서 생선장수를 하거나 보따리장수를 했을 거다. . . 혼자 묻고 혼자 답하고 혼자 위로하곤 하셨다.

2006년 7월 노무현 정부 때 나는 방송위원회 상근 부위원장으로 정부에 참여했다. 20년 동안 시민운동에 몸담고 있다가 정부에 참여하는 일이 쉬운 결정은 아니었다. 내게 부여된 공적 임무를 논하는 것은 차치하고 내가 부위원장으로 들어간 개인적 동기중 하나는 아버지를 위로하고 싶은 마음이었다.

여성호르몬 때문인가

아내의 아픈 몸을 안마해주면서 백년 독서를 맹세하다
병든 문장으로 쓰여진 아내여서 눈물 왈칵 쏟아지네.

김왕노 시
— 오래된 독서 中

아버지는 말이 많으셨다. 내가 가끔 아버지는 왜 저렇게 말이 많아 아줌마 같아 하고 투정을 부리면 언니들은 그게 이상해 아무래도 아버지는 남성호르몬이 없어져버린 것 같아 하고 맞장구를 쳤다. 그런데 큰언니는 다른 소리도 했다. 아버지가 국방부에 다니실 때는 집에 오면 거의 말을 하지 않으셨어. 그러고 보니 아버지가 말이 많아진 건 퇴직한 이후 같아.

내 기억 속 아버지는 가끔 웃으셨고 늘 심각한 표정을 하고 계셨다. 지금 생각해보면 늘 심각했던 것은 생각이 너무 많았기 때문인 것 같다. 내가 어렸을 적 자다가 일어나 화장실을 가다 보면 아버지 방엔 늘 불이 켜져 있었다. 어린 아이가 소변을 볼 시간이면 새벽녘이었을 것 같은데 그렇게 일찍 일어나 아버지는 무엇을 하셨던 걸까. 그것과 연관하여 떠오르는 또 하나의 장면은 신문을 펼치고 앉아 계시던 아버지의 모습이다. 아버지는 정말 신문을 꼼꼼하게 샅샅이 읽으셨다.

그래서 박학다식해지신 때문에 머릿속이 늘 복잡하였을 것 같다. 물론 이렇게 형이상학적인 이유만으로 아버지가 심각한 표정을 짓고 계셨다고 하면 그건 사실이 아닐 거다. 아버지의 뇌지도를 그려보면 온갖 세상 잡사들이 들어 있었겠지만 역시 가장으로서의 의무와 관련된 많은 것과 진급에 대한 것이 대부분을 차지하고 있지 않았을까 싶다.

아버지는 할아버지를 좋아하지 않으셨다. 두 분이 살갑게 얘기하는 것을 한번도 본 적이 없다. 나는 그런 아버지가 매우 이상하게 느껴졌다. 어떤 불만이 있는지 모르지만 어쨌든 당신을 낳아준 아버지인데 어떻게 저리 쌀쌀맞게 구실 수가 있을까. 라고 생각했다. 그런데 둘째 오빠로부터 앞서 이야기한 할아버지와 아버지의 과거사를 듣고 모든 것을 이해하게 되었다.

할머니와 아버지는 둘도 없는 모자였다. 할머니의 아버지에 대한 사랑은 끔찍했다. 그런데 아버지의 할머니에 대한 태도는 좀 달랐다. 할머니가 엄마를 타박하거나 힘들게 하면 아버지는 늘 엄마 편을 들었다.

할머니, 할아버지는 내가 중학교 3학년이 되던 무렵인 1975년 초에 우리 집에 오셨다. 그 이전엔 삼랑진에서 두 분이 사셨다. 여름방학이 되면 나는 삼랑진에 내려가곤 했다. 초등학교 땐 엄마를 따라 내려갔고 중학교 땐 혼자 내려갔다.

TV드라마나 동화책을 보면 시골 할머니 댁에 가서 아이들이 즐겁게 노는 장면이 많이 그려지는데 내겐 그런 기억이 없다. 할아버지 집은 가난했다. 시골하면 으레 떠오르는 먹을거리들이 풍부하지도 않았다. 냇가에서 물고기를 잡거나 올챙이, 개구리를 잡으며 노는 것 따위는 내겐 상상조차 되지 않았다. 아마 삼랑진 아이들은 물가에서 물장구도 치고 올챙이도 잡는 등 나름의 유희로 재밌게 놀았을 것이다. 그러나 나는 할머니 댁에만 내려가면 시골아이들이 나를 쫓아다니며 "서울내기, 다마내기, 맛좋은 고래 고기" 하며 놀려댔기 때문에 아이들과 어울려 놀기 위해 나갔다가도 울면서 돌아오곤 했다. 그럴라치면 할머니는 대청마루에 서서 아이들을 향해 소리쳤다. 이문디 종내기들아 어쩌고저쩌고 였던 것 같은데, 할머니는 워낙 왜소하고 목소리가 크지 않았다. 나는 속으로 '할머니가 좀 더 크게 소리쳐야 아이들이 들을 텐데…' 하고 생각하며 할머니의 목소리가 너무 작은 것이 속상하기만 했다.

  딱 한 가지 삼랑진을 생각하면 맛있는 느낌으로 기억되는 장면이 있다. 그건 할머니 댁이 아니라 외할머니 댁에서 먹어본 차가운 물고구마에 대한 기억이다. 서울에서 고구마를 먹을 때 우린 서로 밤고구마를 먹으려고 싸웠다. 서울에 있는 고구마들은 맛이 별로 없었다. 그나마 밤고구마가 타박타박해서 먹을 만했다. 물고구마는 말 그대로 물고구마여서 물컹물컹 할 뿐 별로 달지 않았다. 그런데 외숙모가 한밤중에 도착한 내게 배고프지 않니 물으며 물기가 밴 반쯤 언 고구마를 내주셨다. 시장이 반찬이라고 그때 물고구마를 먹었는데 세상에 이렇게 맛있는 고구마가 있을까 싶었다. 그와 함께 기억나는 일은 고구마를 맛있게 먹는 나를 보며 외숙모가, "알라가 배가 많이 고팠나배." 했던 사투리다. 세상에 아이를 알라를 하고 하다니. 외숙모는 상당히 미인이었다고 기억되는데 갑자기 미모가 반감되는 느낌이 들었다.

그 뒤로 나는 외할머니 댁에서 먹은 물고구마처럼 맛있는 고구마를 먹어본 기억이 없다. 국민학교 1학년 때 외할머니가 돌아가셔서 한 달 정도 학교를 쉬고 엄마를 따라 내려갔던 때의 일로 기억되는데 지금 이 순간에도 그 물고구마의 때깔, 그 맛, 어두컴컴한 시골 방, 외숙모가 나를 바라보던 눈길이 생생하게 기억난다.

외할머니 장례여행은 내게 평생 잊지 못할 기억도 남겼다. 우리가 외할머니 댁에 도착했을 때는 이미 장례가 끝나고 시신이 매장된 이후였다. 엄마는 외가댁에 도착하면서부터 울기 시작하여 내내 울기만 하셨다. 엄마가 울기만 하니 나는 불안해서 견딜 수가 없었다. 우리는 기차를 타고 밤늦게 도착했는데 엄마가 모두의 만류를 뿌리치고 어머니를 만나러 가야겠다 하더니 내 손을 잡아끌고 산을 타기 시작했다. 주위가 칠흑같이 어두운데 엄마는 거침없이 산을 올라가셨다. 그 거침없는 뒷모습을 보면서 나는 엄마가 뭔가에 홀린 것이 아닐까 생각하며 몸서리를 쳤다. 이윽고 외할머니 산소에 도착했는데 갑자기 엄마가 머리를 풀어헤치고 통곡을 하기 시작했다. 그날의 공포는 말로 다 표현할 수가 없다. 이름 모를 산새들이 밤에 울었는데 새는 낮에만 운다고 배웠던 나는 여기가 도저히 사람이 사는 세상 같지 않았다. 나는 떨리는 목소리로 엄마하고 불렀는데, 엄마는 우느라 내 목소리를 듣지 못하셨다. 엄마의 뒷모습이 점점 작아지는 느낌이 들더니 내 시야에서 사라졌다. 아마 엄마가 까무러쳤던 것 같은데. 난 엄마 곁에 가지도 못하고 막 울면서 산길을 뛰어내려 왔다. 그리고 당연히 넘어졌다. 가까스로 일어나 다시 산길을 달려 내려와 외할머니 댁에 도착할 즈음 외숙모가 마중을 나와 계셨다. 그때 내 몰골이 어땠는지 외숙모는 깜짝 놀라서 "야가 웬 일이고" 하며 달려오셨다. 무서움 때문에 아픔을 느끼지 못했었는데 외숙모 품에 안기는 순간 턱과 무릎이 욱신욱신 아프고 쓰라렸다. 무릎에선 피가 철철 흘러내리고 있었고 어딘가에 갈렸는지 턱에서도 피가 났다. 눈물, 콧물로 얼굴은 뒤범벅되었고, 외숙모는 "엄마는 어따 두고 네 혼자 왔노" 하고 물었다. 엄마가 귀신이 되었다고 답하려 했는데 그 말이 입으로 나오지 않았고 온몸이 사시나무 떨리듯이 떨려왔다.

내가 산길을 달려 내려가자 엄마는 퍼뜩 정신이 들었고 나를 따라 뛰어 내려오셨다. 이후로 엄마는 두고두고 나를 원망하셨다. 너 때문에 우리 어머니 돌아가셨을 때 속 시원히 울지도 못했다...

중학생이 되어 우리 자매는 돌아가며 할머니 댁에 내려갔다. 명목상은 할머니, 할아버지 밥을 차려드린 다는 것이었는데 실제로는 잠만 자다 왔다. 가스레인지도 없고 하다못해 석유보일러도 없고 있어 봤자 시커먼 연기가 올라오는 석유곤로뿐이었다. 나는 도저히 그런 가사도구로 밥을 지을 수가 없었다. 한번은 밥을 지으려다가 커다란 가마솥에 쑥 빠진 적도 있었다. 하마터면 머리가 홀랑 타버릴 뻔해서 밥 짓는 것은 엄두도 내지 못했다. 그렇다면 빨래는 할 수 있었을까. 냇가에 가서 빨래하는 시골 처녀들을 보고 흉내를 내려 했으나 똑같은 빨래를 똑같은 사분(비누)으로 빠는데 내가 아무리 문대도 때가 빠지지 않았다. 한마디로 나는 무용지물이었다.

그런데 할머니는 내가 내려온 것만으로도 머무는 방학 한 달 동안 할아버지를 괴롭히지 않으셨다. 그래서 할아버지는 내가 방학 때 내려오는 것을 반기셨다. 그런데도 나는 할머니가 별로 좋지 않았다. 아니 솔직히 고백하자면 싫은 쪽이었다. 이유는 뻔했다. 밤마다 호롱불 밑에서 엄마 욕을 하시는 거다. 특히 니네 엄마 손에 가시가 돋아서 내 아들이 바짝바짝 말라간다는 말을 들을 때마다 어처구니가 없었다. 그런 말도 안 되는 말을 하는 할머니가 싫었다.

중학교 2학년 여름방학 어느 날 할아버지께서 나를 부르셨다. 할아버지는 니는 왜 그리 할머니를 미워하노 물으셨다. 그 나이 청소년들은 말을 돌릴 줄도 모르고 대답하기 어려운 질문을 받으면 뾰로통해지곤 한다. 나는 할아버지의 질문이 못마땅했고 입을 꼭 다물고 눈을 내리깐 채로 가만히 있었다. 할아버지가 재차 물으셨다. "와그라노?" 한동안 침묵이 흘렀는데 할아버지와 손녀간의 침묵은 좀 이상했다. 우리 할아버지는 정말 말이 없으셨는데 그 할아버지가 시골에 내려온 손녀에게 처음 건넨 말이 왜 당신 아내를 싫어하느냐는 것이어서 서운한 마음도 들었다. 그 침묵이 버거웠으므로 나는 입을 열었다.

"할머니께서 우리 엄마를 싫어하시니까요. 할머닌 맨날 엄마 욕만 해요. 제가 어렸을 때 정말 엄마 손바닥에 가시가 있는 줄 알고 살펴었는데 가시는 없었어요. 우리 엄마를 욕하는 할머니가 싫은 건 당연한거 아니에요?"

할아버지가 빙그레 웃으셨다. 나는 할아버지가 웃을 줄 모르는 줄 알았다. 나를 보고 미소 띤 할아버지의 얼굴은 퍽이나 자상하게 느껴졌다. 그때 할아버지는 막내 니도 시집가면 다 알게 될 끼다 라고만 하셨다.

　할아버지가 우리 집과 합친 뒤 아버지와 할아버지가 만든 냉랭한 기운 때문에 집안에 냉기가 감돌았다. 그런 모든 책임은 늘 엄마에게 돌아갔다. 엄마는 할머니가 욕을 퍼부어대도 단 한마디 말대꾸를 하지 않으셨다. 표정도 늘 평온했다. 하긴 말대꾸를 하지 않더라도 엄마가 이맛살을 찌푸리거나 했다면 아마도 할머니는 식음을 전폐하고 드러누우셨을 것이다. 왜 할머니는 그토록 우리 엄마를 괴롭힌 것일까. 나는 도저히 이해하기가 힘들었다.

　할머니는 왜 그토록 엄마를 미워한 것일까라는 의문에 대한 해답은 내가 결혼한 뒤 스스로 찾았다.

　결혼을 하게 되면 남자는 두 개의 큰 봉우리 사이 계곡에 갇힌 신세가 된다. 한 봉우리는 자신의 어머니이고 다른 봉우리는 아내이다. 똑똑한 큰 아들, 동네 사람 모두가 칭송해 마지않는 큰아들을 엄마에게 빼앗겼다고 생각한 할머니는 도저히 엄마를 받아들일 수가 없었을 것이다. 심지어 할머니는 엄마가 아버지의 기를 빼앗아 간다며 잠자리에 들면 동네 할머니를 엄마와 아버지 사이에서 잠자게 하기 까지 했다. 할머니를 사이에 두고 자면 아버지가 기의 평정을 되찾고 무리한 잠자리를 하지 않게 된다는 것이다. 요즘 어떤 시어머니가 아들과 며느리에게 늙각시를 강요한다면 해외 토픽감이 될 것이다.

　그래도 아버지는 할머니와는 두런두런 대화도 나누곤 했다. 그런데 이상한 것은 두 분이 얘기를 시작하고 20분 내에 반드시 다툰다는 것이다. 두 분 다 성격이 별나다 싶었는데 한 번은 두 분이 대화를 하다가 싸우는 전 과정을 지켜보게 되었다. 엄마와 아들 사이의 대화라는 게 다 그렇고 그런 것이어서 처음엔 서로 안부를 묻고 건강에 대해 얘기를 나누시더니 작은 아버지들과 삼촌 이야기로 넘어갔다. 그러다가 엄마 이야기가 나오자 할머니 언성이 높아지며 "그 독새 같은 년이 우리 막내한테 바늘을 삶아 먹여서 막내가 몸이 약하다."고 하는 것이었다. 그러자 아버지는 "아이고 어매요. 그기 말이 되는 소리가? 그만 해라." 맞받았다. 아버지가 엄마 편을 들고 나서는 순간 할머니의 불호령이 떨어졌다. "세상에 못난 팔불출이 즈그 거석 편들고 나오는 기라." "저 사람이 뭘 그리 잘못했다고 허구한 날 이래 쌌소........." 결국 두 분은 싸우고 토라져 며칠간 서로 눈길도 주고받지 않았다.

아버지를 위하여

> 아마도 그럴 것이다. 우린 앞으로도 한참 동안
> 그처럼 밉지 않은 오류와 오독의 길 위를 서성이리라
> 그리하여 어느새 수정하거나 번복하고 싶지 않은
> 하나씩의 아름다움을 간직하고 있으리라
>
> 임동확 시
— 화엄 또는 화음 中

　중학교 2학년 때였다. 어느 날 학교에 가려고 툇마루를 내려오는데 댓돌 위에 아버지의 구두가 가지런히 놓여 있었다. 할머니, 할아버지까지 모두 아홉 식구가 살고 있었는데 나는 학교가 가까워 늘 꼴찌로 집을 나섰다. 그래서 내가 학교 갈 즈음에 우리 집 댓돌 위에는 할아버지, 할머니의 고무신과 어머니의 슬리퍼만 놓여 있었다. 그날은 아버지 구두가 놓여 있었던 거였다. 아버지는 결코 늦잠을 주무실 분이 아니었으므로 나는 혹시 어디 편찮으신 것이 아닌가 싶었다. 하지만 학교 갈 길이 바빠서 나는 평소대로 "다녀오겠습니다" 하고 대문을 나섰다.

　열다섯 살의 나는 감수성이 몹시 예민한 소녀였다. 공부의 경우 하지 않으려고 했다기보다는 할 수가 없어서 성적이 형편없었다. 공부

를 하려고 교과서를 펴들고 읽기 시작하면 곧 공상이 시작되었다. 신경이 분산됐다. 내 눈앞에 펼쳐지는 모든 것이 나를 자극했고 틀에 박힌 교과서 속에 머물도록 내버려두지 않았다. 나는 시와 소설에 빠졌고 생각이 많아 잠을 못 이루는 아이가 되어 있었다.

아버지가 출근하시지 않았을지도 모른다는 사실은 그날 하루 종일 내 머릿속 한구석에 있었다. 아버지와 관련된 여러 가지 생각들이 계속 나를 따라다녔다. 다음날에도, 그 다음날에도 아버지 신발이 댓돌 위에 놓여 있었다. 즉 아버지는 출근하지 않으셨다. 그리고 집안 공기가 무거워져 갔다. 우리 남매들은 말이 많은 데다 목소리가 컸기 때문에 할머니가 핀잔을 많이 주셨다. 할머니는 "아이들에게 기차 화통을 삶아 먹였느냐"고 어머니를 나무라시곤 했다. 그런데 집안이 조용했다. 막내인 나를 빼고 언니, 오빠들이 모여 소곤소곤 무엇인가 이야기를 나누었다. 그러다가 내가 다가가면 말을 뚝 끊어버렸다.

아침에 학교에 갈 때마다 잇몸에 작은 가시가 끼어 거북한 기분이었다. 공부시간에 딴 짓하는 병이 더 심해져서 나는 '노골적'으로 학업을 거부하기 시작했다. 멍하게 앉아 아버지 생각을 했던 것 같다. 창문 앞에 서서 밖을 내다보고 있으면 눈물이 뚝뚝 떨어졌다. 어쩐지 내 수준에서는 해결할 수 없는 '어떤' 일이 우리 식구들을 덮쳐온 것 같은 '두려움' 때문이었다. 그즈음 아버지도 거의 말을 하지 않으셨는데 식사도 제대로 못하시는 것 같았다. 아버지의 볼은 며칠 만에 더 깊이 파이고 말았다.

아마 그날도 나는 이 생각 저 생각으로 음악 수업시간에 딴 짓을 하고 있었던 것 같다. 갑자기 선생님이 내 이름을 부르셨다. '걸렸구나' 생각하니 가슴이 콩닥콩닥 뛰었다. 그런데 선생님은 딴소리를 했다. "담임선생님이 부르신다...."

교무실로 내려갔다. 교무실 문을 열고 담임선생님 자리를 바라보았다. 담임선생님보다 먼저 아버지가 내 눈에 들어왔다. 아, 그날 나는 마음속으로 얼마나 울었는지 모른다. 아버지 앞에서 울 수 없어서 혼자 이를 꼬옥 물면서 못난 나를 얼마나 자책했는지 모른다. 성적 순위가 나온 선생님 수첩이 놓여 있었고 아버지의 얼굴에 그늘이 스치는 것을 보았기 때문이다. 내가 아버지의 고단한 삶에 보답할 수 있는 유일한 일이 '공부 잘 하는 일밖에' 없다는 것을 왜 나는 그 순간에야 알게 되었던 것일까.

그날 저녁 아버지가 나를 부르셨다. 그리고 아버지가 왜 출근하지 않는지 간략하게 설명하셨다. 그리고 이렇게 말하셨다. "막내가 특이한 구석이 많아서 친구들 사이에서 인기가 좋다면서... 글도 잘 쓰고, 그리고 이번에 18등을 했다고 하시더구나. 성적도 그만하면 됐다....."

나는 아버지 앞에서 물러나와 2층 옥탑방으로 올라갔다. 눈물이 정말 비오듯 쏟아졌다. 보통 눈물은 찝찝한 맛인데 그 날 내 눈물은 썼다. 나는 실컷 울었다. 위로 언니 둘이 공부를 매우 잘 했으므로 반에서 18등 한 내 성적에 아버지가 얼마나 실망하셨을지 잘 알고 있었다.

아버지는 마음에도 없는 말을 하시곤 고개를 푹 수그리셨다. 아버지는 다음날 출근하셨다. 아버지에게 맞지도 않는 체육 분야로 발령을 받았는데도 어쩔 수 없이 출근하셨던 거였다. 그 다음부터 더 이상 내가 학교 갈 때 댓돌 위에 아버지 구두는 놓여있지 않았다.

모든 것이 평상시대로 돌아왔다. 다시 집안에는 활기가 넘쳐흘렀고 큰 목소리로 우리는 이야기를 주고받았다. 할머니는 우리보다 더 큰 목소리로 "기차 화통" 운운하며 우릴 나무라셨다. 나는 성큼 철이 들어버렸다. 그리고 공부하는 아이로 변해 있었다. 아버지를 기쁘게 해 주고 싶다는 강렬한 열망이 나를 사로잡았다. 수업시간에 소설책을 몰래 읽었던 아이는 과거가 되어 나의 낡은 대뇌피질 속에 숨게 되었다.

그 뒤 나는 모범생이 되었고 공부도 잘 한 것 같다. 고등학교에 들어가서는 공부에 좀 더 신경을 썼다. 이런저런 생각이 많아 세상근심을 혼자 하는 버릇 때문에 학업에 '전념' 하지 는 못했지만 그럭저럭 의무방어를 하다가 대학에 들어가게 되었다.

가끔 눈을 감고 아버지를 떠올려 본다. 아버지는 안방에 누우신 채 왼발 무릎을 세우고 오른발을 왼발 무릎에 올린 상태에서 오른팔을 이마 위에 대고 누워계신다. 실제로 그런 포즈로 몇 시간이고 계셨는데 아버지가 그럴 때 온 집안은 쥐 죽은 듯이 조용했다. 결국 아버지는 서기관으로 공직을 마감하셨다. 가끔 이번 진급 땐 아버지가 병무청장으로 나갈지 모른다 엄마가 말하신 일이 있었다. 90% 다 되었대, 아버지가 병무청장이 되면 진짜 출셋길이 열리는 거래, 그럼 엄마는 병무청장 사모님이 되시는 거야? 언니 오빠들이 수군대는 것을 들은 적도 있다. 한번은 이모 차관이 국방부에 새로 부임했고 강직하고 청렴하며 일 잘하는 아버지를 눈여겨보았다. 진급 1순위로 고려하고 있다고 아버지에게 언질까지 준 일이 있었다. 그런데 세상일이 뜻대로 안되려면 뒤로 넘어져도 코가 깨지나보다. 아버지 진급을 얼마 앞두고 이모 차관은 보사부 장관으로 영전했다. 이모 차관의 기쁨은 아버지의 불행이 되었고 그 분의 반대파들이 아버지를 힘들게 했던 것 같다. 중학교 2학년 때 아버지가 체육과장으로 발령이 나고 인사에 저항해 며칠 동안 출근을 안 하시는 등 이런저런 파동이 있던 시기가 아마도 그 시기가 아닌가 싶다.

아버지는 사직 후 사기업에 들어가 3년 간 일하셨다. 요즘 말로하면 일종의 전관예우였을 거다. 고등고시 2차에서 떨어지신 일, 지방병무청장으로 진급해 국방부를 나가지 못한 일은 오랫동안 아버지를 상실감에 빠지게 한 것 같다. 제3자가 보기에 아버지는 나름 성공한 삶을 사신 분이다. 하지만 일흔 살 무렵까지 아버지는 늘 자신이 실패한 인생이라고 생각하셨다. 어머니는, "그때 집을 팔아 백만 원이라도 갖다 바쳤으면 지방 병무청장이 되었을텐데..."하며 안타까워하곤 했다. 하필 그때 애들 학비 때문에 이도저도 못했다고 하셨다. 아버지가 판사가 되었다거나 지방 병무청장이 되어 출세의 길을 가셨다면 자식들을 더 잘 키울 수 있었을 거라고 엄마는 푸념처럼 말하셨다. 그러나 뇌물 없이 아무것도 할 수 없던 시절 아버지는 실력과 성실성만으로 진급 문제와 대결하셨다.

우리네 모든 아버지들이 그렇지만 내 아버지 역시 학벌에 목을 매셨다.

큰 언니는 초등학교에서부터 고등학교 때까지 늘 전교 1~2등을 하는 수재였으므로 아버지의 배려가 필요하지 않았다. 큰언니는 늘 우리집안 전체의 자랑거리였다. 우리 동네에서도 수재로 소문이 나서 우리 언니 이름을 대면 모르는 사람이 없었다. 키가 훤칠하고 크고 선선한 눈동자가 돋보이는 외모였다. 늘씬 했던 큰 언니는 우리 집안을 넘어 동네의 자랑거리였다.

중고등학교가 방학을 하게 되면 아버지는 아침 일찍 오빠들을 깨워 남산 도서관에 내려준 뒤 출근하셨다. 아버지의 극성은 둘째 언니한테까지 이어졌다. 나는 한번 아버지에게 왜 제게는 그렇게 하지 않으셨어요? 물은 일이 있다. 아버지는 딱히 답을 안 하셨던 것 같다. 내가 고등학교 다닐 때 아버지는 40대 후반에 접어들어 계셨다. 나는 혼자 언니, 오빠들을 지극정성으로 공부시키다가 지쳐서 나는 내팽개친 것이 아닐까 생각했던 적이 있다. 둘째 언니는 명문 숙명여고를 거쳐 고려대학교에 들어간 것으로 보아 아버지 교육열이 주효했던 것 같다.

왜 오빠들이 아버지가 바라던 우수한 성적을 내지 못했을까 궁금했는데 아버지가 돌아가신 뒤 언니들과 이야기하면서 의문이 풀렸다. 둘째 언니는 이렇게 말해주었다.

"그게 도서관에 데려다준다고 다가 아니야. 8시 반에 남산 도서관에 우리를 내려주고 가시면 오빠들은 어딘가로 사라졌다가 5시에 도서관으로 돌아왔다고. 다른 곳으로 공부하러 간줄 알았는데 놀라갔던 거야. 나는 아버지가 무서워서 죽이 되나 밥이 되나 죽치고 앉아

있었어. 죽치고 앉아있다 보면 공부도 하게 되고 그런 거지 뭐."

근데 왜 내게는 안 그러셨을까. 둘째 언니에게 말했다. 언니는 1초도 기다리지 않고 답했다. 넌 본래 말을 잘 안 들었어. 시킨다고 할 애가 아니잖아. 집안도 넉넉했고 굳이 국립대에 널 보낼 필요가 없었겠지.

부이사관 혹은 지방병무청장으로 진급하지 못하고 퇴직한 아버지에게 여생은 무엇이었을까. 아버지는 자신의 인생을 실패한 인생으로 단정 지었다. 그런 아버지의 모습을 바라보는 자식들은 불안했고 마음한구석이 늘 찜찜했다. 언니, 오빠들은 아버지 진급문제를 놓고 토론을 벌이곤 했다. 아버지가 진급을 하지 못한 이유에 대해서도 진단이 다양했다. 와이로 즉 뇌물을 먹이지 않은 것이 핵심요인 이라는 데 대해서는 다들 이견이 없어보였다. 그런데 큰오빠는 이런 말을 했다. 그럼 모든 사람들이 돈을 갖다 바쳐야만 진급하는 걸까? 아닐 거야. 직장에서 실력이 뛰어난데 인간관계에 문제가 있는 사람과 실력은 고만고만한데 인화를 잘하는 사람 중 누구를 뽑을까? 큰언니가 대답했다. 나라면 인간관계가 좋은 사람을 뽑을 것 같아. 어차피 실력이란 거기서 거기 일거야. 관료사회에서 실력 차는 그다지 중요하지 않을 거야. 누군가 물었다. 아버지 한을 풀어주려면 어떻게 해야 하니? 누군가 답했다. 아버지 자식 중에 누군가가 사법시험에 붙거나 사법시험에 붙은 사람과 결혼한다면 풀릴지도 몰라. 우리 중 누군가가 장차관이라도 되면 한이 풀릴까? 이런저런 언니오빠의 대화를 엿들으며 나는 아버지를 기쁘게 해드려야지 혼자 다짐했던 것이다.

생각하면 말도 안 되는 다짐이었다. 자유분방한 내가 사법시험 준비를 하는 것은 얼토당토 않는 일이었고, 공직에 들어가 장차관을 한다는 것은 도무지 내 적성에 맞지 않는 일이었기 때문이다.

아버지의 한을 풀어준 것은 둘째 언니였다. 둘째 언니가 박사학위를 따고 장학관이 되었을 때 아버지는 매우 뿌듯해 하셨다. 45세에 나는 차관급 방송위 상근부위원장이 되었지만 아버지는 정무직 차관자리는 인정하지 않으셨고 나는 그것으로는 아버지 한을 풀어드리지 못했다.

아버지는 80이 넘어서야 이런 말을 하셨다. "자본주의가 얼마나 좋노. 일하고 돈 벌고 먹고 싶은 것 먹고 TV보고 산책도 하고 막내는 뭘 그리 바꾸고 싶었드노, 니가, 니 친구들이 뭘 바꿨노? 대통령 바꿔보니 세상이 달라 지드나?

'작은 만족이 아름답다'는 것을 받아들이지 않는 한 그 누구도 행복할 수 없다는 것을 우리 남매는 알지 못했다.

정직하게 살아라!

아무도 너에게
사랑한다는 말을 하지 않아도
너는 모든 것을 사랑했다
사랑이, 그 큰 사랑이
험한 세상 버티는 힘이 되었다
가장 큰 힘이 되었다

서정홍 시
— 풀에게 中

나라는 아이는 아버지의 입장에서 볼 때 참 대책없는 아이었다. 내가 학교에 다니면서 빠지지 않고 들었던 말이 참 특이한 애다 였다. 특이하다니! 이 얼마나 애매한 말이란 말인가. 철이 들고 사람들이 어떤 때 특이하다는 표현을 쓰는지 알게 되었다. 이 단어와 관련하여 몇 가지 떠오르는 장면이 있다.

초등학교 2학년 때 일이다. 두 명의 남자애들 이름이 생각난다. 이ㅁㅁ와 황○○. 이ㅁㅁ는 눈이 크고 겁먹은 듯한 태도로 앉아있던 아이다. 황○○은 우리반 남자회장이었다. 얼굴이 하얗고 영양상태가 좋은 느낌을 주는 애였다. 아이들은 이ㅁㅁ를 늘 놀려댔다. 요즘 말로 하면 그 아이는 왕따였다. 나는 아이들이 이ㅁㅁ를 놀릴 때마다 정체모를 분노에 시달렸다. 이ㅁㄷ는 잘못한 게 없었다. 그 아이의 잘못이라면 가끔 수업시간에 자기 자리에 앉아서 소변을 흘렸다는 것이었다. 그건 아픈거지 잘못이 아니었다. 이ㅁㄷ가 오줌을 쌌을 때에도 나는 그 아이가 얼마나 창피할까 안쓰러웠다. 그렇다고 이ㅁㄷ를 도와주거나 그 아이를 옹호하지는 않았다. 용기가 없었던 것일까? 두려웠던 것일까? 같은 부류로 취급받기 싫었던 것일까? 곰곰 생각해보면 나대기 싫었다는 감정에 가깝다. 나는 별로 눈에 띄고 싶어 하지 않는 아이였다. 남 앞에서 발표를 잘 못했고 집에서는 종달새처럼 떠들가다도 많은 사람 앞에서는 주눅이 드는 아이였다. 불쌍한 이ㅁㄷ를 앞장서서 괴롭히던 아이가 회장인 황○○이었다.

어느날 아침 학교에 가보니 우리 반 복도 앞에 아이들이 모여 있었다. 이미 내가 2학년 교실 입구에 들어섰을 때 웅성거리는 소리가 들려왔다. 무슨 일인가 싶어 나는 잰걸음으로 교실 앞으로 다가섰다. 아이들의 웃음소리, 저 바보바보 하는 소리, 어디 한번 까보자 하는 소리 등등이 들려왔다. 황○○이 이ㅁㄷ를 복도에 눕혀놓고 바지를 내리고 있었다. 나는 태어나서 처음으로 사내아이의 고추를 보았다. 이ㅁㄷ는 아무 말 못하고 겁먹는 눈을 껌뻑거리며 있었다. 이ㅁㄷ의 허벅지가 너무 희었다. 그리고 그 아이의 고추는 너무 작았다. 순간 그 아이가 가련해 보였다. 나는 지금도 누워있던 그 아이와 눈처럼 희던 허벅지, 작게 쪼그라들었던 고추가 선명하게 기억난다. 서글픈 심정이었다. 이ㅁㄷ이 까만피부를 가졌다면 덜 서글펐을까? 어디서 그런 용기가 났을까? 나는 황○○의 등을 후려쳤다. "하지마 하지마 너

이게 무슨짓이냐?" 라고 소리쳤다. 아이들의 시선이 일제히 내게 쏠렸다. 불의의 역습에 황○○의 얼굴이 울그락 불그락 해졌다. 그리곤 황○○이 주먹으로 내 배를 때렸다. 숨이 막힐 만큼 아팠다. 니가 먼데 나서고 지랄이야? 지랄이라고 했는지 난리야 라고 했는지 기억이 정확하지 않다. 하여간 황○○은 몹시 당황한 것 같았다. 아픈 배를 움켜쥐고 나는 나지막하게 말했다. 너는 정말 나쁜 아이구나.

종이 울리고 담임선생이 다가왔다. 그 여자는 황○○편을 들었다. 배가 아파 움크리고 있는 나에게 도끼눈을 뜨고 너 뭐하는 거니? 라고 물었다. 담임선생은 돈 밝히는 선생으로 정평이 나있는 여자였다. 황○○의 엄마가 수시로 학교를 들락날락거리며 이 여자와 희희낙락거리는 모습을 우리는 목격하고 있었다. 겨우 9살의 우리는 담임선생이 결코 이○○를 구해주거나 내 편을 들어주지 않을 것이라는 확신을 가지고 있었다. 나는 담임선생에게 꾸벅 인사를 하고 교실로 들어갔다. 이후 황○○은 나와 눈을 마주치지 못했다. 담임선생은 황○○을 혼내지 않았다. 그러나 황○○은 이후 다시는 이ㅁㅁ를 괴롭히지 못했다.

중학교 때는 이런 일도 있었다. 내가 다니던 중학교는 독특한 학사과정을 운영한 학교였다. 김인숙교장은 지금 돌아보면 훌륭한 교사였다. 창의력이라는 단어를 쓰지 않아도 발표력향상이라는 단어를 쓰지 않아도 저절로 학생들에게 창의력과 발표력이 생기도록 학사과정을 운영했다. 중학교 1학년 때부터 발표식 수업을 강행했다. 학생들이 돌아가면서 발제를 하고 토론을 한 뒤 선생님이 교정을 해주는 방식이다. 예체능에도 많은 지원을 했다. 당시 상도여자중학교를 나온 친구들은 최소한의 발표력과 최소한의 예능적 소양을 갖출 수 있었다. 학생임원을 '목련봉사단'이라는 명칭으로 운영하기도 했다. 교장의 스타일이 얼마나 중요한지 보여주는 좋은 예 인 것 같다. 하여간 중학교 1학년 무용발표회 이야기를 하려고 한다.

상도여중에는 무용부가 있었다. 담당은 박인숙 선생님. 무용부는 1년에 두 번씩 공연을 하는데 그 공연이 보기에 아름다웠다. 너도나도 무용부에 들어가고 싶어 했다. 박인숙 선생의 무용부원 선정 원칙은 매우 엄격했다. 우선 팔다리가 길어야 했고 말라야 했다. 얼굴이 예쁠 필요까지는 없었지만 못생기면 탈락시켰다. 나름 원칙대로 부원 선발을 했기 때문에 대체로 불만이 없었다. 그런데 아무리 원칙대로 선발한다 해도 경계영역은 있게 마련이다. 이 경계영역에 걸려있는 친구들 간에 잡음이 일었다. 박인숙 선생이 돈을 받고 A를 부원으로 받아주고 본래 들어가 있었던 B를 탈락시켰대… 한 문장으로 시작된 소문은 삽시간에 전교생에 퍼졌다. 발 없는 말이 천리 간다는데 좁은 학교에 이 소문이 퍼지는 데는 채 1시간이 걸리지 않았다. 한반에서 다음 반으로 소문이 건너갈 때 마다 부풀려 졌다. 돈만 받은 게 아니라 옷도 선물 받았대, A의 엄마와 그 선생님이 수시로 밥을 먹는 사이래, A 시험 성적까지 조작해주었대. 결국 이 일로 학교에 각종 회의가 열리게 되었다.

그런데 어처구니없는 일이 벌어졌다. 내가 그 소문의 진원지로 지목되어 교사들 회의에 불려간 것이다. 나는 예나 지금이나 세상잡사에 관심이 없는 스타일이다. 늘 혼자 놀았고 무용부 따위에는 관심이 없었다. 하물며 무용부에 누가 들어가고말고 내가 뭔 상관이라고! 회의실에 들어가니 교사들이 쭉 둘러 앉아있었다. 그리고 빈 의자가 하나 있었고 그 자리에 앉게 되었다. 질문이 쏟아졌는데 무슨 말인지 하나도 이해할 수가 없었다. 나는 A가 누군지 B가 누군지 모른다고 솔직하게 말했다. 관심도 없다고 말했다. 구원은 박인숙 선생님으로부터 왔다. 박인숙 선생님이 A와B가 속한 반 아이들에게 누구로부터 해당 소문을 들었는지 쪽지 고백을 받은 것이다. 아이들 쪽지를 모아 든 박인숙 선생이 회의실로 들어왔다. 회의실에 들어올 때까지는 박인숙 선생도 내가 소문의 진원지임을 확신하고 있었다.

교사들이 보는 앞에서 고백쪽지가 하나씩 개봉되었다. 그리고 그 쪽지에 내 이름은 단 한 줄도 적혀있지 않았다.

그렇다면 선생들은 왜 나를 주동자로 지목한 것일까? 나는 박인숙 선생님에게 물었다. 선생님 왜 그러셨어요? 대답이 어처구니없었다. 주동자는 B였는데 그 아이는 아이들을 몰고 다닐 깜냥이 안 돼 보였다는 것이다. 적어도 학교를 발칵 뒤집어 놓을 이정도의 일을 벌일 사람은 나밖에 없다고 생각했다는 것이다. 선생의 심증만으로 이틀 동안 나는 데모 주동자가 되어 시달려야 했다. 박인숙선생과 교사들이 나에게 사과를 했는지 기억이 나지 않는다. 다만 결백이 밝혀진 뒤 내가 무너져 버렸다. 내 눈에서 하염없이 눈물이 흘러내렸다.

고등학교 1학년 때의 어느 날도 떠오른다. 당시 중고등학생들은 도시락을 싸가지고 다녔다. 아침 첫 수업이 7시 40분에 시작되기 때문에 대개 아침을 거르고 등교했던 우리는 3교시 끝나는 휴식시간을 이용해 도시락을 까먹곤 했다. 우리가 도시락을 까먹고 나면 김치냄새를 비롯해 온갖 반찬냄새가 섞여 교실 안에서 전체적으로 꿈꿈한 냄새가 났다.

어느 날 4교시 우리학년 학년주임인 가정 선생님 시간이었다. 엄하기로 소문난 여선생이었다. 그는 교실 문을 열자마자 이게 무슨 냄새야 코를 움켜쥐더니 교탁 앞으로 다가가 다짜고짜 소리쳤다. 문 열어. 한겨울이었기 때문에 아이들은 선뜻 창문을 열려고 하지 않았다. 그러자 선생님은 주번, 주번 불렀고 반장 어딨어 하더니 손수 창문 앞으로 걸어가 창문을 열었다. 주번과 반장이 선생님을 따라가 창문을 열었다. 창문을 열자 바람이 달려들어왔고 한기가 엄습했다. 그러자 한 아이가 기침을 했다. 콜록 콜록... 그리고 삽시간에 기침소리가 교실을 뒤덮었다. 웬일인지 나는 제3자가 되어 친구들과 선생님을 관찰하고 있었다. 그 순간 기침은 선생님의 명령에 대한 반항이었다. 어머, 애네들 좀 봐하던 선생님은 어처구니없다는 표정을 짓다가 점점 얼굴이 일그러졌다. 마침내 출석부로 교탁을 서너 번 탁탁탁 치더니 지금 너희들 뭐하는 거니 소리치고 교실에서 사라져버렸다. 또각또각 선생님의 발소리가 긴 여운을 남겼다.

아이들 사이에는 정적이 흘렀다. 한참 후에 반장이 교탁 앞으로 나섰다. 반장은 모범생이었는데 모범생들이란 상황을 수습하자고까지 말하고 실제로 수습책을 내놓지 않는 부류들이다. 반장이 입을 열었다. 어떻게 하면 좋을까. 의견을 얘기해봐. 맨 처음 기침을 했던 친구가 나와서 이렇게 추운 날 창문을 연다는 건 우리 모두 감기에 걸리라는 것과 같다. 선생님이 무리하신 거다. 그는 이렇게 말하고 자리로 돌아갔다. 한 마디로 이 상황은 선생님 탓 이라는 것이다. 그 애는 나름 카리스마가 있고 지배력이 있는 친구라서 분위기가 그쪽으로 흘러갔다. 몇몇 친구들이 이어서 발언을 했는데 그냥 다음 가정시간이 되면 선생님이 수업 하러 오실 테고 이 장면은 이 장면대로 덮어버리자는 의견이 다수였다. 일종의 회피론.

나는 잠시 생각했다. 학교라는 곳이 아이들 마음대로 이런 사태가 흘러가도록 방치해도 되는 곳인가 하는 생각이 들었다. 심지어 가정선생님의 별명인 하마돼지라는 단어가 아이들의 입에서 나왔고 아이들은 가정선생을 조롱하는 말들을 쏟아냈다. 나는 참을 수가 없어 발언을 신청했다. 왜 참을 수 없었는지 모른다. 하여간 아닌 건 아닌 거다. 그런 분위기가 옳지 않다는 생각이 내 머리에 꽉 차 있었다. 이 모든 일은 우리들이 점심시간이 아닌 시간에 도시락을 까먹었기 때문에 생긴 일이다. "후각이 가장 빨리 피곤해지기 때문에 우리들은 못 느끼지만 밖에서 교실로 들어오는 사람은 누구든지 교실 안 냄새를 견딜 수 없을 것이다. 잠깐 창문을 열어 환기시키는 것이 그렇게 잘못된 것일까. 게다가 어거지로 콜록콜록 기침소리를 내는 것은 누가 보아도 반항으로 비칠 수밖에 없어. 사태가 더 커지기 전에 반장과 몇몇 대표가 가정선생님께 찾아가 사과하는 것이 좋겠어. 최소한 양심을 가지고 살자."

마지막 말은 하지 않았으면 좋았는데. 나는 꼭 쐐기를 박아야만 직성이 풀리나보다. 나는 다시 자리로 가서 앉았다. 표면적으론 내말이 맞았으므로 아무도 이의를 제기하지 않았다. 그러나 반장 외에 다른 대표를 뽑지는 않았다. 반장과 부반장이 가정 선생님께 사과를 하는 것으로 상황은 종식되었다.

  한동안 나는 아이들과 말을 섞지 않았다. 아이들도 내게 다가오지 않았다. 대신 이상하게 선생님들이 나에게 호의를 보였고 어떤 선생님은 이 반에 참으로 정의로운 학생이 있다고까지 말했다. 당시 헤르만 헤세의 <데미안>을 반복해 탐독하고 있던 나는 선생님들의 그런 태도가 유치하게 보였다. 참으로 이상했던 것은 나는 왕따였는데 전혀 주눅이 들지 않았다는 것이다. 책에 빠져있던 나는 또래아이들과 어울리며 시간을 빼앗기는 것이 용납되지 않았고 수많은 책속의 주인공들이 내 친구였기 때문에 외롭지 않았다. 그리고 왕따 시키려는 분위기가 지배적이더라도 늘 대여섯 명은 물들지 않는 법이다. 그 아이들 데미안에 빠져있었다. 가끔 그 친구들과 데미안에 대해서 토론했던 기억이 남아있다. 정말 책이 없었다면 내가 지금까지 살아올 수 있었을까하는 생각이 든다.

  가끔 나는 김치와 책 중에 어느 것이 더 중요할까? 쓸데없는 생각을 해보곤 한다. 나는 김치 없이 밥을 한 끼도 못 먹고 주식은 밥과 김치다. 다른 반찬은 별로 잘 먹지도 않는다. 누가 나에게 너는 김치광이냐 독서광이냐 하나를 택하라고 한다면 나는 눈물을 흘리며 김치를 버리고 책을 택할 거다. 아 이렇게 말하는 것만으로도, 김치를 버려야 한다는 기이한 상상만으로도 뼈가 아프지만 사람은 빵만으로 사는 것이 아니오 말씀으로 산다고 하지 않았던가.

우리 오빠들 가정통지표 품행란에 보면 과묵한 성실자, 불의와 타협하지 않는 정의한이라는 평가가 빠지지 않았다. 우리 형제 모두 바른 말을 잘하고 위기 상황에 처한 사람을 보면 그냥 지나치는 일이 없었다. 둘째 오빠의 경우 고등학교 때 물가에 놀러갔다가 깊은 물에 빠져 허우적거리는 사람을 구한 일도 있었다.

그렇다면 이 바른말 DNA, 정의DNA는 어디로부터 온 것일까?
우리 아버지는 세상만사 모든 일에 의견이 있는 사람이었다. 1971년 대선기간 중 어느 날 아버지가 흥분상태에서 집에 오셨다. 그날 아버지는 "대한민국에 인물이 났다. 김대중이가 4대강국 보장론을 말했어 보통 인물이 아니야 부자들에게 세금을 더 매기겠대... 저러다 김대중이 총 맞아 죽는 거 아닌지 몰라" 하며 목청을 돋구셨다. 아버지는 만일 김대중이가 대통령이 되면 천지개벽이 일어날 거다. 차별받던 호남사람들이 요직을 차지하게 될 것이다. 군인들의 세상이 끝날 거다... 등등의 말을 덧붙이셨다. 나는 경상도 출신 아버지가 호남 출신 아저씨를 저렇게 열렬하게 응원하는 이유를 알 수 없었다. 지금 생각해보면 아버지는 국방부에서 근무하며 음으로 양으로 군인들에게 치였던 것 같다. 그래서 아버지도 세상이 바뀌기를 간절히 원했던 게 아니었을까. 한마디로 40대 아버지는 공무원 조직 내에 숨겨진 '반골'이었던 것 같다.

그냥 '군부독재'가 아니다. 군부정치는 군인들이 요직을 독점할 뿐만 아니라 군인의 사돈팔촌까지 사회곳곳에서 대접받고 잘 먹고 잘사는 체제였다. 국방부는 당연히 군인들 중심으로 진급이 이뤄지는 부처였다. 문관들에 대한 푸대접이 심했다.

일상생활 속에서 아버지는 정직과 성실을 강조하셨다. 성실이란 개념은 어린 내게 제때 일어나 밥 먹고 학교가고 제때 자고 학교 숙제 잘 해가는 정도의 것이 어서 별게 아니었다. 그러나 아버지가 입에 달고 살았던 정직이라는 것은 내게 매우 지키기 어려운 것으로 느껴졌다. 그저 정직하게 살아라 라고 말하면 네 하고 답하면 그만이다. 그런데 어린 나의 삶에도 비밀이 있고 결국 내 비밀을 지키려면 정직하면 안 되는 것이었다. 게다가 아버지의 정직은 실천적인 개념이라 늘 선택을 강요했다. 아주 작은 거짓말이라도 용납되지 않았.

예를 들면 이런 거다. 막내인 나는 심부름 담당이었다. 콩나물을 사오거나, 창고에 가서 빗자루와 걸레를 가지고 오거나, 이웃집에 뭔가를 가져 다 주거나, 이웃집에 가서 뭔가를 빌려오거나 하는 자디잔 심부름 거리가 온통 내 몫 이었다.

엄마가 큰 언니에게 옆 집 K네 가서 간장 좀 얻어오너라 라고 시키면 큰 언니는 둘째 언니에게 애 니가 좀 갔다 와 하고 떠넘겼다. 막 사춘기 초입에 들어선 둘째 언니는 아이 창피하게 막내야 니가 갔다 와라. . . 이런 식이다. 엄마가 콩나물과 두부 심부름을 시켜도 같은 일이 반복되었다. 대게 순서는 큰 오빠 큰 언니 작은 오빠 작은 언니를 거쳐 나에게 돌아왔다. 이런 일이 반복되면서 나는 나만의 작은 위안거리를 만들었다. 엄마가 콩나물 30원어치를 사오라고 하면 25원 어치만 사고 5원으로 바가지 과자를 사먹는 것이다. 20원짜리 두부를 사오라고 하면 15원은 두부를 사고 5원은 바가지 과자를 사먹는 식이었다.

그런데 문제가 있었다. 바가지 과자를 먹을 곳이 없는 것이다. 나는 양지바른 담벼락 밑에 숨어서 과자를 먹곤 했다. 그러던 어느 날 꼬리가 길면 잡힌다고 했던가, 아침에 일어나 동네 한 바퀴를 돌던 둘째 오빠에게 들켰다. 평소 같으면 바가지과자를 뺏어 먹으려고 혈안이 되었을 오빠의 눈빛이 이상했다. 의심가득한 눈초리로 나를 바라보던 오빠는 내 손에서 콩나물과 두부를 확 낚아채더니 뒤돌아 가버렸다. 그 후 바가지과자를 다 먹었는지 버렸는지 기억이 잘 나지 않는다 아마도 나는 그 상황이 너무 무서워서 바가지과자를 먹었더라도 맛을 느끼지 못했을 것이다. 나는 집에 들어가지도 못하고 담벼락에 쪼그리고 앉아 있었다. 얼마나 시간이 흘렀을까? 다리가 저려 온다 싶었을 때 나를 부르는 엄마의 목소리가 들렸다. 그런데 아무 일도 일어나지 않았다.

탈이 난 것은 그날 저녁이었다. 퇴근 후 아버지가 나를 부르셨다. 아버지한테는 붉은 회초리가 있었다. 아버지가 풍기는 엄한 분위기, 회초리만으로 나는 공포에 휩싸였다. 내 눈을 한 참 들여다보시던 아버지의 눈에 웃음기가 서렸다. 아버지가 화를 내지 않고 웃었기 때문에 나는 더 무서웠다. 갑자기 몸이 사시나무 떨 듯 떨리기 시작했다. 본래 독감 예감 주사를 맞을 때도 맞기 전이 무섭지 맞고 나면 별 거 아닌 것이다. 아이 낳는 게 아무리 무서워도 낳고 나면 낳을 만하다. 매도 맞기전에 그 분위기가 공포스럽지 막상 매맞기 시작하면 그냥 맞는 것이다. 그날 아버지는 나를 때리지 않으셨다. 내가 너무 떨고 있었기 때문에 아버지는 때릴 필요성을 못 느끼셨던 것 같다. 그러나 거짓말은 사람을 사기꾼으로 만든다, 작은 거짓말은 큰 거짓말을 낳고 결국 너는 양치기 소년이 될 것이다 라고 무시무시한 표정으로 경고하셨다.

나중에 나의 작은 일탈이 부처님 손바닥에서 논 것임을 알았다. 가게할머니와 엄마는 나의 첫 '도발' 때 낌새를 채고 정보를 공유하고 계셨다.

정직은 단지 거짓말을 하지 않는 것도 아니었다. 친구하고 싸우고 돌아왔을 때 싸웠다고 솔직하게 얘기 하지 않는 것도 정직하지 않은 것으로 느껴졌다. 학교에서 선생님께 혼났는데 그 사실을 이실직고 하지 않아도 나는 죄책감을 느꼈다.

우리 아버지는 길거리를 지나다가 누군가 잘못된 행동을 하면 그냥 지나치는 일이 없었다. 나는 그런 아버지가 너무 싫었다. 왜 저렇게 남의 일에 간섭을 할까 싶었다. 그냥 지나쳐도 그만인데. 누군가 길거리에서 싸우고 있으면 아버지는 꼭 다가가 이유를 캐물었다. 대게는 아버지의 중재로 싸움이 중단되곤 했는데 어떤 경우에는 싸우던 두 사람이 아버지를 상대로 동시에 삿대질을 하는 상황도 발생했다. 그러면 엄마가 출동하여 사태를 수습했다. 아버지 도대체 왜 이러세요 라고 여쭤보면 정직하게 살라고 이런다. 라고 말씀하셨는데 나는 정직한 것과 싸움 말리는 것이 어떻게 연결이 되는 것인지 이해할 수 없었다. 둘째 언니가 아버지는 잘못된 것이 눈앞에 있는데 그것을 시정하지 않는 것은 자기 양심을 속이는 거라고 생각하는 거야라고 설명해주었다. 그 말이 더 어려웠다.

아버지의 정직은 청렴으로 이어졌다. 아버지는 국방부에서 인사를 담당하는 자리에 있을 때에도 단 한 푼을 받으신 일이 없었다. 내가 어렸을 때 와이로 라는 말이 떠돌아 다녔다. 와이로를 잘 받는 사람이 유능한 사람이고 와이로를 받지 않은 사람은 무능한 사람으로 통했다. 아버지는 와이로는 커녕 와이로의 와자만 나와도 벌컥 역정을 냈다.

내가 초등학교 6학년 어느 날 저녁 아버지의 호통소리가 들렸다. 엄마는 아무 말도 하지 않고 아버지의 핀잔을 듣고 계셨다. 우리 부모님은 좀처럼 부부싸움을 하시는 일이 없었기 때문에 우리들은 너무 불안했다. 아버지는 크게 소리를 지르고 엄마는 가만히 있는 것으로 보아 뭔가 엄마가 잘못한 일이 있는 것 같았다.

사정은 이러했다.

진급시즌이었다. 아버지 부하 직원이 소고기 몇 근을 사들고 우리집에 찾아왔다. 냉장고도 변변치 않은 시절이라 엄마는 그 소고기로 소고기 무국을 끓였다. 저녁 밥상에 이 소고기 무국이 올라왔고 아버지는 무국을 한 수저 뜨다가 엄마에게 물었다. 소고기가 어디서 났노?. 그때까지는 엄마도 아버지도 몇 분 후에 벌어질 불상사를 예측하지 못했다. 엄마는 별거 아니라고 생각했기 때문에 낮에 누가 와서 소고기 몇 근을 주고 갔다, 소고기가 상할까봐 무국을 끓였다라고 이

실직고 했다. 순간 아버지의 불호령이 떨어진 것이다. 다음날 엄마는 소고기 몇 근을 사서 그 부하직원에 돌려주었다. 어쨌든 소고기 무국은 너무 고소하고 달콤하고 맛있었다.

한번은 이런 일도 있었다. 그즈음 어느 날 학교를 마치고 집에 가니 종합선물과자세트가 있었다. 요즘 아이들이야 먹고 싶은 과자를 다 먹기 때문에 종합선물과자세트가 얼마나 귀한 것인지 잘 모를 것이다. 종합선물과자세트에는 그 때 판매되던 과자 중 비싼 것은 다 들어있었다. 종합선물과자세트를 본 나는 너무 기뻐서 눈이 뒤집어 질 지경이었다. 가방을 던지고 상자를 뜯었다. 정말 정신없이 과자봉지를 뜯었다. 과자를 폭풍 흡입했다. 엄마는 그런 나를 아이고 저렇게도 맛있을까 하는 눈으로 쳐다보셨다. 아. 내가 종합선물과자세트를 뜯고 과자를 다 먹었더라면 그리고 흔적을 남기지 않았더라면 아버지 퇴근 후 그 사단은 벌어지지 않았을 지도 모른다. 아껴두겠다는 마음으로 나는 과자를 책상 서랍 안에 차곡차곡 쌓아두었다. 그리고 과자상자를 기념으로 보관하기 위하여 책상 밑에 잘 숨겨두었다. 아버지는 퇴근 후 집안 청소를 하곤 하셨는데 청소를 하시다가 과자와 과자상자를 발견한 것이다.

아버지가 물었다. 이 비싼 종합선물과자세트 상자껍질이 있네. 이게 어떻게 된거야. 나는 집에 오니 종합선물과자세트가 있었고 정말 맛있게 먹었으며 그런데 그게 왜 우리 집에 있었는지 모르겠다고 솔직히 말했다. 아버지가 엄마를 불렀다. 엄마는 기어들어가는 목소리로 K계장 부인이 낮에 종합선물과자세트를 가져왔다고 말했다. 소고기 몇 근 사태 어게인 이었다. 아버지의 불호령이 떨어지고 엄마는 똑같은 종합선물세트과자를 사서 K계장 집에 가져다주었다. 이후에도 종합선물과자세트가 간간히 들어왔는데 뜯어볼 엄두도 내지 못하고 돌려줘야 했다.

내가 감옥에 들어갔을 때 정말 부모님께 면목이 없었다. 나는 조국의 민주화를 위해 희생한 것이지만 우리 부모님에게는 막내딸이 인생막장이라는 감옥에 간 사건이었다. 아마도 나는 부모님께 매우 미안했던 모양이다. 감옥에서 아버지에게 편지를 썼다.

"아버지 죄송합니다. 저를 용서해주시겠어요? 제가 사람을 죽인 것도 아니고 돈을 훔친 것도 아니고 누군가를 때린 것도 아닙니다. 저는 불의한 군사독재정권에 저항하여 민주화를 위한 학내시위를 주동한 것 뿐 입니다. 제가 단지 전두환을 물러나라 라고 외쳤다고 하여 이렇게 감옥에 잡아넣은 것은 전두환 정권이 불의한 정권이기 때문입니다. 그런데 아버지 제가 왜 이런 어려운 선택을 했을까요. 곰곰 생각해보면 이건 아버지의 가르침 덕분이었습니다. 아버지는 말뿐만 아니라 실천으로 늘 저희를 가르쳐 주셨습니다. 정직해라. 불의에 맞서라. 청렴하게 살아야 한다..."

나는 아버지가 보여주었던 청렴일화를 적어 보냈다. 아버지로부터 의외의 답장이 왔다.

"막내야. 네가 군부독재에 저항하여 민주화 운동을 한 것은 정의로운 일이다 그러나 너는 나를 잘못 이해했구나. 내가 정직하고자 애썼던 것은 살아남기 위해서 였다. 내가 청렴하게 공무원 생활을 한 것은 실직당하지 않기 위해서 였다. 내가 만일 돈 몇 푼을 받아 그 일로 법적 처벌을 받아야 하는 상황이 된다면 너희 5남매를 어떻게 키우겠느냐! 나는 정의롭기 위해 정직하고 청렴하게 산 것이 아니라 국방부에서 쫓겨나지 않기 위해 그런 것이다."

지금 생각해보면 같은 말이다. 동기야 어떻든 결과적으로 청렴, 정직 하면 되는 것이다. 아버지는 청렴하고 정직한 공무원이셨고 존경받아 마땅한 분이었다. 그러나 22세에 대학생이었던 내가 감옥에서 느낀 실망은 이만저만이 아니었다. 아버지는 비겁하다. 아버지의 동기는 너무 쪼잔 하다. 이런 생각에 몇날 며칠 괴로웠다. 그러나 매일 면회 오는 아버지의 얼굴을, 아버지의 눈동자를 마주쳐야 했기 때문에 합리화가 필요했다. 나는 아버지를 불쌍해하기로 했다. 불쌍한 아버지, 가여운 아버지 우리 5남매를 키우기 위해 아버지는 용기나 신념 따위를 다 버려야 했을 거다. 그런데 나를 위한 합리화 이후 마음속에서 이상한 감정이 쏟구쳐 올랐다. 아버지가 안쓰럽게 느껴지고 그렇게 무서웠던 아버지가 갑자기 좋아진 것이다. 그리고 아버지의 모든 행동의 근원이 우리들에 대한 사랑이었음을 퍼뜩 깨달았다.

아버지의 산책과 독서

> 세월도 이사를 하는가 보다
> 어쩔 수 없이 떠나야 할 시간과 공간을 챙겨
> 기쁨과 슬픔, 떠나기 싫은 사랑마저도 챙겨
> 거대한 바퀴를 끌고
> 어디론가 세월도 이사를 하는가 보다
>
> 권대웅 시
> ― 휘어진 길 저쪽 中

내가 고등학교에 들어갈 즈음 갑자기 생활이 여유로워졌다. 아니 중학교 2학년 때 부터였던가. 중 2 때 그야말로 고래등 같은 한옥으로 이사를 갔다가 고등학교 때 방배동 상가 건물로 이사를 왔으니 중학교 때부터 여유가 생기기 시작했던 것 같다. 그건 엄마가 하시던 일이 부업에서 가내수공업 수준을 넘어 꽤 큰 규모로 성장했기 때문이다. 내가 7, 8세 무렵부터 어머니는 뜨개질을 하셨는데 3~4년 후에는 함께 뜨개질을 하는 동네 아줌마들이 백 여 명으로 불어났다. 이후 엄마의 부업은 부업수준을 뛰어넘어 직업이 되었다. 엄마가 버시는 돈이 공무원이었던 아버지 월급에 10배 20배가 넘었다. 엄마는 통이 크고 인정스러운 분이셔서 주변에 사람들이 많이 꼬였다.

물질적으로 안정되자 집안에 온기가 감돌았다. 세 칸 방짜리 집에서 다섯칸 방 한옥으로 이사 간 뒤에는 당연히 가족 간 대화도 많아졌고 아버지와 여행도 갔다. 아버지와 함께한 시간이 많아졌다. 그동안 알지 못했던 아버지의 여러 모습을 접하게 되었다. 아버지는 정말 버라이어티한 분이셨다. 육체적으로 아버지는 하나인데 정신적으로는 여러 명의 아버지가 있는 것 같았다. 어떻게 한 사람 속에 저렇게 다양한 모습이 공존할 수 있을까? 의아스럽고 신기했다.

아버지는 매우 별난 사람이었다. 여행 중에도 아버지의 마음에 들지 않는 세상 모든 것에 반응했다. 하다 못해 전기줄에 새가 앉아 있어도 저러다 감전되면 어떡하냐며 입을 댔다. 새들은 머리가 나쁘다. I.Q가 10밖에 안될거다 라고 새들을 욕했다. 물론 새들은 아버지의 핀잔과 손가락질에 반응하지 않았다. 의연하게 전기 줄에 앉아있었다. 그 꼴을 못 본 아버지는 차에서 내려 작은 돌을 집어 전기 줄로 던졌다. 운이 좋아 전기 줄에 돌멩이가 닿으면 새들이 퍼드득 날아 도망갔다. 아버지는 유유히 다시 차에 올랐고 우리는 여정을 계속했다. 나중에 알게 된 것은 이러한 아버지의 행동은 새들로 인한 누전사태를 우려했기 때문이었다.

음식점에 들어가도 말이 많았다. 음식이 짜다, 맵다. 싱겁다. 밥이 설었다. 탄내가 난다. 나물이 너무 딱딱하다 푹 삶지 않았다 등등 잔소리를 보따리 보따리 풀어놓았다. 당신 기분에 따라 음식점 주인을 불러 따지곤 했기 때문에 가족 여행 멤버는 나날이 줄었다. 막내이기 때문에 나는 마지막까지 여행 멤버로 남았지만 결국은 아무도 아버지와 여행을 하려고 하지 않았다.

　나는 저렇게 별난 남편과 어떻게 살아왔을까 싶어 엄마가 늘 안쓰러웠다. 그런데 내가 결혼을 하고 세상 모든 일에 객관적 태도를 견지하는 남편을 만나 살아보니 엄마가 아버지와 그나마 별 문제 없이 살았던 이유를 헤아리게 되었다. 별난 아버지에게는 딱 한 가지 누구도 따라갈 수 없는 남편으로서의 장점이 있었다. 할머니와 엄마가 갈등을 빚을 때 절대적으로 아내 편을 드는 팔불출이었던 것이다.

　내 남편은 시집 갈등이건 세상사 다른 일과 내가 갈등을 빚건 내편을 들어준 적이 없다. 늘 불편부당하게 세상일을 평가하고 그 불편부당한 세상 안에 나나 우리 아이들이 포함되어 있었다. 글로 써놓으면 내 남편의 태도는 매우 바람직한 것으로 비추어질지 모르나 실제로는 그렇지 않다. 그런 타입의 사람은 결혼을 하고 가정을 꾸리면 안 된다. 성직자의 길을 가는 것이 좋다고 생각한다.

　엄마는 너희 아버지 때문에 곱 시집살이를 했다며 푸념하셨지만 목소리에는 온기가 가득했다. 아버지가 늘 엄마 편을 들었기 때문에 마음 깊숙한 곳에 뿌듯함이 있었던 것이다. 내 남편이 시집 식구와의 크고 작은 갈등 와중에서 늘 중립을 취한 때문에 나는 마음이 외로웠고 시집 식구들 사이에서 외톨이가 된 기분이었다. 스물아홉에 결혼을 하고 시부모와 함께 살게 되었는데 남편은 나나 내 아들보다 자기 부모와 자기 형제들을 더 배려하려 했다. 지금 기록을 하는 중에도 이 대목에서 가슴이 울컥해지는 것을 보면 신혼 초 남편의 태도에 한이

맺힌 것 같다. 만일 내 남편이 우리 아버지처럼 어떤 일이 벌어지더라도 내 편을 들어주었다면 내가 엄마, 아버지로부터 독립하지 못하고 친정주위를 맴도는 일은 일어나지 않았을지도 모르겠다.

내 마음속에는 지금도 윗동서들이 내가 차린 밥상을 보고 아무렇지 않게 던진 한 두마디 말들이 준 상처가 남아있다. 밥상을 차려도 색깔을 맞출 줄 알아야한다거나 이건 맛이 어떻고 저건 맛이 어떠니 하는 핀잔들이 내 기억 속에 남아있다. 고추 하나를 썰어도 가늘기를 맞추라는데 아무리 그 요구에 맞추려 해도 되지 않았다.

귀가한 남편에게 나는 도대체 형님들은 왜 그래? 어떻게 밥상을 차리는데 색깔 별로 반찬을 맞춰. 너무해. 임신 9개월에 접어든 배를 쑥 내밀고 말했는데 남편은 화를 냈다. 당신 같이 속이 좁은 여자가 무슨 민중이 어떻고 민주주의가 어떻고 민주화가 어떻고 하며 사회운동을 했지?. 그 순간 남편의 역정은 천둥벼락이 되어 날 때렸다. 그런 날 밤 혼자 놀이터에 나가 하염없이 울다가 모기에 물어 뜯겼던 기억을 어떻게 잊을까.

그토록 까다로운 아버지는 엄마사랑엔 알뜰살뜰 했다. 아버지는 우리들 앞에서 엄마에 대한 걱정을 숨기지 않았다. 엄마가 조금만 아파도 아버지가 먼저 성화였다. 아픈 엄마가 습관적으로 일어나 식사 준비를 할라 치면 아버지는 괜스레 왔다갔다 부산스러웠다. 별 일도 아닌 걸 트집 잡아 딸들에게 화를 냈다. 나는 속으로 아버지나 평소에 잘 하시지... 생각하며 몰래 웃었다.

아버지는 자식들에게 최선을 다하셨다. 아마도 할아버지로 인해 중학교에도 가지 못한 아버지의 어린 시절이 뼈에 사무쳐서 더 그랬던 것 같다. 자식들에게 최선을 다하는 만큼 반대급부로 자식들에게도 유언무언으로 절대적인 복종을 강요했다. 커서 사회생활을 하면서 나는 웬만해서는 윗사람이 까다롭다고 느껴본 적이 없다. 우리 남매 모두 그랬다. 아버지가 너무 까다롭고 철저했기 때문에 웬만한 윗사람을 다 수월하게 느껴졌다. 대개 윗사람들이란 자기는 엄청 실수를 많이 하면서 아랫사람들의 실수는 눈뜨고 못 보는 경향이 크다.

우리는 아버지가 정말 무서웠다. 아버지는 우리에게 지키도록 내건 원칙들을 본인이 하나도 빠짐없이 솔선수범 하셨기 때문이다. 빈틈이 없는 사람이라 그 점이 우리로 하여금 아버지를 가장 겁나도록 하였다. 지금 돌이켜보면 아버지는 아버지가 지킬 수 있는 것들만을 우리에게 강요했다. 우정이라든가 돈 버는 방법 같은 것, 이웃과 정을 나누며 잘 지내는 방법 같은 것은 단 한 번도 아버지 입에 오른 적이 없다. 또 겸손하게 살라거나 신을 잘 섬기라는 추상적이며 관념적인 도덕적 원칙 같은 것도 언급한 적이 없다.

아버지가 가장 중요하게 생각하신 것은 성실한 생활태도였다. 그리고 성실한 생활의 기초는 일찍 자고 일찍 일어나는 것이었다. 아버지는 얼리버드의 전형이었다. 대게 10시 이전에 잠자리에 들고 5시면 일어나셨다. 7시가 되면 동아방송의 7시 아침종합뉴스를 집안이 떠나갈 듯 크게 틀어놓으셨다. 나는 아주 어린 시절부터 아침뉴스를 들으며 잠에서 깨어났다. 정확히 이야기 하자면 뉴스가 시작되기 전

흘러나오는 음악소리를 듣고 깨어났는데 음악소리 뒤에 이어지는 "몇 월 며칠 동아 방송 아침뉴스를 시작하겠습니다." 라는 남자앵커의 말이 나를 깨우는 자명종이었다. 중학교에 들어가자마자 나는 시사에 매우 밝은 아이로 통했다. 79.1mhz 였던 것으로 기억되는 동아방송 아침뉴스를 나는 거의 외우고 있었던 것이다.

　뉴스소리에도 불구하고 일어나지 않는 자식들을 깨우기 위해 아버지는 비상수단을 가지고 계셨다. 볼륨을 최대치로 올리고 그래도 깨어나지 않으면 물방울을 이마에 똑똑 떨어뜨리셨다. 잠귀가 예민한 나는 뉴스 앞 사전예고음악 첫 소절이 시작되면 바로 깼다. 오빠들은 때론 용감하게 뉴스소리를 무시했다. 아버지는 성질이 급했다. 한 치의 미적거림도 용납하지 않으셨다. 물방울이 오줌방울로 바뀐 적도 있었다. 요즘 같으면 이마에 물방울을 떨어뜨린다거나 심지어 오줌방울을 떨어뜨리는 것 따위의 행동은 아동인권침해로 비난 받을 일이다. 그것이 진짜 오줌방울이었는지 식힌 콩나물 국물이었는지 아무도 모른다. 오랫동안 오빠들은 오줌방울이라고 주장하며 아버지를 비난했고 엄마는 오줌방울이 아니고 콩나물국 식힌 것이라고 아버지를 옹호하셨다.

　우리 집 안방과 부엌 사이에는 가로세로 20cm정도의 작은 쪽문이 있었다. 식사준비가 끝나면 부엌에서 엄마가 그 작은 문으로 음식을 넣어준다. 방쪽에 작은 문 가까이에는 큰언니가 앉는다. 언니는 엄마가 넣어주는 음식을 하나하나 밥상 위에 얹었다. 처음에 마른 반찬들이 들어오고 식어도 별지장이 없는 반찬들이 뒤를 이었다. 밥이 들어오고 국은 제일 나중에 밥상위에 올랐다.

　밥상이 차려지면 아버지가 숟가락을 들고 국을 한 숟가락 퍼서 입에 넣으신다. 그걸 신호로 일제히 아침밥을 먹기 시작했다. 가난하던 시절이었지만 반찬은 콩나물 무침, 두붓국, 김치, 멸치볶음, 구운 김 등 대여섯 가지는 되었다. 가끔 달걀프라이가 올라오면 잔칫상 같은 느낌이 들었다. 반찬은 많지 않았음에도 그땐 왜 그렇게 밥이 맛있었는지 모르겠다. 어렸을 때 먹던 음식들은 정말 다 맛있었다. 남편은 먹을 것이 귀해서 아무 것이나 맛이 있게 느껴졌던 것이라고 하지만 당시까지 화학조미료 등이 시판되지 않았기 때문에 식품 본래의 맛이 살아있어서 그런 것이 아닐까 싶다. 유일하게 그때와 맛이 같은 것은 밥 밖에 없다.

　안방의 그 쪽문이 생긴 데에는 사연이 있었다.

　나는 어린 시절 가끔 엄마가 나를 보고 염려하는 소리를 들었다. 막내가 잘 커서 아이엄마가 될 수 있을까? 엄마가 그런 말을 하면 의아했다. 나는 딸이고 잘 자라서 엄마처럼 아버지를 만나서 결혼을 하고 아들도 낳고 딸도 낳는 것을 너무나 당연히 여겼기 때문이다. 우리집 딸들은 "커서 최갑영씨와 결혼할 것"이라는 말을 달고 살았단다. 한두 번이 아니고 엄마는 내가 감기에 걸려 열이 많이 날 때마다 내 엉덩이를 소독하시며 같은 걱정을 되풀이 했다. 하긴 이상했다. 나는 열이 오르면 엉덩이에 두드러기가 많이 났다. 그래서 나는 엉덩이 두드러기가 감기 증상 중 하나인 줄 알았다. 초등학교 저학년 때 독하게 감기 몸살을 앓아 이틀 정도 결석한 일이 있었다. 친구들이 병문안을 왔는데 마침 엄마가 내 엉덩이를 소독해 주고 있었다. 친구들은 감기에 걸린 줄 알았는데 피부병이었어요? 하고 엄마에게 물었다. 나는 친구들 앞에서 엉덩이에 소독하는 것을 들켜버렸기 때문에 부아가 난 상태였다. 엄마는 아무대답도 하지 않으셨고 내가 말했다. 어젯밤에 열이 많이 났어. 너희들 나한테 감기 옮지 않으려면 저기 멀찍이 떨어져 앉아. 친구들이 물었다. 감기인데 왜 엉덩이를 소독하니? 물었는데 나는 감기걸리면 엉덩이에 두드러기가 나는 거야, 본래 감기가 그래. 라고 대답했다. 네 명 정도 병문안을 왔던 것으로 기억되는데 감기 증상 중 하나가 엉덩이 두드러기 인지 아닌지에 대하여 설왕설래 하고 있었다.

그날 친구들이 돌아가고 나는 엄마에게 물었다. 엄마 감기 걸리면 열도 나고 엉덩이에 두드러기 나는 거 맞지? 워낙 말수가 적은 엄마는 걱정스러운 눈초리로 나를 바라볼 뿐 가타부타 말이 없으셨다. 옆에서 듣고 있던 둘째 언니가 막내야 감기 걸리면 두드러기 나는 일은 드물어 너만 그런 거야. 하고 끼어들었다.

언니 말에 따르면 내가 아장아장 걷기 시작할 무렵 펄펄 끓는 국그릇에 앉아 온 몸에 화상을 입었다. 돌 무렵의 아이 몸에 화기가 들어 가끔씩 온 몸에 두드러기가 돌아 올랐고 나는 몇 날 며칠 가려움에 시달리기도 했다. 특히 엉덩이와 하반신에 화기와 두드러기가 심해서 엄마는 걱정이 매우 컸다. 그런데 나는 병원에서 출생했고 내가 태어난 병원에 정기적으로 검진을 받으러 다녔으므로 꾸준히 치료한 결과

화상 입은 흔적은 하나도 남지 않고 완치되었다. 그런데도 가끔 열기가 오르면 엉덩이에 두드러기가 나곤 했던 것이다. 그래서 엄마는 말하자면 엉덩이 화상으로 아기의 출산능력이 훼손되지 않았을까 혼자 걱정하셨던 것이다.

내가 펄펄 끓는 국으로 화상을 입은 뒤 우리 집 안방과 부엌사이에는 쪽문이 만들어졌고 쪽문을 통해 음식을 나르게 된 것이다. 큰 언니는 오랫동안 엄마에게 핀잔을 들었다. 아기가 왔다 갔다 하는데 펄펄 끓는 국그릇을 아무데나 놓았다는 것에 대한 질책이었다. 그런데 큰언니 입장에서는 억울했을 것 같다. 그럼 국그릇을 들고 와서 밥상 주변에 놓지 어디에 놓으란 말인가. 큰언니는 그 일과 관련하여 엄마에게 잘못했다거나 나에게 미안했다거나 사과한 적이 없는데 지극히 당연한 처신이었던 것 같다. 아이를 키우다 보면 사고는 정말 눈 깜짝할 사이에 일어난다. 내가 끓는 국그릇에 털퍼덕 주저앉아 온몸에 화상을 입는 순간을 상상해 보면 그 또한 눈 깜짝할 사이였을 것이다. 그런데 어떻게 큰언니를 질책할 수 있단 말인가. 하긴 큰언니는 손에서 책이나 영어단어장이 떠난 적이 없으므로 그날도 국그릇을 대충 놓아두고 단어를 외웠을지 모른다. 어린동생이 아장아장 걸어와 국그릇에 앉은 것 조차 몰랐을지 모른다. 굳이 탓하자면 좁은 집과 큰언니의 향학열을 탓해야 했을까?

중학교에 들어가 생리를 시작했다. 엄마에게 말씀드렸더니 갑자기 엄마 얼굴에 함박꽃이 피었다. 나는 내가 생리를 시작한 게 이렇게 기쁜 일인가? 싶어 의아스러웠다. 엄마의 눈동자에서 나를 바라볼 때마다 어려 있던 걱정 혹은 염려 같은 것이 말끔히 사라지고 있었다.

아침식사를 마치면 아버지는 동네를 한 바퀴 도셨다. 동네를 한 바퀴 도는데 걸리는 시간은 10분정도였다. 산책 후 아버지는 면도를 하고 출근준비를 했다. 거품비누를 턱에 잔뜩 바른 아버지의 모습이 재미있어서 나는 아버지를 빤히 바라보곤 했다. 가끔 아버지는 면도를 하시다가 턱에 상처가 나 피를 흘리셨는데 파란면도 자국위에 흐르는 피는 어린마음에 섬짓한 느낌을 주었다. 그런데 신기한 것은 피가 나는데 아버지는 아픈 티를 내지 않는 것이었다. 휴지를 상처위에 붙여 놓고 아버지는 옷을 챙겨 입으셨다. 그리고 와이셔츠를 입고 직접 넥타이를 매셨다. 친구들 이야기를 들어보면 엄마가 아버지 넥타이를 매준다는데 우리엄마는 한 번도 아버지 넥타이 매주는 것을 본 적이 없었다. 그것이 엄마의 수술 후유증 때문이었다는 것은 나중에 알았다. 척추 수술이후 엄마는 똑바로 서서 넥타이를 매는 시간을 버틸 수가 없었던 것이다.

8시가 되면 빵빵하고 자동차 클락션 소리가 들렸고 아버지가 출근하셨다.
아버지가 출근하시고 나면 집안에 아주 자유로운 분위기가 흘렀다. 엄마는 집안청소를 하고 언니오빠들은 학교에 가고 나는 학교 갈 준비를 하고 아버지가 있을 때와 똑같이 움직였지만 다들 표정들이 편안해 보였다.

아버지는 몸이 매우 약했다. 나는 <말>지에 들어가 처음 삼겹살을 먹어보았다. 돼지 갈비도 20대 후반에 처음 먹어보았다. 그냥 고기는 소고기만 있는 줄 알았다. 생선도 조기만 있는 줄 알았다. 새끼조기가 늘 밥상에 올라왔다.

우리 엄마는 잣죽, 깨죽, 팥죽, 녹두죽, 콩죽, 전복죽 등등 못 끓이는 죽이 없으셨다. 몸이 약한 시어머니를 봉양하다가 죽 전문가가 되었는데 시어머니에 이어 남편까지 죽을 달고 살다보니 죽 끓이는데 이력이 나셨던 것이다. 아버지는 늘 죽 아니면 찰밥을 드셨다. 엄마 몰래 밥솥을 열어보면 밥솥 한구석에 찰밥이 있었다. 아버지가 소화를 잘 시키지 못하고 설사에 시달렸기 때문에 엄마는 아버지 음식에 신경을 많이 쓰셨다.

아버지가 규칙적인 생활을 강조하신 것은 규칙적인 생활만이 건강을 담보해주기 때문이었다. 그토록 몸이 약한 아버지가 그나마 직장 생활을 하며 가족을 건사할 수 있었던 것은 규칙적인 생활 덕분이었다. 아버지는 '9 to 5'를 엄격히 지켰고 술 한 방울 입에 대지 못했다. 나는 자라면서 아버지가 술에 취해 휘청거리거나 과식을 하거나 늦게 주무시거나 늦게까지 이부자리에 계시는 것을 본 일이 없다. 만일 아버지가 다른 남성들처럼 술로 인간관계를 유지하는 방식으로 직장생활을 했다면 90까지 장수하지 못하셨을 것이다.

아버지가 건강해진 것은 60세 이후였다. 퇴직 후 아버지는 소식, 규칙적인 운동, 충분한 수면에 만전을 기하셨다. 아침식사를 하신 후 반드시 30분 조금 빠른 속도로 동네 한 바퀴를 도셨다. 12시 30분이 되면 점심식사를 하고 일본문화원이나 도서관을 찾으셨다. 가까운 도서관은 걸어 가셨다. 6시면 어김없이 저녁식사를 하셨다. 식사 후 30분 산책을 하셨다. 진급스트레스 없이 3년 정도 규칙적인 생활과 운동을 하시고 나자 아버지는 정말 건강해지셨다. 그때부터 돼지고기를 조금씩 드셨는데 돼지고기를 드셔도 더 이상 설사하지 않으셨다. 아버지는 당신이 서기관 3급 갑에 진급했을 때를 당신 인생의 화양연화 라고 생각하셨는데 내가 보기엔 아버지의 황금기는 60세부터 89세까지 였다.

아버지가 다음으로 강조한 것은 독서였다. 아버지는 늘 뭔가를 읽고 계셨다. 신문을 읽거나 잡지를 보시거나 일본어 책을 보고 계셨다. 그런 아버지는 정말 모르는 일이 없으셨다. 아버지는 한국과 일본의 지도를 컴퓨터처럼 머릿속에 그리고 있었다. 예를 들면 전북의 마령이라는 마을이 있다. 내가 주변에 마령이 어디야 라고 물어봐도 아는 사람이 없었다. 아버지께 아버지 마령이라는 지명이 있어요. 꼭 중국 마을 같지 않아요? 하고 지나가듯이 말했다. 아버지는 그것도 모르나. 아이고 대학까지 나왔다는 게 자기 나라 지명도 잘 몰라요. 핀잔을 하며 전북 쪽에서 지리산 올라가는 입구에 마령이라는 동네가 있어요. 크지 않은 작은 동네에요. 하시는 거다. 나는 지도를 찾아보았다. 웬만한 지도에는 없었고 지리산 주변을 검색해보니 정말 전북 쪽에서 지리산과 이어지는 한 마을이었다.

우리 시아버지가 부산에서 올라와 서울에서 집을 살 때도 아버지의 깨알상식이 도움이 되었다. 80년대 말 시아버지는 서울에 오시게 되었는데 부산 집을 처분하고 서울에 아파트를 사려고 하니 비용이 만만치 않았다. 이 사정을 안 아버지가 나에게 물었다. 어느 크기의 아파트를 사려고 하나. 돈은 얼마나 준비되어 있나. 내가 대충 상황을 설명하자 아버지는 숫자개념이 없는 나를 제치고 남편에게 얘기 했다. 신월동 어디어디에 가면 시영아파트가 있는데 그 아파트가 시세보다 쌀 것이다.. . 당장에 가 보거라. 정말 남편이 가보니 번듯한 25평 아파트가 시세보다 500만원 정도 싸게 나와 있었다. 어떻게 된 일일까?

아버지는 신문을 보면 대충 정치면만 본다거나 사회면만 본다거나 하지 않으셨다. 1면부터 마지막 면까지 샅샅이 읽으셨다. 광고까지 놓치지 않았다. 그 아파트는 비행기 소리민원이 많은 아파트였다. 아버지는 조선일보를 보셨는데 은행에 가서서 그 외에 일간지도 다 읽고 계셨다. 그 아파트 민원이 몇 개의 신문에 실린 것을 아버지는 보았다. 그리고 그 민원 때문에 단체행동까지 있었고 그 결과 아파트 거래가 잘 이루어지지 않고 있다는 후속 기사까지 읽었으며 그 모든 내용을 기억하고 있던 것이다.

나는 막내였기 때문에 아버지, 엄마뿐만 아니라 언니, 오빠들 영향을 모두 받았다. 아버지가 일본어로 된 <설국>을 읽고 계신 것을 보았는데 큰 언니가 한국어 문고판 <설국>을 읽는 것을 보고 <설국>이라는 소설을 중학교 때 따라 읽었다. 쉽지 않은 내용이라 가와 바다 야스나리의 작품 의도는 이해하지 못했지만 아름답고 서정적인 문학적 표현과 극단적으로 순수한 사랑 같은 것을 정서적으로 느낄 수 있었다. 아버지가 책읽기를 좋아하셨기 때문에 우리들은 당연히 때로는 경쟁적으로 책을 읽었다. 가끔 아버지는 조선시대 어떤 왕 때 이런 일이 있었는데 그 연도가 언제인지 아는 사람하고 불쑥 묻곤 했다. 내게 큰 언니는 아버지의 질문에 정확하게 답을 했던 것 같다. 큰 언니가 답을 정확히 이야기 하면 아버지 얼굴에 만족스러운 미소가 흘렀다. 아버지는 나를 유독 귀여워 하셨는데 나를 보곤 한 번도 그런 만족스러운 미소를 지은 일이 없으셨다. 큰 언니에 대해서만 그런 미소를 지으셨는데 전교1등을 놓치지 않는 딸에 대한 뿌듯함과 기대가 어린 것이었다.

   아버지는 역사책을 좋아하셨고 이광수의 작품을 탐독하셨다. 당연히 중학교1학년 즈음 나는 이광수의 <흙>, <무정>, <그 여자의 일생>, 마의태자 등등을 따라 읽었다. 스토리가 워낙 재미있어서 책을 읽는 동안에는 시간이 빨리 지나갔는데 중학교 1학년인 내가 그 소설들의 내용을 이해했는지는 잘 모르겠다. 큰 언니가 읽는 세계문학전집 속 작품들도 따라 읽었다. <주홍글씨>, <보바르부인>, <이반데니소비치의 하루>, 나는 스탈린의 딸이다, <데미안> 등등의 책을 따라 읽었는데 솔직히 재미가 없었다. <데미안>은 큰 언니 뿐만 아니라 둘째 오빠, 둘째 언니가 다 꼭 읽어보라고 권했기 때문에 몇 번을 반복해 읽었다. <데미안> 마지막 장면을 두고 둘째 오빠와 둘째 언니가 핏대를 올리며 토론하던 모습이 떠오른다. <데미안>은 이후 나의 인생 책이 되었다. 대부분의 세계명작소설이 연애가 주제였고 특히 불륜이 소재인 것 같았다. 그래서 재미가 없었다. 한창 아름다운 연애를 동경하기 시작한 사춘기 초입의 내겐 <테스> 속 성폭행이나 <안나 카레리나> 식 불륜은 도무지 이해가 되지 않았다. 정신연령이 낮은 나는 한참 후에야 그런 소설들을 이해하게 되었다. 마흔이 지나서 인생은 참으로 다양한 한 것이다 생각하며 그 소설들을 다시 읽었다.

둘째 언니는 종교에 심취했다. 김은국의 <순교자>, 뮤지컬 지저스 크라이스트 슈퍼스타 같은 작품은 둘째 언니로 인해 접했다. 둘째 언니는 고등학교 때는 불교에 심취해서 불교학생회에 다녔다. 너는 불교적 수양이 필요해 라고 하며 중학교 2학년인 나를 법회에 데리고 갔다. 법문을 듣는데 불교가 매우 무서운 종교라는 생각이 들었다. 내가 무섭다고 했더니 둘째 언니는 자신이 한 행동은 이생이 다해도 없어지지 않아. 라고 말했다. 나는 사후세계를 굳게 믿고 있었고 사후세계가 있다면 전생 또한 있다고 믿고 있을 때였다. 거창한 지식 때문이 아니라 어렸을 때부터 귀신 얘기를 반복해서 듣고 자랐기 때문에 당연히 귀신이 있을 것으로 생각했던 것이다. 하여간 둘째 언니는 업을 씻기 위해 마음공부를 해야 된다는 귀신 씨나락 까먹는 소리를 반복해서 되풀이 했다. 그런 둘째 언니는 지금 교회 권사다.

나의 독서생활에서 빠질 수 없는 것이 만화다. 엄희자 만화는 당시 최고의 인기였다. 그런데 아버지는 절대로 만화를 읽지 못하게 하셨다. 그 재미있는 만화를 왜 못보게 하시는지 이해할 수가 없었다. 우리는 만화를 빌려 아버지 몰래 숨겨두었다가 시간을 정해놓고 돌려가며 읽었다. 어느 날은 내가 만화에 빠져 아버지 지프차가 도착한 것도 모르고 계속 읽고 있었는데 아버지가 들이닥치셨다. 아버지가 대문을 여는 소리가 들리자 갑자기 둘째 오빠가 나타나 막내 너 뭐하는 거 니. 하며 만화를 빼앗아 창문 밖으로 던졌다. 순간 아버지가 방문을 열고 들어오셨다. 다행히 아버지는 창문 밖으로 던져진 만화에는 관심이 없으셨다. 아니 우리가 부산하게 우왕좌왕 하는 것이 당신에 대한 두려움 때문이라고 생각하셨던 것 같다. 괜찮아요 괜찮아요 라고 뜻 모를 말씀을 하셨다. 만화는 어떻게 되었냐고? 잃어버렸다. 만화 값을 물어주느라고 나는 거의 한달 동안 내핍 생활을 해야했다. 만화를 보다가 아버지에게 들켜 만화가 재래식 변기에 처박힌 일도 있었기 때문에 잃어버린 만화사건은 아무것도 아니었다.

심지어 성교육 까지?

>수레의 발길이 잦을수록
>바퀴가 구를수록
>더욱 안전해지면서 멀리 가는 삶
>질경이는 밟히면서 강해진다
>
>　　　　　　　　　　　고광헌 시
>　　　　　　　　　　　— 차전초 中

　우리 남매는 모두 아버지를 무서워했다. 왜 그랬을까 생각해보면 아버지가 예민했기 때문이다. 정서적 반응을 시시각각 보이셨기 때문이다. 이렇게 쓰고 보니 나는 정말 아버지를 닮았나? 이런 생각이 든다. 남편은 당신은 4대6이야. 라고 말한다. 아버지가 40%, 엄마가 60%라는 의미다. 당신 큰 오빠는 0대100이야. 큰 오빠는 엄마를 빼닮았다는 소리다. 큰 언니는 100대0이야. 아버지를 빼닮았다는 뜻. 작은 오빠는 잘 모르겠고 작은 언니는 2대8이야. 당신은 5대5 인줄 알았는데 엄마를 조금 더 닮았어. 라고 남편은 얘기하곤 한다.
　나라는 인간이 하늘에서 떨어졌겠나 땅에서 솟아났겠나. 아버지 날 낳으시고 어머니 날 기르셨다는 말은 봉건적 남자 중심 사상의 잔재에 불과하고 나는 엄마, 아버지의 DNA가 우연적으로 조합하여 이루어진 생명체다. 아버지를 더 닮거나 엄마를 더 닮는 것도 임신순간의 우연적 조합이 만든 필연이다. 자라는 과정에서 누군가와 더 시간을 보내느냐에 따라 외탁, 친탁의 정도가 좀 더 결정되는 것이다. 굳이 기의 측면에서 보면 엄마가 아버지에 비해 기가 훨씬 쎈 사람이다. 아버지는 성정이 거칠 뿐 기가 쎈 사람이 아니다. 대게 성정이 거친 사람은 거꾸로 기가 약하다. 우리 남매는 엄마를 더 닮는 것이 정상이다. 다만 엄마가 중병을 앓고 그것에 영향을 받은 자식들은 상대적으로 아버지 DNA가 좀 더 영향을 준 것 같다.

한마디로 아버지는 화를 잘 냈다. 말투도 부드럽지 않았다. 그러니 가까이 하기가 싫었다. 그런데 아버지에게 의외의 자상함이 있었다.

일요일 저녁 식탁을 물리고 나면 아버지는 우리 남매를 모아놓고 이런저런 이야기를 해주셨다. 겨울에 아랫목에 모여 이불안으로 다리를 집어넣고 뺑 둘러앉는다.

아버지가 일본역사소설이나 조선시대 왕의 이야기를 해주시곤 하셨다. 특히 일본소설 <대망>은 아버지가 즐겨 읽던 소설이었다. 오다 노부나가, 도꾸가와 이에야스, 도요토미 히데요시 같은 일본 장수들 이야기를 하실 때면 마치 옆에서 그 사람들을 지켜본 것처럼 섬세하고 디테일하게 이야기를 해주셨다. 나는 아버지로부터 일본 전국시대 그들의 영웅들에 대한 이야기를 들으면서 아버지는 역사 속 일본 장수들이 좋은 걸까. 혹시 아버지는 친일파가 아닐까? 혼자 의심한 적도 있다. 도요토미 히데요시가 누군가. 임진왜란을 일으켜 우리민족을 살상하고 도탄에 빠트린 민족적 원수 아닌가. 그런 도요토미 히데요시를 일본의 역사적 영웅으로 묘사하는 아버지를 보며 나는 마음속이 뾰족해졌다. 하여간 지금도 위 세 사람의 영웅담과 성격적 차이점을 묘사하던 아버지의 목소리, 얼굴표정, 몸짓이 어제 일처럼 생생하다.

특히 세 사람의 일본 아저씨와 새 이야기는 어린 내게도 각인되어 있다.

오다 노부나가는 새가 울지 않으면 새를 죽여 버린다. 도꾸가와 이에야스는 새가 울 때까지 기다린다. 도요토미 히데요시는 새가 울게 만든다. 라는 이야기를 듣고 오다 노부나가는 폭력적이며 무서운 사람이구나 싶었다. 도꾸가와 이에야스는 매우 답답한 아저씨겠다, 저런 노잼 아저씨는 현대에 태어났다면 굶어 죽었을 거라고 생각했다. 도요토미 히데요시가 울지 않는 새를 울게 만들었다는데 울게 만든 방법에 대하여는 별 언급이 없었기 때문에 그 방법이 궁금하기도 했지만 어린 내게는 안 우는 새를 굳이 울게 만들 이유가 있을까? 싶었다.

고등학교에 진학해 대망이라는 일본소설을 읽으면서 오다 노부나가가 일본 최초로 총기를 도입해 전투에 활용한 인물이라는 것을 알게 되었다. 울지 않는 새를 죽여 버린다는 오다 노부나가에 대한 프레임이 얼마나 편향적인가 하는 것을 알게 되었다. 하여간 일본역사에 관한 아버지의 작은 강의는 흥미로웠으나 일본에 대한 적개심으로 가득했던 내게는 긍정적으로 받아들여지지 않았다.

아버지가 일본역사와 일본에 대하여 우호적인 생각을 가진 것이 아닌가 하는 나의 우려와 반감은 쉽게 가시지 않았다. 아버지는 친일파 인가 라는 것을 주제로 언니들과 토론한 적이 있었는데 내 생각을 조금이나마 바꾸게 된 것은 큰언니의 말 때문이었다.

"막내 너 다 커서 강남초등학교에 간 적 있지? 네가 왜 강남초등학교에 갔다고 생각해? 네 어린 시절이 그리워서 그런 거잖아? 아버지는 여섯 살 때 일본에 가서 열아홉에 한국에 돌아오셨어. 초등학교와 사춘기를 온전하게 일본에서 지내신거야. 사람은 다 어린 시절을 추억하며 사는 거 아니니? 나는 아버지가 일본역사와 일본영웅을 얘기할 때마다 가슴이 아팠어. 막내 네가 여섯 살 때 강제로 일본에 가게 되고 일본에서 자랐다면 너도 일본에 관한 얘기 밖에 할 게 없었을 거야."

언니에게 이 말을 들은 것이 대학교 때 였다. 내가 한창 반독재민주화 투쟁에 빠져있을 때였다. 일본의 역사교과서 왜곡 사건이 한일 간 첨예한 이슈였던 시절이었다. 일본과 전두환 군부독재 정권의 커넥션에 대해 사회과학적 인식을 바탕으로 저항하던 나에게는 아버지의 실존적 내면을 이해할 여력이 없었다. 언니 말을 들으니 아버지가 불쌍했다. 언니의 말은 울림이 컸다. 이후 나는 아버지가 일본역사와 일본영웅에 관하여 언급해도 한 귀로 듣고 한 귀로 흘리는 정도의 여유를 갖게 되었다.

돌이켜보면 나의 역사적, 사회적 상식들의 대부분은 아버지의 '미니강의'에 힘입은 바 컸다. 나는 늘 또래 아이들보다 상식이 풍부하고 정치의식이 높았으며 말 빨이 좋은 아이로 통했다.

한편 아버지는 요즘 식으로 말하면 성교육도 마다하지 않으셨다. 오빠들이 성장해가면서 포경수술에 대해 딸들 몰래 설명해주시는 것을 본 일이 있다. 일본에서 어린 시절을 보낸 때문인지 아버지는 성에 관한 문제에 대해서 큰 금기가 없는 듯 보였다. 월경에 대해서도 언니들에게 상세히 설명해주셨다. 나는 그런 아버지의 태도가 당연한 것 인줄 알았는데 나중에 친구들과 이야기해보면 대개의 아버지들은 아이들과 대화를 잘 나누지 않을 뿐 아니라 특히 딸들에게 성교육을 시키는 따위의 일은 절대 하지 않았다.

내가 비교적 건강한 것도 따지고 보면 아버지 덕분이었다. 내가 또래아이들에 비해 다리가 길었던 것도 따지고 보면 강남초등학교에 간 것에 힘입은 바 컸다. 특히 하체가 튼튼했는데 이 세상에 원인 없는 결과는 없다. 내가 다닌 초등학교는 체육교육에 역점을 두었다. 학교에 농구팀이 있었고 수영장도 있었다. 초등학교 2학년 때부터 전교생이 핸드볼의 기초를 배웠으며 4학년 때부터는 수영을 배웠다. 내가 강남초등학교를 다니지 않았다면 아마도 내 키는 162cm 정도에서 멈췄을 것 이다. 내 키가 167cm가 된 것은 강남초등학교 수영장 덕분일 것이다. 신기하게 수영을 2년 정도 하고 나니 팔다리가 길어지는 느낌이 들었다. 내 딸은 나를 숏다리라고 욕하지만 우리 또래에 비하면 나는 다리가 길고 팔이 긴 편이었다. 우리 동네에서는 나를 팔다리가 긴 아이라고 불렀다. 내 다리가 튼튼해진 것은 스케이트 타기와 등산 덕분이었다. 특히 등산은 종아리를 굵게 만들어 주었다.

나는 초등학교 때부터 중학교 3학년 때까지 매주 아버지를 따라 관악산 등산을 갔다. 운동을 싫어했던 큰언니를 제외하고 우리 남매들이 초등학교 5학년이 되면 아버지는 우리들을 데리고 등산을 했다.

관악산은 670m다. 어렸을 때 그 산이 그렇게 높아 보일 수가 없었다. 산 중반 쯤 올라갈 때면 숨이 차서 어찌할 바를 몰랐다. 그래도 오기가 있어서 끝까지 올라가 꼭 연주암에 가서 밥을 얻어먹곤 했다. 요즘은 산에서 밥을 해먹는 것이 불법화 되었는데 내가 중학교에 다닐 때까지만 해도 등산을 가면 밥을 지어먹었다. 버너에 불을 붙이고 씻어온 쌀을 코펠에 넣어 올려놓으면 10분 이내로 밥이 지어졌다. 그 사이 미리 준비해간 동태찌개 재료들로 찌개를 끓였다. 김치와 김 등을 꺼내어 상을 차린 다음 아버지와 마주앉아 밥을 먹었다. 운동 뒤라 꿀맛이었다. 나는 막내였으므로 늦게까지 아버지와 함께 등산을 다녔다. 고등학교에 들어가면서 더 이상 등산을 하지 않게 되었는데 이미 중학교 3학년이 지나면서 아버지와 등산가는 것이 썩 내키지 않았다.

아들과 딸

> 야생화 모임에서 산엘 갔다네
> 오늘 주제는 앵초
> 계곡을 따라 올라가다가
> 갑자기 내가 질문을 했네
> 만약 이러다가 산삼이라도 큰 놈 하나 캐게 되면
> 자네들은 누구 입에 넣어 줄 건가
>
> 복효근 시
— 산삼 中

　요즘엔 아들, 딸 차별이 상당히 해소되었다. 딸이 셋이면 편안하게 비행기타고 노후를 보낸다는 말이 나올 정도로 딸을 선호한다. 그러나 아들딸 차별이 없어진 것은 최근의 일일뿐 내가 결혼하고 첫 아이를 가졌을 때만 해도 우리 엄마, 아버지는 막내가 아들을 낳게 해달라고 비실 정도였다. 엄마, 아버지가 간절히 아들을 원하셨기 때문에 나도 덩달아 뱃속 아이가 아들이었으면 좋겠다고 생각했다. 나는 위로 오빠 둘, 언니 둘을 둔 막내딸이다. 아버지는 나도 아들이기를 바라셨다고 한다. 아버지가 원한 것은 딸 셋 아들 둘이 아니라 아들 셋 딸 둘이었다.

우리 엄마의 아들 딸 차별은 딸들의 뼈에 사무쳐 있다.

계란이 귀한 시절이었다. 계란은 할아버지, 할머니, 아버지 그리고 자식 중에는 꼭 한 사람 큰오빠만 먹을 수 있었다. 엄마는 규칙을 깨고 몰래 둘째 오빠에게 계란후라이를 해 먹이시다가 내게 걸렸다. 그 때 둘째 오빠는 내가 아들 중 막내라서 엄마가 좋아하는 거야 하고 말했다. 나는 귀한 아들이거든. 엄마는 니도 하나 해주 꾸마. 하시며 계란후라이를 하나 더 하셨다. 오빠가 너, 내 덕분에 먹게 된 줄 알아. 이 오빠를 고마워해야 해. 넌 딸이니까 계란 먹을 자격이 없어. 했다. 나는 배알이 꼴렸다. 계란후라이를 외면하고 부엌에서 나왔다. 그 때 둘째 언니가 들어왔다. 문제의 계란 후라이는 둘째언니 차지가 되었다.

돌이켜 보면 엄마의 아들챙기기와 아버지의 아들 선호사상에는 차이가 있었던 것 같다. 당시엔 큰아들 교육을 위해 여동생들이 양보하는 게 다반사였다. 그런데 아버지는 교육에 있어서만은 기회균등 원칙을 견지하셨다. 큰오빠를 경기공전에 보내셨는데 경기공전은 5년제 국립학교였다. 그때 아버지는 오빠를 불러 네 밑으로 동생이 네 명이나 있다, 네가 인문계 고등학교를 가기 보다는 경기 공전을 졸업해 취직하는 것이 좋겠다고 말하셨다. 엄마는 큰오빠를 용산고등학교에 보내자고 했다. 엄마는 요즘도 그때 큰 애를 용산고등학교에 보냈으면 연대는 너끈히 들어갔을 거라며 아쉬워하신다. 다른 집들을 보면 큰아들은 대학까지 나오고 딸들은 중학교나 고등학교 까지만 공부시키는 경우가 흔했다. 그런데 아버지는 공부에 있어서만은 열심히 하면 누구에게나 기회를 주겠다는 태도를 견지하셨다.

아버지가 딸들을 꼭 공부시켜야겠다고 결심하게 된 것은 큰언니의 영향이 컸다. 머리가 좋은 큰언니는 초등학교 때부터 전교 1~2등을 다투었고 서울사대부고에 진학해서도 늘 전교 수위였다. 꼭 한번 전교 1등자리를 놓치고 억울해하며 울던 언니의 모습이 눈에 선하다. 오빠들이 공부를 못한 것은 아니었다. 다 반에서 상위권이었다. 딸들이 공부를 좀 더 잘했을 뿐이다.

서울사대부고를 수석으로 졸업한 큰언니는 주위의 만류를 뿌리치고 서울사대 국어교육학과에 들어갔다. 언니는 법대에 들어갈 수 있는 성적이었지만 국어교사가 되고 싶다고 했다. 둘째 언니는 명문 숙명여고를 거쳐 고려대학교 간호학과에 들어갔다. 나로 말하면 언니, 오빠들 수발에 지친 엄마, 아버지가 막내라는 핑계로 놓아먹인 탓에 성적이 일정하지 않았다. 마음먹고 공부하면 전교에서 1~2등 했고 대놓고 놀면 모의고사에서는 전교에서 20등이었다.

지금도 내가 궁금한 것은 큰 오빠의 마음이다. 아버지가 용산고등학교 대신 경기공전을 가라 했을 때 왜 오빠는 군소리 없이 받아들인 것일까. 무골호인이었던 큰오빠였던 지라 왜 그랬을까 의문을 가지지 않았던 게 이상하다. 그냥 오빠는 아버지를 거스르는 일이 없었으므로 당연한 것으로 여겼던 것 같다. 오빠는 매사에 중요한 결정을 할 때 꼭 아버지와 상의했다. 큰오빠는 뭐가 달라도 달랐음에 분명하지만 그래도 용산고등학교 가겠다고 버틸 만도 했는데, 그러지 않았다. 정말 엄마 말대로 딸들이 기가 세서 아들이 주눅든 것일까. 그건 엄마 생각일 뿐 큰오빠는 순리대로 사는 분이었다. 자기 보다 공부에 열심인 여동생의 앞길을 열어주고픈 배려일 가능성이 더 높다. 정말 큰언니는 공부를 열심히 했다.

구두쇠 할아버지의 손주대하는 방식

그대여
모든 게 순간이었다고 말하지 말라
달은 윙크 한 번 하는 데 한 달이나 걸린다

이정록 시
― 더딘 사랑 中

    내가 딸을 낳았을 때 아버지는 일흔다섯 살이셨다. 그때 아버지는 이 애를 돌보는 것을 마지막 봉사로 생각하겠다 선언하시고 성심성의 껏 내 딸을 돌봐주셨다. 내가 젖을 먹이고 나면 아이 트림을 시키는 건 아버지 몫이었다. 우리 아버지는 노래를 잘하지 못하셨는데 자장가 한 곡과 비 내리는 고모령 이라는 노래 딱 두 곡을 알고 계신 듯했다. 아이에게 트림을 시킬 때마다 아버지는 아버지의 자장가를 불렀다. 섬집 아기였다. 섬집 아기도 가사를 다 모르셨는지 팔 베고 스르르르 잠이 듭니다. 라는 부분만 반복해서 부르셨다. 나중에 옹알이를 할 즈음 내 딸이 제일 먼저 말 한 문장이 팔 베고 스르르르 였을 정도다. 까탈스런 아이를 잠재울 때 아버지는 "우야우야 우리 윤서" 하는 추임새를 넣으며 걸어다니셨다. 그 못습이 정겨워서 심지어 윤서이모까지 "우야우야 우리 윤서" 따라했다. 음이 사람마다 달랐다. 우를 높이는 사람, 우와야를 같음으로 하는 사람... 제각각이었다. 모두 정겨웠다.

아버지 품안에서 자란 내 딸은 할아버지를 유독 좋아했다. 인색하고 무서운 할아버지를 겁내지 않은 것도 내 딸뿐이다.

언니들이 사회생활을 했기 때문에 아이들이 클 동안 우리는 옹기종기 엄마집 주변에 모여 살았다. 퇴근하고 집에 돌아와 보면 아버지와 조카들이 실갱이를 벌이는 일이 종종 있었다.

한번은 큰조카가 입이 뾰로통해져서 방구석에 쪼그리고 앉아있었다. 아무리 물어도 눈물만 그렁그렁할 뿐 이유를 말하지 않았다. 얼굴은 퉁퉁 부르터 있었고 저녁밥도 안 먹고 무언의 시위를 계속했다. 나중에 알고 보니 조카가 사다놓은 젤리를 아버지가 몰래 잡숴버린 것이다. 한번은 이런 일도 있었다. 둘째 조카가 엉엉 울고 있길래 왜 그러냐 물었다. 아이는 할아버지가 새우깡을 사려는데 돈이 모자란다며 200원을 빼앗아 갔다는 것이다. 심지어 할머니가 집에 돌아오면 200원을 갚는다고 해놓고 할머니가 돌아오셨는데도 200원을 돌려주지 않고 불쑥 "그동안 너희들 키워준 공이 얼만데 200원 가지고 난리냐"며 도리어 화를 내셨다는 것이다.

조카들 한 명 한 명마다 크고 작은 할아버지와의 흑 역사가 있었다. 그러던 어느 날 아이들은 작당을 하여 할아버지 지갑에서 몰래 오천 원을 훔쳤다. 그때가 90년대 초반이라 오천 원은 적은 돈이 아니었다. 나중에 큰 조카는 천 원만 훔칠 걸 너무 많은 돈을 훔쳐 발각이 났다고 못내 아쉬워했다. 어쨌든 꼬마 도둑들의 한탕은 주전부리를 마음껏 사먹는 기쁨을 주었으나 곧 할아버지에게 발각되었다. 아버지는 조카들을 불러 모아 일렬로 앉히셨다.

　우리가 어렸을 때에도 우리 남매 중 누군가 잘못을 하면 우리 남매 모두 단체기합을 받았다. 우리들의 단체기합은 대개 큰오빠의 눈물로 끝났다. 아버지는 우리 남매 다섯을 무릎 꿇어앉힌 뒤 본보기로 큰오빠 종아리를 사정없이 때리셨다. 1대, 2대, 3대까진 우리의 동요를 별로 일으키지 못했으나 10대를 넘어가면 사정은 달라졌다. 오빠 종아리에 붉은 줄이 그어질 때마다 나는 내 종아리가 아픈 것 같은 따끔한 느낌을 받았다. 아버지가 회초리를 내리치실 때마다 내 몸이 놀라 움찔움찔 했다. 큰오빠는 무던한 성격이라 매를 맞아도 아프다는 신음소리 하나 내지 않고 버티었다. 아버지가 분이 풀리고 회초리를 내려놓으면 상황 끝이었다. 아버지가 오빠를 회초리로 때리는 시간은 기껏해야 1~2분 남짓이었을 거다. 일단 회초리를 들기 시작하면 아버지는 말없이 매에 집중했다. 그 1~2분이 우리에겐 그렇게 길게 느껴졌을 수가 없다. 큰오빠, 큰언니, 둘째오빠, 둘째언니 그리고 막내인 나에게까지 매를 들려면 때리는 아버지 입장에서도 보통 체력이 소모되는 일이 아니었을 것이다. 아버지가 몸이 약했기 때문에 매를 오래 드시지도 못했다. 대개 큰오빠만 맞고 끝났는데 우리남매는 '나도 맞을 것 같은' 공포에 몸을 떨어야 했다.

　그럴 때마다 나는 큰오빠가 자기 방에 들어가 몰래 눈물을 훔치는 것을 보았다. 어렸을 땐 오빠가 많이 아파서 우는 줄 알았다. 내가 좀 자라서 생각해보면 오빠는 꼭 맞은 것이 아파서 운 것은 아닌 것 같다. 어렸을 때부터 장남이기 때문에 이래야 하고 저래야 한다는 다짐에 반복적으로 세뇌된 장남들은 우는 이유도 막내인 나와는 분명 달랐을 거다.

하여간 아버지는 우리들 단체 기합을 주는 방식으로 조카들을 혼냈다. 본보기로 큰 조카 종아리를 일으켜 세워 모질게 때리셨다. 그런데 아버지가 미처 헤아리지 못한 것이 있었다. 요즘 아이들이 전반적으로 몸이 약하고 살갗이 여려 우리들처럼 회초리 세례를 견딜 수 없다는 것이 그것이다. 겨우 5대를 맞았을 뿐인데도 큰조카의 다리에 피가 맺혀버렸다. 퇴근 후 돌아온 큰언니는 아들 종아리를 보게 되었고 일주일 동안 발길을 끊어버렸다.

그때 조카들이 단체로 나를 찾아와 따져 물었다. 아이들은 미주알고주알 할아버지의 만행을 나에게 고해바쳤다. 할아버지가 걸핏하면 손자들 푼 돈을 빌린다는 명목으로 빼앗아 간다는 사실, 감추어둔 과자를 몰래 훔쳐 드신다는 사실, 할아버지는 자신의 간식을 나눠주지 않으면서 아이들이 뭔가 먹고 있으면 다가와 얻어먹는데 그 양이 만만찮다는 사실 등등을 하염없이 종알거렸다. 둘째 조카 200원 건을 풀기 위해 나는 둘째 조카에게 천 원을 주었다. 할아버지 대신 이모가 다섯 배로 돈을 물어줄 터이니 할아버지 200원은 없던 일로 하자고 제안했다. 조카는 천 원을 받으며 이건 이모가 주는 위로금으로 받을게 하고 말했다. 그리고 할아버지에게 끝까지 200원을 달라고 졸랐다. 조카들은 어른들은 모순투성이라고 입을 모았다. 할아버지가 손주들 돈을 빼앗아 가면 괜찮고 우리가 할아버지 돈을 가져가면 안 되는 건 어느 나라 법이냐며 한 목소리로 따졌다.

나는 가끔 조카들 말투 때문에 기분이 상하는 일이 있었다. 자기들

또래 아이들 끼리 쓰는 말투를 내게 들이대는 것이다. 예를 들면 쪽팔리지 않으세요... 등등의 말들을 들으면 기분이 상했다. 내 아이들과 얘기를 나눌 때에도 말투 때문에 기분이 상하는 일이 한두 번이 아니다. 내가 니들끼리 쓰는 말을 어른한테 쓰면 어떡하니 라고 따지면 아이들은 꼭 불리하면, 어른인 걸 내세워 하고 투덜거렸다. 이럴 때 다른 엄마들은 혹은 다른 어른들은 아이들의 머리를 쥐어박으며 아이들을 억눌러버리는 데 나는 그렇게 하지 않았다. 아니 못했다. 전 세계 언어 중에 경어가 있는 게 몇 개나 될까. 영어나 중국어에는 우리식 경어가 없다. 장유유서를 따지고 결국은 나이로 뭔가를 해결하려는 것은 민주주의적 생활태도가 아니다. 하여간 여러 가지 가치관이 뒤범벅된 내 머릿속은 복잡했고 아이들과의 작은 갈등하나 딱 부러지게 해결하지 못했다. 그때 아이들이 내게 할아버지의 부당함을 조목조목 따지는 모습을 보며 엉뚱하게 나는 마음속으로 따질 수 있어야 민주주의야 그렇지? 하고 혼자 생각하고 있었다.

하여간 아버지는 200원을 돌려주지 않으셨다. 보통의 경우 할아버지가 손주들에게 용돈을 주면 주었지 푼돈을 빼앗지 않는다. 나는 푼돈 몇 푼 때문에 손주들과 팽팽한 평행선을 유지하는 아버지가 도무지 헤아려지질 않았다. 푼돈 200원 사건은 내 내 마음속에 퀘스천마크로 남아있었다. 시간이 조금 흐른 뒤 나는 아버지께 여쭈었다. 아버지가 받으시는 월세가 얼만데 손주들하고 몇 백 원을 가지고 다투세요? 아버지는 갑자기 도끼눈을 하고 나를 째려 보셨다. 그 표정은 그것도 모르냐 하고 내게 묻고 있었다. 아버지 표정으로 그러시지 말고 말로 좀 해보세요 했더니 아버지 입에서 엉뚱한 말이 튀어나왔다. 티끌 모아 태산이다. 하늘을 보면 100원이 떨어지나 200원이 떨어지나 하셨다. 표정이 매우 진지했다. 아버지는 정말 200원이 아까워서 그러셨던 모양이다.

　이런 아버지가 내 딸이 다이어트로 영양실조에 걸렸다는 얘기를 들으시고 선뜻 100만원을 주며 이걸로 맛있는 거 사먹어라 하셨을 때 내 딸은 이게 꿈인가 생시인가 싶었다고 한다. 그런데 할아버지의 100만원의 효과인지 할아버지의 마음 덕분인지 이후로 그 아이는 다이어트를 중단했고 음식을 꼬박꼬박 챙겨먹었는데 아이러니컬한 것은 그날 이후 내 딸은 부었던 살이 빠지고 정상체중으로 돌아와 날씬해졌다는 거다. 아버지가 임종하실 때 내 딸은 엎드려 할아버지를 꼭 껴안았다. 그리고 말했다. 할아버지 저 키워주셔서 정말 고맙습니다. 아이의 마른 어깨가 마구 흔들렸다. 손주 중에 유일하게 죽어가는 할아버지를 껴안고 눈물을 흘렸다. 큰언니가 뒤에서 속삭였다. 품안에서 키운 애는 다르다니까.

　내 딸은 어렸을 때부터 다소 특별한 구석이 있는 아이였다. 태어났을 때부터 뭐가 좀 달랐다. 대개 갓난아이들은 몸을 웅크리고 주먹을 꼭 쥔 상태로 태어난다. 주먹을 꼭 쥔 상태에서 신생아기를 보낸다. 그런데 이 아이는 출산하자마자 쥐었던 주먹을 쫙 폈다. 포대기로 싸놓아도 어느 사이 큰대자로 팔을 뻗고 잠을 자고 있었다. 좀처럼 우는 일은 없었는데 한번 울기 시작하면 내장이 끊어질 듯 애가 타게 갈갈거리며 울었다. 이런 아이를 보고 아버지는 성깔이 보통이 아니다 시며 혀를 끌끌 차셨다. 성깔이 있고 대가 차야 여장부가 되지 하시며 마냥 좋아하셨다. 내가 바빴으므로 어쩌면 나보다 아버지가 더 내 딸에 대해 잘 알았을지 모른다. 내가 퇴근 후 집에 오면 아버지는 야가 보통 내기가 아니라. 입도 야물고 속도 깊어요. 야가 어찌나 통이 큰지... 하며 고개를 설레설레 흔드셨다.

아버지가 그렇게 말씀하실 때마다 나는 고개를 갸우뚱할 수밖에 없었다. 내가 어렸을 때 아버지는 딸들이 기가 센 것에 대해 늘 염려하셨다. 거안제미가 미덕으로 여겨지던 시절이었다. 아버지는 여자가 기가 세면 팔자가 세고 팔자가 세면 순탄한 가정생활을 하기 어렵다며 엄하게 우리를 다루셨다. 막내인 내가 스무살이 될 즈음엔 아마 아버지도 지치셨던 것 같다. 그 결과 나는 아버지가 견딜 수 없을 정도로 엄격하다고는 느끼지 않았다. 그런데 위로 언니 둘은 매우 엄격하게 대하셨다.

우리 집 통행금지는 9시였다. 그게 무슨 일이건 언니들이 9시 이후에 귀가하면 난리가 났다. 큰 언니가 늦게 귀가해 아버지에게 당하는 것을 본 둘째 언니는 자연스럽게 아버지의 규칙에 복종하게 되었는데 두 언니가 닦달당하는 것을 보고 자랐음에도 나는 아버지의 규율을 잘 지키지 않았다. 아버지도 나에 대해서는 언니들에게 하신 것만큼 엄하게 하지 않으셨다. 내 기질이 타고난 이상으로 자유분방해질 수 있었던 것은 아버지가 허용한 요 틈새 때문이었을 것이다.

그래도 아버지는 엄하고 무서웠다. 그런 아버지가 막내 손녀인 내 딸에 대해서는 한없이 너그러우셨다. 내가 우리 딸에게 공부하라고 잔소리를 하면 아버지는 니도 공부하라면 공부하고 싶드나 하며 손녀 편을 들었고 막내 손녀가 할아부지 할아부지 하고 콧소리를 내며 엉기면 용돈도 아쉽지 않게 쥐어 주었다. 우리 딸이 절대음감인 것을 내게 최초로 얘기해 준 것도 아버지였다.

  아이가 5살 되었을 무렵 아무래도 이 아이가 귀가 너무 예민한 것 같다며 아버지는 이비인후과에 데려가야겠다고 덧붙이셨다. 병원에 가서 진단을 받았으나 물리적으로는 아무 문제가 없었다. 의사는 청각이 많이 발달해 있을 뿐이라고 했다. 어느 날은 아버지가 이 애가 노래를 기가 막히게 잘 따라 해요 라고 말하셨다. 어린 아이들은 웬만한 노래들은 한 번에 듣고 외워버린다고 나는 생각하고 있었기 때문에 아버지의 말을 별로 대수롭지 않게 들었다. 그런데 어느 토요일 오후 모차르트 피아노 소나타 16번 C메이져 K545를 딸과 같이 듣게 되었는데 딸이 그 음을 외워 반복해서 흥얼거리는 것을 듣게 되었다. 옆에 계시던 아버지는 거봐라 저렇게 긴 곡을 외우다시피 하잖니. 쟤는 뭐가 특이해도 특이하다며 딸을 번쩍 안아 올리셨다.

  어느 날 퇴근 후 돌아온 내게 아버지가 말씀하셨다. 야가 절대음감인가 뭔가 일끼다. 한 번 알아보래 하고 말하셨다. TV에서 음감이 뛰어난 아이들에 관한 프로그램을 보았는데 내 딸이 그 아이들과 똑같은 행태를 보인다는 것이다. 그때까지 나는 모든 소리의 절대음을 인지할 수 있다는 절대음감에 대해 들어보긴 했지만 큰 관심을 두지 않았다. 달리 방법이 없었으므로 아이를 피아노 학원에 보내기로 했다. 놀이 삼아 보냈는데 피아노 학원 선생님으로부터 전화가 왔다. 아이가 피아노를 잘 친다는 거다. 아이가 자기 곡만 치는 것이 아니라 다른 친구들이 연습하는 것을 듣고 그대로 외워서 친다는 것이다. 아이가 음악적 재능을 타고난 것 같으니 관심을 좀 가져보라는 것이다.

그때까지 우리 집엔 피아노가 없었다. 남편은 집에 와서 연습도 하지 못하는데 잘 치긴 뭘 잘 치겠어. 피아노 학원 계속 다니라고 하는 소리겠지 라고 건성건성 말했다. 그런데 피아노 학원 다닌 지 몇 개월이 지나서부터 아이가 일상생활 속에서 접하는 모든 소리를 계이름으로 바꾸어 흥얼거리기 시작했다. 빗물 떨어지는 소리, 목욕탕에서 물 흐르는 소리, 새가 지저귀는 소리 전부를 계이름으로 바꿔 흥얼거리는 것이다. 어디선가 노래가 나오면 그 노래의 계이름을 따라 부르곤 했다. 심지어 친구가 떴다떴다 비행기 날아라 날아라... 이란 노래를 부르면 그 아이가 내고 있는 본래 음을 중얼거렸다. 비행기라는 노래의 계이름은 미레도레 미미미... 인데 대부분의 사람들은 정확한 음정을 내지 못한다는 것이다. 자신은 미레도레 미미미... 라고 부른다고 부르는데 우리 딸에겐 다른 음으로 들리는 것이다.

아버지 말대로 우리 딸은 절대음감일까.

나름대로 규모가 있는 피아노 학원에 찾아가 테스트를 받았다. 모 대학 음대 교수를 역임했다는 원장은 차갑게 말했다. 이 아이가 절대음감이네요. 하지만 절대음감이라고 다 음악적으로 성공하는 건 아니죠. 사실 아이의 모습이 신기해서 절대음감인지 아닌지 알고 싶은 흥미가 생겼을 뿐 나는 우리 딸에게 음악 전공을 권할 생각이 없었다. 따라서 그 원장의 우려는 내게 별로 다가오지 않았다. 그러나 아이가 피아노 치기를 워낙 좋아했기 때문에 우리 동네에서 제일 잘 가르친다는 학원을 골라 계속 다닐 수 있게 만들었다.

우리 딸에게 발레를 가르치라고 권한 것도 아버지였고 아이가 미술에 소질이 있다며 좋은 미술 학원을 찾아낸 것도 아버지였다.

사실 이 아이가 책을 읽고 글을 쓴다는 것도 아버지가 가장 먼저 발견하셨다. 아이가 돌 될 무렵부터 내가 다시 일을 하게 되었으므로 내 딸은 돌 무렵부터 어린이집 종일반을 다녔다. 아침 9시쯤 아버지가 아이를 어린이집에 데려다주고 오후 4시쯤 찾아와 데리고 계셨다. 일찍부터 어린이집에서 언니, 오빠들과 어울려 자랐기 때문에 우리 딸은 무엇이든 빨랐다. 어린이집 원장의 말에 따르면 언니오빠들이 글쓰기 연습을 하거나 셈 공부를 할 때 우리 딸이 종종 끼어들어 같이 공부를 했다고 한다. 하여간 이 아이는 만 세 돌이 되기 전에 글을 읽고 썼다. 5살 정도 되었을 때 아이가 2시간 동안 미동도 하지 않고 나름 두꺼운 동화책을 몇 번이고 되풀이해서 읽은 일이 있다. 이런 아이의 모습을 보고 아버지는 이 아이는 틀림없이 대석학이 될 거라며 혼자 좋아하셨다. 우리 딸이 좋아하는 음식, 싫어하는 음식, 까탈스러운 성격, 매몰찬 성격 등등 아버지는 모르는 게 없었다. 나보다 아버지가 우리 딸과 보내는 시간이 더 많았고 아버지의 손녀사랑은 지극했다.

사랑이란 함께 한 시간만큼 더 깊어지는 것이다.

임종하셨습니다. 11월 23일 오후 9시 15분입니다. 의사가 선언했을 때. 내 딸은 펑펑 울었다. 내 딸의 눈물이 황망하고 건조한 분위기를 촉촉이 적셔주었다.

사과 한 알, 계란 두 개

> 세상의 반은 세찬 파도지만
> 또 나머지 반은 섬이다
> 사랑을 잃고, 길이 보이지 않아
> 몇 밤을 지새운 뒤에야
> 진정 이 세상을 껴안을 수 있다
>
> 김완하 시
— 외로워하지 마라 中

 1982년 가을 어느 날 나는 학교 정문을 들어섰다. 이화교를 지나는데 온몸이 사시나무 떨리듯 떨려왔다. 걸음을 걷기가 힘들 정도였다. 평소 잘 입지 않던 치마를 입고 뾰족구두를 신은 탓에 한 걸음 한 걸음 내딛는 것이 불편하기 짝이 없었다.

 우리 학교는 정문을 들어가면 바로 다리가 있고 그 다리 이름이 이화교다. 다리 밑으로 기차가 지나갔다. 기적이 울리고 저 멀리 기차가 다가올라치면 우리들은 기차 꼬리를 밟기 위해 이화교 다리 위로 달려가곤 했다. 기차 꼬리를 밟으면 행운이 온다고 믿었기 때문이었다. 그런데 지금 내 앞에 있는 이 다리는 더 이상 꼬리를 밟기 위해 달려가던 낭만적인 다리가 아니다. 지금 저 다리를 건너면 내 인생은 완전히 달라질 것이었다. 이전과 이후가 완전히 구별되는 낯선 삶이 나를 덮쳐올 것이다. 함께 걸어가고 있는 단짝 완의 얼굴에도 가득 긴장이 번져있었다. 그는 내가 아는 한 동기 중 가장 논리적이며 판단력 있는 친구였다.

니코스 카잔차키스의 <최후의 유혹>을 생각했다. 십자가에 못 박힌 예수를 마지막까지 유혹한 사탄의 간계는 무엇이었을까. 작가는 예수가 마지막으로 꿈꾼 것을 일상의 소소한 행복, 안온한 가장으로서의 삶으로 보았다. 그는 막달라 마리아와 사랑을 나누고 나사로의 두 여동생 말타, 마리아 자매와 가정을 꾸리지만 그건 꿈이었다. 꿈속에서 예수는 절벽과 벼랑뿐인 자신의 삶에 대해 회의한다. "내가 이렇게 몸부림친다고 누가 알아 줄 것인가." 회한에 빠진다. 그의 작품은 당연히 교계의 반발을 샀다. 인간의 몸을 받은 신의 아들 예수는 존재 자체가 모순적이었다. 나는 신앙과는 별개로 니코스 카잔차키스의 그 서사에 전적으로 공감했다. 꿈에서 깨어난 예수는 "다 이루었다"라고 말했다. 그는 십자가에 못 박혔고, "최후까지 명예롭게 그의 자리를 지켰다."

이화교 다리를 건너면서 나도 그랬다. 그 순간 내가 생각한 것은 역사의 정의나 반독재 민주화 투쟁이 아니었다. 언제 다시 만날 수 있을지 모를 가족들과의 단란한 생활이 사무치게 다가왔다. 그 소시민적 행복과 헤어지기 싫었다. 좀더 좋은 조건을 꿈꾼 적도 있었고 엄마 아버지에 대해 불만도 있긴 했었지만 전체적으로 봤을 때 행복한 가정이었다.

돌을 앞둔 큰 조카의 하얗게 웃는 얼굴, 언니오빠가 대학에 합격할 때 마다 엄마를 업고 집안을 돌던 아버지, 도끼눈을 뜨고 부아를 내던 아버지의 모습, 묵묵히 앉아 쉐터를 뜨고 있는 엄마, 엄마가 구워 준 고구마를 가운데 놓고 도란도란 얘기하던 우리 남매들, 대학입학식 때 나를 바라보던 엄마의 눈길, 첫 손주가 태어났을 때 할머니가 됐다며 기뻐하던 엄마 얼굴, 바가지과자를 하나씩 나눠주던 큰오빠의 두툼한 손등... 큰 부자는 아니었지만 모자람이 없었던 집이었다. 크리스마스 때면 머리맡에 선물이 놓여 있었다. 둘째오빠는 심지어 내 머리맡 선물을 몰래 가져가기 까지 했다. 성적이 떨어져 성적표를 숨기다가 아버지에게 들켰던 순간까지 이화교 다리를 건너 대강당 앞으로 걸어가는 몇 분 동안 많은 기억들이 주마등처럼 스쳐갔다. 돌아가고 싶었다. 방금 전까지 내 소유였던 모든 행복 속으로 다시 돌아가고 싶었다. 지금 내가 시위 주동을 포기하고 돌아간다고 세상이 정지하는 것도 아니었다. 천지가 개벽할 일도 없었다.

돌아갈까? 소용없는 일이었다. 유인물을 뿌리려다 발각돼도 1년 이상 형을 선고 받을 때였다. 시위 미수는 더 센 형을 받을 것이다. 나는 이미 "미수범"이었다. 새로운 세상을 만들기 위해서는 낡은 세상을 파괴해야한다. 새 세상을 만들려는 '나'는 '과거의 나'와 결별해야 한다. 22살 젊은 내겐 감당하기 어려운 "엄숙한 시간"이었다.

대학에 들어가 소위 지하서클에 들어가면 단계별로 학습을 하게 되고 학년이 높아짐에 따라 의무가 부여된다. 대학교 1학년 새내기 때에는 주로 세상을 보는 관점을 바꾸기 위한 학습이 진행됐다. <전환시

대의 논리>, <우상과 이성>, <8억인과의 대화>, <아랍과 이스라엘> 등은 필독서다. <아무도 미워하지 않는 자의 죽음>, <자주고름 입에 물고 옥색치마 휘날리며> 등은 참고서에 가까웠다. 이와 함께 변증법적 유물론과 사적 유물론을 순화시킨 서적들을 읽었다. 그런 책들은 대개 금서였다. 그러나 간혹 욕망과 이성의 변증 법류의 책은 서점에서 살 수 있었다. 이런류의 책들은 직설적으로 변증법을 찬양한 것이 아니라 비판적으로 접근한 형식의 책이었기 때문이다. 대학교 1,2학년 땐 형식적 객관성을 유지한 책들을 통해 변증법을 접했다.

<장길산>이나 <토지>, <남과 북> 등등의 대하소설은 새내기 필독서였다. 지금도 궁금한 것은 선배들이 가끔 프린트로 나눠주었던 팜플렛들인데 도대체 선배들은 그런 유인물들을 어디서 구한 걸까 궁금했다.

그중에 지금도 기억에 남는 것은 6.25북침 설을 담은 복사물이었다. 남한 정부가 휴전선 부근에서 크고 작은 군사적 도발을 감행했고, 6. 25가 그에 대응하기 위한 민족해방 전쟁이었으며 사실상 북침이라고 규정한 유인물을 접한 적이 있다. 그때 내가 받은 충격은 말로 표현하기가 어렵다. 도저히 믿을 수가 없었다. 만일 6. 25가 사실상 북침이라는 이 주장이 진실이라면 그동안 나는 거짓을 배워온 것이 아닌가. 어떻게 학교에서 학생들을 교육하고 가르치면서 거짓을 사실처럼 가르칠 수 있었을까. 내가 그토록 존경했던 역사 선생님까지도 이 거짓의 대오에 동참했다는 것이 아닌가.

머릿속이 하얗게 비어버린 상태였기 때문에 이후 세미나가 어떻게 진행되었고 선배들과 내 친구들이 어떤 토론을 했는지 전혀 기억이 나지 않는다. 나는 몇날 며칠 고민하다가 하나의 결론에 이르렀다. 저 선배들은 빨갱이다. 나는 저 빨갱이들을 경찰에 신고해야만 한다. 빨갱이와 같이 세미나를 한 나도 빨갱이로 몰리지 않을까. 나는 서클에도 나가지 않았고 서클 친구들을 피해 혼자 다녔다. 막상 선배들을 신고해야한다고 생각했지만 어떻게 신고를 해야 하는지 알 길이 없었다. 지하철 안에 보면 간첩신고 113 이라고 붙어 있었다. 113으로 전화를 걸어 선배들을 안기부에 꼰질러야 하는 것일까. 아니면 경찰에 전화를 걸어야 하는데 그 또한 엄두가 나지 않았다. 게다가 그 경찰이 민주경찰도 아니고 군부독재정권의 충견이라고 비판받고 있던 상황이라 더 그랬다. 이후 어찌어찌하여 내가 다시 서클에 나가게 되고 공부를 계속 이어갔는지 기억에 없는 것으로 보아 충격은 충격대로 받고 선배들에 대한 처리문제는 머릿속 한구석으로 미뤄둔 것 같다. 좀 더 공부를 한 뒤 판단하겠다고 결정했을 가능성이 높다.

하나의 역사적 사실을 평가할 때 다양한 시각이 있을 수 있고, 각자 선 자리에 따라 같은 사실에 대하여도 상반된 평가를 내릴 수 있다는 다원주의적 사고를 할 수 있게 된 것은 마흔이 넘어서였던 것 같다. 사회적 존재형태가 그 사람의 의식을 결정한다는 사회과학적 명제들은 여전히 유효했다.

2학년이 되면 본격적으로 철학과 역사공부를 시작한다. 서양 철학사와 헤겔 변증법을 공부하고나면 수많은 지식들이 머리에 쌓여 식자연하게 되지만 동시에 머릿속이 복잡해졌다. 그 상태에서 사적 유물론과 변증법적 유물론을 공부한 뒤 우리의 근현대사를 집중적으로 세미나 한다. 왜 그랬는지 모르지만 근현대사를 공부하고 나면 말 그대로 '피가 거꾸로 솟는 분노'와 동시에 지금 이 순간 내가 무엇인가 하지 않으면 안 될 것 같은 역사적 소명 의식에 밤잠을 설치게 된다. 김학준 교수의 러시아 혁명사도 그때 읽었다. "혁명이라는 단어가 전 세계 젊은이들의 가슴을 설레게 한 시대가 있었다."로 시작되는 러시아 혁명사는 서문만 읽어도 두려움과 설렘에 가슴을 부풀게 했다. 혁명사를 공부하고나면 고등학교 때까지 악의 상징처럼 보였던 레닌, 트로츠키, 모택동, 호치민 등이 민중의 영웅처럼 느껴지고 나도 그런 영웅이 되어야겠다는 생각에 사로잡히게 되었다. 1980년대 초반 미국 내 북한 전문가들의 책이 국내에 반입되기 시작했는데 스칼라피노의 김일성 연구논문이 필독서가 되었다. 김일성에 대해 극단적인 악이라는 고정관념을 가지고 있던 우리들에게 그 논문은 젊은 김성주가 실제로 항일무장독립투쟁의 영웅이라는 것을 사료를 통해 증명해주었다. 내 친구들 중 일부는 김일성 예찬론자로 바뀌어 갔지만 보수적인 집안 분위기 때문이었을까, 나는 김일성이 항일투쟁을 했다는 사실은 받아들일지라도 민족의 영웅이라고 생각되진 않았다. 김일성에 대한 내 생각이 바뀐 것은 오랜 후였다. 1988년 들어 북한 바로 알기 운동이 벌어졌고 황석영씨의 <그곳에도 사람이 살고 있었네>, 한겨레신문의 북한 관련 보도 등을 접하면서였다. 간혹 나를 종북이라든지 친북이라고 매도하는 언론이 있는데 천부당만부당한 말이다. 북한의 존재로 인해 민주화 운동을 해오면서 법이 규정한 처벌이상의 고통을 당해온 우리가 친북이긴 어렵다. 게다가 어떤 때 북한은 남한 독재 정권의 깔 맞춤 상대로 보였다. 마치 양쪽 정부가 약속이나 한 것처럼 때맞춰 이런저런 양측 정부가 써먹기 좋은 일들을 벌여주지 않았던가. 이 또한 지금까지 풀리지 않은 나의 의문이다. 물론 민주화 운동가들이 억울하게 고통당한 것이 직접적으로 북한 때문은 아니다. 북한이라는 적을 이용해 정권유지를 할 필요가 있었던 독재정권의 비열함이 더 큰 이유였다. 옳건 그르건 정서적으로 북한에 대해 우호적인 감정이 일지 않았다. 이러한 점에서 나는 김대중·노무현 대통령이 대단한 분들이라고 생각한다. 북한에 대한 우호적인 정책들은 감정적으론 허용할 수 없는 일이다. 6.25를 겪었고 북한이 남침한 것은 분명한 사실이고 그로인해 수백만 명이 살상당한 경험을 가진 우리가 관념적으로 북한에 우호적이라 한다면 그 또한 관념의 유희다. 그러나 두 분은 지도자로서의 통찰로 남북관계 개선이 우리 민족의 앞날에 긍정적 역할을 한다는 이성적 판단으로 대북 정책을 추진했을 것이다.

   3학년이 되면 1학년의 세미나의 지도를 맡아야한다. 당연히 1학년을 지도하기 위해 1학년 새내기 때 했던 공부 들을 다시 복습해야 했다. 그런데 1학년을 지도하기 위해 다시 읽은 1학년 커리큘럼 속 서적들을 3학년이 되어 읽으니 새로웠다. 1학년 땐 생각의 반전으로 괴로워했는데 3학년 때 다시 <전환시대의 논리>나 <8억 인과의 대화> 혹은 <우상과 이성> 등을 읽으니 이 또한 한 지식인의 평가일 뿐이라는 생각도 들었다. 재야의 대석학 이영희 선생님을 신뢰하는 것과 책의 내용을 100% 받아들이는 것은 별개의 문제라고 느껴졌다. 그러나 1학년 새내기들에게 이것도 옳고 저것도 옳다고 지도할 수는 없다. 후배들을 헷갈리게 할 것 같아서 나는 1학년 수준으로 다시 돌아가 1학년에 맞게 세미나를 이끌어갔다. 3학년 말이 되면 위장취입으로 공장에 들어가 노조 조직활동을 할 것인지 시위주동을 통해 군부독재에 정치적 저항을 할 것인지 결단해야 한다.

사실 결단이라는 표현은 정확하지 않은 것이다. 결단이라는 말에는 용기를 내거나 내지 못하거나 중산층 적 삶을 끊거나 끊지 못하거나 식의 일도양단의 느낌이 들어있다. 지금 돌아보면 공장에 들어가 노조를 조직하는 일은 난이도가 매우 높은 일이다. 공장에 들어간 초짜가 노동조합을 만들거나 학습을 하자거나 한다면 오랫동안 공장을 다닌 노동자들이 콧방귀나 뀌겠는가. 물론 당시 근로 조건이 너무 열악해 노동자들의 불만이 누적되어 있었고 그 결과 누군가 콕 찔러주면 폭발할거라는 선배들의 판단이 맞을 수도 있을 거다. 그러나 과연 그럴까.

85년 투쟁론에 근거한 서노련식의 노선이 등장했다. 서노련 소속원들은 공장에 들어가 가급적 빠른 시일 안에 노사분규를 일으키는 것을 목표로 삼는 것 같았다. 한 두 현장에서 파업이 일어나고 일시적으로 투쟁하는 노동자를 경험했을지 모르지만 서노련식 정치투쟁은 실패하고 말았다. 나 역시 공장에 들어가 아무것도 이루지 못하고 튕겨져 나오고 말았다. 22살의 내가 공장에 들어가 몇 개월 만에 어떻게 노조를 만들 수 있고 노동자를 조직화해 뭔가 할 수 있겠는가. 내 친구들 여럿이 공장에 들어갔는데 노조 결성까지 해낸 친구는 거의 없었다. 공장에 들어간 지 첫 1년 안에 이런저런 이유로 노동에 적응하지 못하여 대부분이 공장을 나왔고 그런 친구들은 공장주변에서 유인물을 만들어 뿌리거나 노동 교회를 통해 야학을 하는 길로 방향을 틀었다. 끈질기게 공장생활을 하면서 1986년 구로 지역 연대 투쟁 등을 이끌어낸 일부 학생출신 노동자들은 평가할만하다. 다른 측면에서 말하면 직성이 맞았다고 표현해야 하지 않을까.

나는 시위를 주동하는 쪽으로 결론을 내렸다. 공장에 들어가 노조를 결성하는 길 보다는 훨씬 더 눈에 보이는 길이었다. 다시 말해 내가 할 수 있는 범위 안에 있었다.

머릿속은 이런 생각으로 복잡했지만 내 몸은 어느새 C관 앞으로 다다랐고 나는 늘 다니던 C관 4층 복도를 향해 걸어갔다. 갑자기 확성기가 제대로 작동할까 걱정되었다. 나는 화장실로 들어갔고 화장실에서 확성기를 작동하다 그만 확성기가 켜져 버렸다. 순식간에 확성기 소리가 화장실 안을 가득 채웠다. 등골이 서늘해지고 식은땀이 흘렀다. 시위조차 못하고 시위 예비 음모로 잡혀가게 될지 몰랐다. 당황해 어쩔 줄 모르다가 나는 배터리를 빼버렸다. 가슴이 사정없이 쿵쿵거렸다. 나는 화장실에서 숨을 죽이고 미동 없이 웅크리고 있었다. 5분 정도 지나도 인기척이 없었으므로 나는 다시 건전지를 확성기에 넣고 조심스레 뚜껑을 닫았다. 그리곤 C관 동뜨기로 점찍어둔 강의실로 들어가 4층 난간에 섰다. 그리고 플랜카드를 내렸다. 유인물을 뿌렸다. 그리고 확성기를 켰다. 다행히도 확성기가 우렁차게 울려 퍼졌다. 잔디밭에서 대기하고 있던 서클 친구들, 과 친구들이 완이를 가운데에 두고 대오를 형성 했다. 그리고 나는 미리 준비한 유인물을 읽어 내려갔다. 머릿속이 하예져서 유인물 외에는 아무것도 보이지 않았고 내가 4층 난관에 위태롭게 서 있었으며 자칫하면 떨어져 크게 다칠 수 있다는 생각조차 하지 못했다. 그런데 유인물을 다 읽어갈 무렵 C관 앞 잔디 광장 주변 모든 것이 눈에 들어왔다. 그리고 아버지가 보였다. 아버지는 나를 향해 뭐라고 소리치고 계셨다. 그리고 잠시 뒤 형사들이 나를 덮쳤고 형사들이 나를 덮치는 순간 아버지가 C관 문제의 강의실로 들어오셨다. 얼마나 황급히 오셨는지 아버지는 옷조차 제대로 갖춰 입지 못하셨고 단추도 제대로 꿰지 못한 상태였다. 아버지가 다가와 내 따귀를 때리셨다. 그리곤 이제 네 인생은 조졌다 라고 하시곤 주저앉으셨다. 건장한 형사들이 양쪽에서 내 팔을 잡았다. 형사들은 무섭지 않았다. 주저앉아있는 아버지를 바라보며 이 순간 죽어버렸으면 좋겠다 하는 생각이 들었다. 말로 표현할 수 없는 감정이 나를 사로잡았다.

도대체 우리 아버지는 하필 지금 이 순간 이 자리 이 장면에 왜 나타나신 걸까. 왜 내가 잡혀가는 모습을 보게 되신 걸까. 수갑에 채워져 잡혀가는 내 모습을 아버지께 보여드리고 싶지 않았다. 오랜 시간이 지나서야 나는 그것이 단순한 민망함이 아니라 아버지에 대한 견딜 수 없는 죄스러움 때문인 것을 알았다. 그러나 당시엔 그 순간 아버지와의 만남, 아버지의 모습 그리고 끌려가는 나, 그 장면이 전부 못마땅했고 가슴은 답답하기만 했다.

요즘은 노트북으로 원고 작성을 하고 이메일로 인쇄소에 원고를 보내면 인쇄물 수만 장을 인쇄하는데 채 몇 시간도 걸리지 않는다. 그러나 1980년대만 하더라도 구석기 시대였다. 유인물을 만들려면 먼저 가리방 기구를 구입해야했다. 먼저 네모난 가리방 철판 위에 기름종이 같은 것을 얹고 성명서를 필사했다. 롤러에 잉크를 묻힌 뒤 등사기로 유인물을 한 장 한 장 찍어냈다. 전두환 군부 정권 시절이었으므로 이 작업을 할 공간이 별로 없었다. 내 방에서 할 수도 없고 완이 하숙방에서는 더더욱 불가능했다. 여관방을 잡으려 해도 여대생 둘이 학교 인근 여관방에서 유인물 등사 작업을 한다는 것이 엄두가 나지 않았다. 완이 언니 집에서 작업을 할까 의논했지만 그곳은 아파트였으므로 스르륵스르륵 털컥 등사기 미는 소리가 들려 단박에 우리가 무엇을 하는지 탄로 나고 말 것이었다.

나는 오빠 집 지하창고를 작업실로 점찍었다. 그리고 새언니와 오빠를 감쪽같이 속이고 오빠 집 지하창고에서 완이와 밤새 작업을 했다. 사람 좋은 오빠는 막내 동생이 친구와 함께 리포트 작성을 위해 작업을 하는 줄 알고 있었다. 그런데 느낌이 이상했던 모양이다. 우리가 오빠 집 지하창고를 대강 정리하고 출발한 뒤 오빠는 지하실 창고로 내려가 보았다가 기겁을 하고 말았다. 가리 방에 긁은 성명서의 내용을 보았던 것이다.

작은 실수가 일을 그르치는 법이다. 나는 나름 뒷정리를 한다고 하였는데 하필 파지 하나가 구석에 떨어져 있던 것이다. 그리고 오빠가 펼쳐든 그 파지 위에는 전두환 물러가라 라고 선명하게 박혀있었다.

큰오빠는 즉시 아버지에게 전화를 걸었고 아버지가 나를 제지하기 위하여 학교로 달려오게 되었던 것이다.

아버지의 놀라움은 이루 말할 수 없을 정도로 컸을 것이다. 학생운동을 하는 친구들은 일정한 생활패턴이 있었다. 옷차림부터 달랐다. 한창 멋을 부릴 나이임에도 써클활동을 하는 학생들은 그러지 않았다. 아니 멋 부리는 것을 죄로 여겼다. 늘 청바지에 티셔츠 차림으로 다녔고 검소했다. 가능한 무리를 지어 함께 다녔다. 혼자 있으면 고민이 번민이 되어 버티기가 힘들기 때문이었다. 집에서는 말이 없었다. 요리를 한다든가 자잘한 집안일을 하는 따위의 일들에 관심이 없었다. 머릿속으로 세상을 바로 잡을 혁명을 꿈꾸다보니 일상사가 하찮게 여겨지기도 했다. 그러나 나는 좀 달랐다. 돌아다니는 걸 별로 좋아하지 않았던 나는 강의 시간, 세미나 시간을 빼곤 집에 있었다. 친구를 만나도 집에서 만나거나 혹은 그 친구 집으로 가서 만났으며 집 근처에서 돌아다녔다.

어렸을 때부터 음식 만들기를 좋아했기 때문에 대학교 때에도 시간만 나면 도넛을 굽기도 하고 탕수육을 만들어 식구들에게 대접하곤 했다. 집에서 정치적인 문제를 언급하는 일도 거의 없었다. 하긴 막내이고 보니 집에선 내말은 끗발이 없었다. 그냥 막내가 어리광을 부린다는 식으로 모든 것이 받아들여졌다. 내가 심각하게 독재가 어떻고 자유가 어떻고 얘기하면 언니 오빠들은 대학교 땐 다 그래, 지금 당장 우리가 사는 게 뭐 그렇게 불편하니 하며 심드렁하게 대꾸했다.

"우리는 대한 독립군 조국을 찾는 용사로다 나가나가 압록강 너머

백두산 넘어가자... 중 략.... 등잔 밑에 우는 형제가 있다 왜놈 발에 밟힌 꽃송이 있다 동포는 기다린다 어서 가자 조국에" 내가 이런 노래를 흥얼거리면 옆에서 듣고 있던 큰언니는 막내야 아무도 너네 안 기다려 지금 일제 치하가 아니잖아 하며 피식 웃곤 했다.

엄마는 이런 말도 하셨다.

"막내는 어렸을 때 예쁜 옷을 입혀주지 않으면 나가서 놀지도 않았어. 자기보다 조금만 예쁜 옷을 입고 아이들이 지나가면 더 예쁜 옷을 지어달라고 떼를 썼다. 네가 여대에 가고 엄마는 진짜 걱정이 많았어. 네가 멋을 부리기 시작해 옷값이 너무 들면 어쩌나 멋만 부리려고 하면 어쩌나. 그런데 네가 늘 청바지만 입고 도무지 멋과는 담을 쌓고 책만 읽어서 내 딸이 참 대견하다고 생각했다. 그런데 그게 다 데모 할라고 그런 거야?"

엄마는 비용을 좀 부담하더라도 차라리 내가 멋쟁이 이대생으로 지냈으면 얼마나 좋았을까 오랫동안 푸념하듯 말하셨다. 엄마는 친구들이 많았다. 이후 엄마 친구 자녀들이 대학에 들어갈 즈음이 되면 엄마는 친구들 교육을 단단히 시켰다. 첫째, 대학생이 되면 어떤 차림을 하고 다니는지 잘 살펴라. 둘째, 아이 방에 수시로 들어가 어떤 책을 읽는지 혹시 일기장에 무슨 내용을 쓰는지 몰래 살펴라. 세 번째, 남자친구 혹은 여자친구가 어떤 성향인지 점검하라. 대학교에 들어가서도 학점을 물어라 등등. 그러나 엄마의 교육은 별로 효과가 없었던 듯하다. 아니면 엄마 친구들이 엄마 말을 건성으로 들었음에 틀림없다. 아니다, 자식 이기는 부모 없고 부모 못 속이는 자식 없다지 않는가. 엄마친구자녀들 중에 몇몇이 학생운동을 하게 되었고 그런 자녀를 둔 엄마친구들은 모이면 엄마에게 네 딸이 선구자였어 라고 면박을 주곤 했다.

당시 우리를 학생 운동의 길로 이끈 것은 시대였다. 아픈 시대의 아픈 현실이었다. 엄마의 교육이 아니라 엄마 할아버지의 교육이 있었어도, 몸을 던져 시대를 밝히고자 하는 우리들의 정의감을 막지 못했을 거다.

가끔 남편에게 이렇게 말한다. 여보, 데모에 미치지 않았다면 나는 뭐에 미쳤을까. 당신은 신앙에 미쳤겠지? 남편은 이렇게 답한다. 학생운동의 본질은 순수한 열정과 비타협적인 투쟁이야. 우리가 다른 뭔가에 빠지지 않고 반군부독재 투쟁에 빠진 것은 정말 잘한 선택이었어. 젊은 날에는 뭔가에 미치지 않으면 견딜 수 없었던 것 같다. 남자들은 여자에 빠지거나 술에 빠지거나 당구 같은 놀이에 빠지기도 해. 맞아 여보 우리 오빠들은 등산과 무전여행에 빠졌었어. 대학교 때 오빠들을 거의 못 본 것 같아. 나는 순간 언니들을 떠올렸다. 두 언니 다 얌전한 듯 보였지만 책과 지독한 연애에 빠졌었다.

형사들에게 잡힌 나는 남대문 경찰서 유치장에 갇혔다. 유치장으로 들어가기 전 몸수색을 당했다. 두 명의 남자가 몸수색을 하고 있었다. 한명은 늙수그레했고 다른 한명은 20대 초반으로 보였다. 내 앞에 몇 명이 더 검색을 당하고 유치장으로 들어갔고 나이든 남자는 매우 악질적으로 몸수색을 했다. 내 순서가 다가오자 겁이 덜컥 났다. 몇 명의 여성들이 몸수색을 당하는 것을 지켜보고 있었다. 그들은 여러 명이 보는 앞에서 윗도리를 벗어야 했다. 경찰들은 브래지어 속까지 검사했다. 심지어 바지 속까지 샅샅이 들여다보는 것이었다. 한 여성에게는 팬티만 입힌 채로 제자리 뛰기를 시키기까지 했다. 차라리 맞는 게 낫지 싶었고 눈앞이 캄캄했다. 내 순서도 아니었는데 수치심, 불안, 초조가 뒤섞여 내 얼굴이 가관이었나 보다. 늙수그레한 남자가 나를 힐끔 보더니 도살장에 끌려온 소처럼 왜 그렇게 떨고 있어 한 마디 툭 던지곤 씨익 웃었다. 바로 앞 사람의 몸수색이 끝나고 내 차례가 되었다.

순간 전화벨이 울렸고 20대 초반의 남자가 전화를 받더니 늙수그레한 남자에게 낮게 뭐라고 전했다. 그러자 늙수그레한 남자는 나를 힐끗 보더니 어딘가로 급히 사라졌다. 젊은 남자가 내게 다가와 말했다. 박정만 알죠? 박정만이라면 우리 학교 78학번 선배 언니다. 나는 정만이 언니 말인가요 되물었다. 그가 고개를 끄떡이며 내 친구에요. 저 사람 오기 전에 빨리 들어가요. 그는 하는 듯 마는 듯 내 몸수색을 마쳤다.

그 젊은 남자는 전경이었다. 그는 나도 밖에 있을 때 시위 많이 쫓아다녔어요 라며 유치장문을 열었다. 그는 한 달 후 제대한다고 했다. 그는 학교에서 보면 똑똑한 놈들이 다 시위주동을 해요, 어떤 때 나는 저 똑똑한 놈들이 시위를 주동해 잡혀가니 내 경쟁자가 줄어 다행이라고 생각한 적이 있었어요. 근데 조금 더 생각해보니 그게 아니더라고요 저렇게 똑똑한 사람들이 감옥에 가면 우리나라는 누가 이끌지? 라는 생각을 하게 되었어요. 나중에는 나라도 열심히 공부해야겠다 라고 결론을 내렸지만요, 라고 그가 말했다.

유치장 안에는 8명의 여성들이 웅크리고 앉아있었다. 이후 나는 이전에 내가 접해보지 못한 다양한 계층과 다양한 유형의 사람들을 만나게 되었다.

유치장에서 만난 사람 중 지금까지 기억에 남아있는 사람은 두 명이다.

한 명은 갑자기 내게 다가와 춥다면서 점퍼를 잠깐 빌려달라고 했던 젊은 여성이다. 커트 머리에 눈이 컸다. 엉겁결에 점퍼를 벗어주었다. 22살의 나는 깡 말라있었다. 점퍼가 그 여성에게 맞지 않았다. 그는 지퍼를 채우지 못하고 점퍼를 걸쳐 입으며 고맙다고 했다. 처음엔 추운 줄 몰랐는데 점퍼를 벗어준 뒤 30분 쯤 지났을까. 오슬오슬 등에 한기가 느껴졌다. 그래도 명색이 데모학생인데, 추운 티를 낼 수 없었다. 점퍼를 돌려달라는 말은 더더욱 할 수가 없었다. 잠시 점퍼를 빌려 달라고 했던 여성의 '잠시'는 이틀이 되었다. 지금까지 그 여성의 젊은 얼굴이 또렷하게 떠오르는 것은 그날 밤 새우잠을 자면서 추워서 떨었던 기억 때문일 거다. 다른 한명은 얼굴이 하얗고 예쁘장한 50대 아줌마. 그날 새벽에 달달 떨며 자는데 잠결에 누군가 담요를 덮어 주었다. 아침에 일어나보니 담요가 아니라 스웨터였다. 그는 혀를 끌끌 차며 내게 저자가 얇체구만 이렇게 떨고 있는데 남의 옷을 껴입고... 데모 학생이 어리숙하긴, 하면서 혀를 끌 끌 찼다. 사회였다면 그 50대 여성이 젊은 여성에게 내게 옷을 돌려주라고 말함직도 한데 그렇게는 하지 않았다. 등줄기가 서늘하고 오한이 오는 게 몸살이 올 것 같았다. 내가 처다보고 있는데도 점퍼를 벗어줄 생각을 하지 않는 그 여성을 바라보니 속으로 부아가 치밀러 라고 했다. 그런데 데모 학생의 호기였을까. 내입에선 엉뚱한 말이 튀어나왔다. 나는 별로 춥지 않아요. 괜찮습니다. 하고 큰소리로 말하고 있었다. 허세는 떨었는데 유치장에 있는 며칠 동안 편도선에 감기에 몸살을 심하게 앓았다. 점퍼 탈취 여성은 이틀 후 유치장을 나갔다. 서울 구치소로 옮겨간다 했던 것 같다. 데모 학생들이 재판을 받을 때 서울 구치소에 수감된다는 사실을 알고 있기 때문에 은근히 서울 구치소로 이감돼 점퍼 탈취 여성을 만나면 어떡할까 걱정도 되었다. 지금 같다면 점퍼를 빌려주지도 않았을 거다. 그때 나는 서대문구치소에서 만나면 어둔 곳으로 그 여자를 데리고 가 어딘가 꼬집기라도 하고 싶었다. 그러다 징벌방에 갇힘 어떡하지? 22살의 나는 이상한 걱정까지 하고 있었다.

유치장에서 선잠을 잔 다음날 아침 일찍 숙부가 면회를 왔다. 숙부의 첫 마디는 왜 그랬어 였다. 우리 숙부는 헌병 출신이라 당시 군부 정권 내에 아는 사람이 많았다. 무엇보다 숙부는 아버지와 달리 베푸는 스타일이어서 인기가 좋았다. 우리 집에 오시면 항상 용돈을 듬뿍 주셨기 때문에 어렸을 때부터 작은 아버지가 오시는 것이 기다려졌고 작은 아버지가 대문을 들어오시면서 "형수요"하고 부르는 목소리가 들리면 매우 반가웠다. 우리들에게만 그러셨을 리 없다. 숙부는 모두에게 너그럽고 관대했으므로 인간관계가 아주 좋았던 것이다. 가끔 엄마는 엄지와 검지를 동그랗게 말아 보이며 숙부는 요것에도 재주가 있다고 말했다.

이 일은 각하께서 엄단에 처하라고 한 일이라 아무도 만나주려고 하지 않는다. 힘들지? 그래도 내가 백방으로 노력하고 있으니 기다려 보거라. 여기 형사들한테는 단단히 일러두었으니 함부로는 못할게다.

대강 이런 말씀을 하신 것 같다. 하지만 모든 말은 말로 인지되었을 뿐 독해가 되지 않았다. 머리가 멍했고 억울한 생각이 들었다. 내가 도둑질을 했나, 사람을 다치게 했나, 사람을 죽였나 뭘 그렇게 잘못했다고 집에도 못 가게하고 이런 어두컴컴한 굴에 나를 잡아가두어 둔다는 말인가. 데모 학생이라는 딱지가 있어서 남 앞에 있을 땐 당당하게 행동해야 했다. 그러나 밤이 되면 시퍼런 군용 담요를 머리에 뒤집어쓰고 눈물을 흘렸다. 숙부가 다녀가시고 채 한 시간도 못되어 아버지가 지도 교수와 함께 면회를 왔다. 지도 교수였던 김모 교수는 나를 보고 "너는 학교에서 너무나 조용히 지내고 어떤 면에서도 티가 나지 않는 학생이었어. 학점도 높지 않은데 시위 주동을 해 깜짝 놀랐다. M은 학점 평균이 매우 높은 우수한 학생이었지" 라고 말했다.

M은 사학과 79동기였는데 유인물을 만들어 뿌리려다 발각되어 형을 선고받고 서대문형무소에 수감 중이었다. 지도 교수 말을 들어보니 나는 서클 수칙대로 내 정체를 드러내지 않고 잘 처신한 것이었다. 학생운동의 전사답게 학교생활을 잘 한 것이었다. 서클활동을 하면서 우리는 서클공부와 학점사이에서 고민이 많았다. 서클 활동을 충실히 하다보면 학교공부에 소홀할 수밖에 없고 학점이 높을 수가 없었다. 서클활동을 하면서 학점이 높은 친구들을 우리는 별로 평가하지 않았다. 둘 다를 잘하긴 힘들었다. 교수들 입장에서 보면 학점 높은 친구들이 우수한 학생으로 보였겠지만 우리들 입장에서 보면 그런 학생들은

양다리를 걸치고 사는 얼치기 학생운동가 일 뿐이었다. M은 서클 활동도 충실히 하면서 학점도 좋은 예외적인 케이스였다. 나는 교수의 말을 한 귀로 듣고 흘려버렸다. 그 교수는 보수적이고 실력도 형편없는데다가 복부인 같은 이미지라 학생들이 인정하는 사람도 아니었다.

그런데 아버지가 지도 교수를 바라보곤 단호하게 말씀하셨다. 스승이 아이가 감옥 안에 갇혀 심리적으로 위축된 상태에서 그런 말을 하실 수 있습니까. 그러려면 돌아가세요. 학교 도움 필요 없습니다. 그 순간 아버지의 경상도 말투는 도드라졌고 아버지가 얼마나 교수에 대해 화가나 있었는지 느낄 수 있었다. 그러나 나는 안다. 아버지가 아버지 입장에서 보았을 때 내가 겨우 '이대정도' 다니면서 내 학점이 좋지 않았다는 말에 얼마나 자존심이 상했을지. 당시 이대에 대해서는 두 가지 엇갈린 평가가 있었다. 우수한 여성 인재를 배출한다는 학교 이미지가 그 하나이고 좋은데 시집가려고 가는 학교라는 것이 다른 하나였다. 아버지는 후자의 입장에 가까웠다. 그래서 내가 이대를 간다고 했을 때 차라리 공주사대 장학생으로 가라며 극구 말리셨다. 공주사대에 갔다면 어떻게 됐을까? 교사가 됐겠지. 전교조 활동을 했을까? 가지 않은 길에 선 나를 상상해 보는 것은 흥미롭지만 안타까운 일이다. 부질없기도 하지만.

아버지가 별로 인정하지 않는 학교를 다니면서 내 학점이 높지 못했다는 사실 그리고 내가 구치소에 갇혀있는 상태에서 지도교수로부터 그 사실을 확인하는 것 자체가 얼마나 아버지를 괴롭히는 일인지 모르면 나는 아버지의 딸이 아니다. 아버지의 기습에 당황한 교수의 얼굴이 굳어졌다. 나의 아버지는 계속 말을 이어갔다. 이 애가 시위주동을 할 때 몇 명이 모였는지 보기는 하셨습니까? 그 이대 후문 쪽이 꽉 찼잖아요. 요즘 그렇게 큰 시위가 있었습니까? 경찰도 3000명이라고 하지 않아요? 3000명이 호응을 했습니다. 이 아이는 '영웅'이에요. 못을 박아버렸다. '영웅'이라는 단어가 생경하게 튀어 올랐다. 아버지의 영웅은 오다 노부나가 뿐인 줄 알았는데. 아버지가 무언가를 과장하는 일은 거의 없었다. 그만큼 아버지는 당황하고 계신거였다. 김교수는 아버지 이야기를 듣고 아무 말도 하지 않고 안경테를 위로 올렸다. 그리곤 내게 걱정말고 잘 지내라. 사실 학교에서도 별로 해줄 일이 없는 일이다라고 잘라 말했다. 지금 이 순간에도 유치장 면회실 유리창 밖, 아버지와 김교수가 서있었던 그 광경이 너무도 선명하게 떠오른다. 김교수는 늘 올림머리를 하고 다녔다. 동그란 검은테 안경을 썼으며 바바리코트를 입고 있었던 것 같다. 김교수를 볼 때마다 어떻게 살면 저렇게 볼에 통통할까 생각하곤 했는데 유치장 면회실 창을 통해서 본 김교수의 얼굴과 아버지의 얼굴은 너무나 대조적이었다. 아버지의 얼굴은 작았고 김교수의 얼굴은 곧 터질 보름달 같았다. 김교수는 다시 면회오지 않았다. 나도 그가 면회오길 기다리지 않았다.

바로 그날 후배 숙이가 유치장으로 들어왔다. 유유상종이라고 데모 후배학생이 들어 오자 거짓말처럼 몸살이 낳았다. 주변 사람들은 어제까지 그렇게 아프다고 난리더니 엄살이었던 것 아냐? 라며 나를 놀렸다. 그를 통해 학교소식을 접할 수 있었다. 완이 잡히지 않고 도바리 생활을 시작했다는 얘기를 들었다. 걱정이 되었다. 선배들은 말했다. 절대 도바리는 치지 마라. 도바리는 악의 세계로 떨어지는 지름길이다. 처음 몇 달간은 도바리도 칠만한데 몇 달만 지나면 모두가 도바리를 지겨워한다. 무조건 잡혀라. 어떻게든 형사 앞으로 다가가 잡히라고 반복해서 얘기해주었었다. 그런데 완이가 도바리 생활을 하게 되다니,

완이는 잡히려고 안간힘을 썼다고 한다. 그런데 완이를 잡으려고 형사들이 다가올 때 마다 C관 앞 잔디밭에 있던 이대생들이 몰려 왔다. 그들은 형사들을 하이힐 굽으로 때리고 꼬집어 옴쭉 달싹 못하게 하고 완이를 도망시켰다는 거다. 서클활동을 하던 친구들은 어떻게든 완이를 잡혀가게 하려고 애를 썼지만 지켜보던 이대생들이 번번이 완이를 구해내는 데는 당해낼 재간이 없었다.

숙은 그날의 하이라이트장면을 실감나게 묘사했다. C관 잔디밭에 전형적인 이대생 스타일의 학생들이 여럿 앉아 있었다. 그런데 형사들이 완이를 잡아가려 하자, 그중 가장 옷차림이 단아한 한 여학생이 안돼, 안돼 소리치며 완이 쪽으로 달려갔다. 모두의 시선이 예쁜 여학생에게 쏠렸다. 형사들도 당황한 기색이 역력했다. 그 여학생은 갑자기 하이힐을 벗어 완이를 잡고 있는 형사 손목을 내리쳤다. 그것이 신호처럼 되었다. 몇 십명의 이대생들이 우르르 형사들을 에워쌌다. 완이와 옷을 바꿔 입는 여학생, 형사 점퍼를 잡아당기는 여학생, 형사의 손목을 꼬집거나 무는 여학생들을 당해낼 수 있었을까. 완이는 무사히 학교를 빠져 나왔다.

그만큼 당일 시위에 많은 학생들이 참여했고 호응했다는 반증이기도 했다.

당시 남녀공학학교에는 경찰이 상주하고 있었다. 어느 학교에서도 데모에 참여하는 학생 수가 천명이 넘는 일은 거의 없었다. 한 학교에 '하' 사건이라 는 것이 있었다. 어떤 학생이 시위 주동을 하려고 학우여 하며 외치려다가 첫 번째 음절 학을 다 못하고 하 하다가 형사들에게 끌려간 사건이다. '막대기 사건'도 있다. 광화문 네거리에서 시위를 하려고 모였다가 형사들이 덮치자 시위에 참여하려고 왔던 한 사람이 막대기를 들고 형사를 내리치려는 순간 잡혀갔다. 하 사건이든 막대기 사건이든 군부독재의 철통감시가 얼마나 심했는지를 가늠하게 해주는 일이었다. 특히 막대기 사건의 경우 막대기를 후려쳐보지도 못하고 경찰에 잡혀가 옥살이를 한 그 사람이 못내 억울해했다는 이야기를 나중에 들었다.

이대는 여학교였기 때문에 닭장차가 상주하지 않았다. 당시에 이대에 나와 있던 경찰들의 행태를 지금 이야기 해봐야 잡소리에 불과하지만 그들은 이대 구석 도서관 앞에 모여 앉아있었다. 낄낄대며 잡담을 하거나 어떤 경우 이대 뒷동산에서 화투를 치고 있었다. 군기 빠진 형사들 덕분에 나는 대규모 시위를 조직 할 수 있었다.

남대문서 유치장에 있으면서 서대문 경찰서로 가서 취조를 당했다. 당시엔 시위주동 혹은 시위 참여로 잡혀온 학생들이 차고 넘쳐서 서대문서 유치장이 꽉 찼다. 순번에서 밀린 나는 남대문서 유치장에 갇혔던 거다. 나를 취조하던 형사는 서대문서 유치장은 연세대생을 수용하기에도 벅차다고 했다. 왜 이대생이 시위주동을 해가지고 자신들을 이렇게 귀찮게 하냐며 투덜거렸다. 이 사람 저 사람이 들어와서 한 마디씩 하고 나갔다. 지금 기억에 나는 형사는 두 명인데 턱이 뾰족한 40대 형사와 얼굴이 네모나고 눈이 커서 객관적으로 보면 잘생겼음직한 젊은 형사였다. 당시엔 잘생겼다든가 이런 생각은 전혀 들지 않았다. 나를 괴롭히는 그 사람들이 내게는 정상적인 사람으로 보이지 않았다. 어떤 때는 저 사람은 사람이 아닐 거야 도깨비 일 거야 혼자 생각하곤 했다. 형사들은 눈이 늘 충혈 돼 있었다. 아마도 전날 저녁술을 마셨거나 숙면을 취하지 못한 탓이었을 텐데 나는 다른 판단을 하고 있었다. 형사라는 직업은 다른 사람을 괴롭히는 직업이고 저런 직업을 가지면 못된 생각을 많이 해 눈도 시뻘겋게 되는 구나 라고 생각했다. 좀 맞았다. 아파서 죽을 정도는 아니었다. 몸 여기저기에 멍이 심하게 들었던 것으로 보아 맞긴 좀 맞았던 것 같다. 아픔은 별로 느껴지지 않았다.

 고문당하기 전에 나는 고문이나 폭행을 당하느니 죽는게 나을 거다 생각했다. 참을성이 없는 나는 조금만 맞아도 견딜 수 없을 것 같았다. 영화 속에서 가끔 고문장면을 보면 소름이 끼쳤다. 빨리 모든 걸 불고 빨리 교도소로 넘어가는게 최고라고 선배들은 말했다.

 그런데 막상 두들겨 맞고 보니 죽을 정도는 아니었다. 맞는데 너무 긴장된 탓인지 통증은 별로 느끼지 못했다. 가장 무서운 순간은 폭행이나 고문이 시작되기 전 이었다. 지금까지도 가장 공포스럽게 남아 있는 것은 하얀 방에 갇혀있던 시간이다. 형사들은 나에게 겨우 하루 혼자 있었다고 얘기했다. 몇날 며칠이 흘렀는지 나는 몰랐다. 사방이 하얗게 칠해져 있는 방에 처음 갇혔을 땐 이게 뭐지? 하는 생각밖엔 들지 않았다. 그런데 몇 시간이 흐르자 시간개념이 사라졌다. 시간이 가늠되지 않자 공포가 엄습해 왔다. 앞으로 무슨일이 일어날지 예측할 수도 없었다. 그 예측 불가능성이 나를 두려움에 떨게 했다. 그냥 무섭기만 했다. 일어나서 걷기도 하고 엎드려 잠을 청해 보기도 했다. 이러다가 내가 돌지 않을까? 하는 생각이 들 즈음 형사가 들어왔다.

내가 하얀 방에 혼자 머문 시간은 48시간이었다.

어렸을 때부터 나는 상상력이 풍부했다. 작은 일을 접해도 터무니없는 상상력을 발동하곤 했던 나는 그 공포의 순간에도 똑같았다. 몸은 하얀방에 있는데 나는 내가 돌았을 때 벌어질 일들을 상상하며 정신병원에 갇힐 걱정을 했다.

그런 생각을 하자 무엇보다 수치스러웠다. 명색이 데모 학생이 하얀 방에 갇혀 혼자 방치되자 넋이 나갔다는 흉흉한 이야기, 그 주인공이 나라는 것은 상상만 해도 부끄러웠다. 그런 일은 절대 일어나선 안되었다. 처음에는 그럭저럭 생각도 하고, 왔다 갔다 하며 똑바로 앉아 있었다. 그런데 갈수록 마음이 위축됐다. 마음이 위축되자 몸도 점점 위축됐다. 급기야 몸을 웅크리고 있었다. 거울이 없어서 내 얼굴을 보진 못했지만 아마도 내 얼굴은 그때 숨을 곳을 찾는 초췌한 생쥐 같았을 거다. 물론 잠도 오지 않았다. 잠이 들면 다시 눈을 뜨지 못할 것 같아서 잘 수가 없었다.

하여간 이러저러한 과장된 공포에 떨며 내 몸이 동그랗게 말려져

가던 그 즈음 형사가 들어왔다. 형사의 첫 마디는 이거였다. 안 죽어 안 죽어 뭘 새파랗게 질려서 그러냐 그렇게 소심해가지고 무슨 시위 주동을 했어.

　얼굴이 쥐새끼 같이 생긴 40대 형사가 들어와서 내 앞에 앉았다. 탁자가 있었던 것 같은 데 탁자 색깔은 잘 기억나지 않는다. 나는 갑자기 움츠렸던 몸을 똑바로 하고 허리를 곧추세워 의자에 앉았다. 먼저 이런 생각을 했다. 완이는 어떻게 됐을까. 완이를 보호하려면 어떻게 해야 하지? 형사의 취조에 대비하고 있는데 형사는 엉뚱한 말을 했다. 아버지가 공직에 40년 계셨다며. 나는 고개를 끄떡였다. 숙부는 헌병으로 제대하셨다며. 그리곤 너 네 막내 삼촌 지금 현역이 시더라. 그 말에 무슨 감정이 들었는지 전혀 기억나지 않는다. 예기치 못한 말이 형사의 입에서 튀어나왔고 그래서 할 말이 없었을 거다. 형사의 페이스에 말리면 내가 준비해왔던 알리바이가 머릿속에서 흐트러질 수도 있기 때문에 나는 단단하게 무장한 상태였다. 그런데 형사가 이렇게 덧붙였다. 너 때문에 너네 막내삼촌 옷 벗으면 어떡하려고 그래. 아버지와 작은 아버지의 직업은 과거형인데 막내삼촌은 현재형 직업 군인이었다. 너 때문에 라거나 옷을 벗는다는 말이 내 알리바이 속을 비집고 들어왔다. 정말 그런 일이 일어나면 어떡하지. 형사는 형사였다. 그는 단단하게 매어두었던 내 생각 덩어리가 흔들리는 것을 감지했다. 그리고 이렇게 물었다. 완이 잡혔어. 지금 옆방에 있어. 그리고 다 불었어. 나는 남대문서 유치장에서 후배를 만났고 완이 도바리를 치고 있다고 들었기 때문에 형사 입에서 완이가 잡혔다는 말이 나오자 깜짝 놀랐다. 하루 이틀 사이에 완이가 잡혔단 말인가. 나는 입을 꼭 다물어버렸다. 이럴 땐 아무 말도 하지 않는 게 나을 것 같았다. 내가 대답을 하지 않자 형사가 내 따귀를 몇 대 갈겼다. 당시에는 아픔도 분노도 없었는데 지금 이 글을 쓰다 보니 확 부아가 치민다. 지금이라도 그 자를 찾아 어두운 골목이나 모처로 데려가 영화처럼 멋있게 따귀를 때리고 싶은 생각이 든다. 어찌나 뺨을 세게 맞았는지 입안에 피가 고였다. 비릿한 피 맛이 혀끝에 돌자 갑자기 눈물이 났다. 이 시도 때도 없이 흘리는 눈물의 정체가 뭔지 모르겠다. 내가 흘리는 눈물의 의미를 모르는 경우가 많은데 그때 뺨 몇 대를 세게 맞고 흘린 눈물의 의미는 정말 독해불가다. 나중에 이 얘기를 들은 남편은 뭐가 복잡노? 아파서 울었겠지 하고 심드렁하게 말했다. 정말 나는 아파서 울었던 것일까.

　유치장에 있을 때 후배 숙과 나는 미주알고주알 수다를 떨며 지냈다. 수다라고 표현하기 어려울 정도로 무거운 얘기들이 주였다. 며칠 동안 대화상대 없이 입을 다물고 있다가 숙이 들어오니 반가운 마음에 많은 얘기를 하게 된 것이다. 숙은 얼굴도 동글, 코도 동글, 입도 동글 전체적으로 동그란 후배였다. 20년 쯤 지난 후 숙을 만났는데 얼굴이 길쭉해져 있어서 놀랐다. 알아보기 힘들게 길어진 그의 얼굴을 보며 세월이 정말 겁나는 거구나 싶었다. 하여간 숙과 나눈 대화중에 부모님에 관한 것이 있었다.

　당시 학생운동권 내에서 이대는 요주의 학교였다. 리버럴하고 제멋대로여서 도무지 운동권의 규율이 먹혀들지 않는 학교라고 남자 선배들은 평했다. 실제론 정반대였다. 이대학생운동권들은 성실하고 모범적이었다. 리버럴하긴 한데 규율엄수에 관해서는 타의 추종을 불허했다. 당시 쁘띠적 이라는 비난은 우리들 사이에선 치명적인 것이었는데 이대생들이 쁘띠적 이긴 했다. 쁘띠적 이라는 것이 소시민적이라는 의미와 중산층 적 문화향유라는 의미를 동시에 내포하고 있었는데 나만 해도 학생운동권에 있으면서 일상생활 패턴은 우리 집안의 그것을 유지하고 있었다. 뒤집어 말하면 이대 학생운동권 학생들은 안정된 가정에서 유복하게 자랐다고 표현할 수 있겠다. 그런 만큼 우리들 사이에서 부모님 얘기는 금기였다.

내가 대학을 다니던 1980년대에는 대학생이 많지 않았다. 서울대, 연대, 고대, 이대의 한 학년 학생수가 2000명 정도였다. 대학생들끼리 모이면 다 거기서 거기로 보였지만 당시 대학교에 들어간다는 것 자체가 큰 특권이었다. 내가 다니던 여고는 한 반에 칠십 명 정도였는데 그 중에 대학에 진학한 친구들은 채 10명이 못 되었다. 나는 서울 한복판에 있는 여고를 다녔는데 그 정도였으니 전국적으로 보면 대학 진학 비율은 훨씬 적었을 거다. 또 그땐 중산층이라는 개념도 낯설 때였다. 자녀 모두를 대학에 보내면 중산층이라고 할 수 있었을까. 지금이야 하나 내지 둘 낳는 것이 평균치이지만 우리 엄마만 해도 다섯 명의 자식을 두셨다. 세 명 자녀를 두면 매우 적은 편이었고 다섯은 보통이었다. 우리 부모님은 5명 모두를 4년제 대학에 보냈다. 우리 아버지는 공직에 있었고 엄마가 부업을 하셨으므로 다른 집들에 비해선 형편이 매우 좋았다. 이대에 들어간 뒤 친구들과 얘기를 해보니 공직,

은행 근무, 대학 교수, 변호사 등 법조인, 중소기업 운영, 교사 등등 말하자면 우리는 모두 안정된 화이트칼라 아버지를 둔 딸들이었다.

우리 아버지들에겐 공통점이 있었다. 자기에 대해 엄격하고 성실했으며 자식들에게 당신과 같은 삶을 살 것을 많이 강요한다는 것이다. 학벌에 목을 매는 것도 공통된 점이었다.

내가 시위주동을 결심할 때 막내라는 것은 좋게도 작용했고 또 나쁘게도 작용했다. 나는 막내였으므로 우리 집안에 대한 의무감이 별로 없었다. 그래서 다른 장남, 장녀 친구들에 비해 고민이 적었다. 만약 내가 아르바이트로 우리 가족을 부양해야 했다면 다시 말해 우리 집이 가난했다면 나는 학생운동 따위 절대 하지 않았을 거다. 내가 지나치게 가족에 집착한다고 선배들은 내 쁘띠성을 걱정했지만 내가 학생운동을 할 때도, 내가 감옥에 있을 때도 위장 취업으로 현장에서 일할 때도, <말>지 기자로 전국을 누빌 때도 내 마음의 중심은 늘 우리 가족이었다. 가족에 대한 내 태도는 지금 생각하면 상당히 이기적인 구석이 있었다. 막내인 나는 무엇인가를 해주기보다 받는 위치였고 내가 어디서 무엇을 하던 우리 가족이 나를 지켜주리 라는 굳센 믿음이 있었다. 어쨌든 나의 가족에 대한 집착은 의존과 동의어였다. 내가 시위 주동을 한다면 나는 그 의존의 끈을 놓아야 한다. 가족의 보살핌 없이 내가 홀로 살아갈 수 있을까. 아주 조금은 나로 인해 겪을 우리 가족의 고통 때문에 가슴이 저렸다. 그러나 나는 일부러 그런 마음은 마음 저 구석에 감춰 두고 새어나가지 못하도록 단단히 묶어 두었다.

유치장에 들어간 이후 절망적이며 허탈했던 아버지의 표정과 현장

검증 때 보았던 오빠의 주눅이 든 태도, 형사들에게 양팔을 잡힌 채 내방으로 들어가던 나를 보며 이게 무슨 일이고 하던 할머니의 놀란 얼굴, 늘 그렇듯 평온한 표정이었지만 하염없이 나를 바라보던 엄마의 표정이 못내 나를 괴롭혔다. 나는 나도 모르게 숙에게 차라리 내가 고아였으면 좋겠다 라고 말했다. 숙은 곧 풀려났고 우리 아버지를 만났다. 그런데 숙은 아버지에게 내가 고아였으면 좋겠다고 말했다고 전했다. 지금 생각해도 이상한 일이다. 숙은 왜 아버지에게 그런 말을 한 것일까? 내가 차라리 고아였으면 좋겠다 라고 말한 이유는 나의 시위주동이 우리 가족에게 준 충격과 고통이 너무 커서 그 고통을 줄 사람들이 아예 없었으면 좋겠다는 의미였다. 그런데 그걸 다른 사람도 아니고 아버지에게 말하면 어떻게 하겠다는 것인가. 그 말을 듣고 우리 아버지는 얼마나 서운하셨을 것이며 얼마나 배신감을 느끼셨을까. "고아 였으면 좋겠다"는 내 말은, 마리아에게 "나는 당신의 아들이 아니다" 라고 했던 예수의 말과 일맥상통하는 것이었다.

나는 사상의학으로 보면 소음인이다. 소음인은 내성적이며 소극적이고 고집이 센 성격이다.

나는 어렸을 때부터 한번 앙심을 품으면 잘 풀지 않는 성격이었다. 생각해보면 대학교 때 품은 첫 번째 앙심이 숙에 대한 것이다. 막내딸이 구속 수감되어 충격을 받은 아버지에게 어떻게 그런 말을 전할 수 있었을까. 거두절미하고 그런 말을 왜 전한 것일까. 석방 후 아버지에게 핀잔을 듣고 숙을 만나서 따지려고 수소문해보았으나 연락이 닿지 않았다. 두고두고 궁금했다. 20년 쯤 후에 숙을 만났을 때는 동그랗던 얼굴이 길어져서 그것에 놀라 물어볼 타이밍을 놓쳤다. 남과 남 사이를 이간하는 말은 죽을 때까지 생물처럼 팔딱팔딱 살아 움직이지만 부모와 자식은 그렇지 않다. 아버지는 딱 한번 숙이 그런 말을 하더라고 하실 뿐 다시는 입 밖에 내지 않으셨다.

 아버지는 내가 구치소로 이감되자 매일매일 하루도 거르지 않고 면회를 오셨다. 일요일엔 면회가 안 되었으므로 월요일엔 늘 첫 번째로 나를 만나러 오셨다. 내가 일주일에 한번만 면회 오세요라고 말하면 아버지는 안 된다 면회는 운동이야 교도관이 운동시키기 위해서라도 매일매일 면회를 와야 한다고 하더라 하셨다. 면회를 마치고 내 방에 들어오면 사과 한 알, 계란 두 알이 들어와 있었다. 아버지는 매일 사과 한 알, 계란 두 알을 사식으로 넣어주셨다. 그리고 매일매일 먹었나 안먹었나 확인하셨다. 이상하게 나는 '사과 먹었나, 달걀 먹었나' 아버지가 물어보면 거짓말을 할 수가 없었다. 가끔 계란을 하나밖에 못 먹은 날에는 면회시간 내내 영양실조 운운하며 설교를 늘어놓으셨다. 달걀은 완전식품이고 교도소 밥은 부실하니 달걀 두 개는 먹기 싫어도 꼭꼭 씹어 먹어라, 비타민C가 필요하니 사과는 두었다가 아침에 먹어라, 아침에 먹어야 사과는 소화가 잘 된다. 나는 7, 8살 때 사과를 먹고 체해 죽을 고생을 한 일이 있었다. 지금도 별로 사과를 좋아하지 않는다. 사람 마음이 신기한 것이 사과 먹으라고 포크에 찍어 억지로 먹게 하는 사람이 속으로 밉다. 누군가 억지로 사과를 먹게 만들지 않는 한 나는 자발적으로 사과를 먹지 않는다. 그건 감옥에서도 마찬가지였다. 그런데 나는 아버지가 넣어주신 사과를 매일 꼬박

꼬박 먹었다. 내가 석방된 날 언니들이 와 피부가 너무나 뽀예졌다, 그래 너는 원래 피부가 희었어. 매일 시위한다고 햇볕 받고 뛰어다녀서 네 얼굴이 검어 진거야 말했었는데 아마도 아버지가 넣어주신 사과 한 알의 기적이 아니었을까 싶다.

    내가 석방되던 날 대부분의 다른 수감자들은 석방의 기쁨에 들떠 시간이 어떻게 가는 줄 모른다거나 시간이 왜 이렇게 더디게 가느냐 했다는데 나는 정말 구치소 문밖을 나가기 싫었다. 구치소에 있고 싶은 것은 아니었지만 아버지를 대면하려니 겁이 났다. 아버지가 매일 매일 면회 오셨다고는 하지만 면회는 어디까지나 두꺼운 유리창을 두고 이루어지기 때문에 아버지를 대면했다고는 보기 어려웠다. 그런데 막상 아버지를 대면했을 때 어떻게 해야 할까. 수감될 때 압수되었던 옷을 돌려받아 입고 구치소문을 향해 걸어갔다. 이제 5분 후면 나는 자유다 생각하니 날아갈 것 같았다. 그러나 구치소 육중한 철문에 다가가면서 도대체 아버지에게 첫 마디로 어떤 말을 해야 될지 몰라 안절부절못했다. 철문이 열리고 다른 석방자들과 함께 내가 문을 나섰을 때 아버지, 언니, 오빠들, 형부들이 와있었다. 아버지가 내게 다가와 두부를 건네주었다. 나는 두부를 먹기 전에 아버지 죄송합니다. 절 용서해주실 수 있겠어요 하고 말했다. 그때 내 목소리가 왜 그렇게 건조했는지 모르겠다. 아버지는 기쁨이 가득한 눈동자로 고개를 끄덕이셨다. 집에 돌아온 이후 나는 아침 7시면 어김없이 눈을 떴고 저녁 9시가 되면 잠을 잤다. 구치소 때가 벗겨지지 않아 일상생활에 적응하기 힘들었다. 몇 달 동안 아버지는 잠든 내 얼굴을 바라보며 으그 불쌍한 것하며 혀를 찼다. 그러나 오래가지 않았다.

1980년대까지 연좌제가 살아있었다. 데모 학생의 가족들은 여러 가지로 불이익을 많이 당했다. 특히 공직에 몸담고 있던 데모 학생들의 가족은 옷을 벗거나 진급에서 떨어졌다. 현역이던 막내삼촌 때문에 혼자 조마조마 했다.

구치소에서 나온 뒤 내게는 데모학생이라는 딱지와 함께 제적학생이라는 딱지가 붙어 다녔다. 도대체 내 신분이 뭔지 알 수가 없었다. 취업을 해보려 해도 받아주는 곳이 별로 없었다. 유일하게 취업할 수 있는 곳은 사회과학 출판사였는데 출판사 취업은 하늘의 별 따기였다. 전두환 정권에 반대하는 시위주동 학생의 숫자가 천명을 넘어선 상태였다. 그들 대다수가 취업의 길이 막혔기 때문에 사회과학 출판사로 몰려들었다.

어느 날 아버지가 내게 신문 광고를 오려 건네주었다. 출소 후 서너 달 지난 시점인 것으로 기억된다. 신문 광고는 두 개였는데 하나는 YJ주식회사 직원모집 공고였고, 다른 하나는 모 출판사 편집 직원 모집광고였다. YJ는 물컹물컹한 고무재질로 만든 장난감 거미를 만드는 곳이다. 당시 일시적으로 아이들에게 인기를 끌고 있는 제품이었다. 물컹물컹한 거미를 평평한 벽면에 던지면 거미가 벽면을 타고 내려오는 꼴이 여간 신기하지 않았다. YJ라는 회사의 사무직이 무슨 업무를 하는지도 알기도 어려운 데다가 나는 사회과학 출판사에 취직하고 싶은 생각이 컸으므로 마음이 내키지 않았으나 아버지의 권유를 무시할 수가 없었으므로 YJ에 이력서를 보냈다. 얼마 후 서류 심사에서 낙방했지만 예비로 대기해 달라는 모호한 편지를 한통 받았다. 사회과학 출판사에 이력서를 냈고 면접을 보러오라는 통보를 받았다. 면접 당일 출판사에 도착한 나는 깜짝 놀랐다. 2명을 뽑는다는데 면접 응시자들이 100명이 넘었다. 지원자가 너무 많아 1부, 2부, 3부로 나눠 면접을 본다고 했다. 당연히 떨어졌다. 나중에 알고 보니 내 친구의 남자친구가 그 출판사로부터 이미 합격 통지를 받은 상태였다. 그는 출판사 사장으로부터 합격언질을 받고 형식적으로 면접을 보았노라고 술자리에서 아무렇지 않게 얘기했다. 뿐만 아니라 2명을 뽑기로 하였으나 사정이 여의치 않아 자기 한명만 뽑았다고 덧붙였다.

불공정경쟁에서 이긴 내 친구의 남자친구는 의기양양하게 자신의 성공담을 늘어놓고 있는 거였다. 나는 그 사기면접에 나도 응했었다고 말할까 잠시 생각했지만 하지 않았다. 지나간 일에 대한 내 분노를 표출했을 때 현재의 결과가 시정될 수도 없거니와 내 정서에도 도움이 되지 않을 것 같았다. 사기 면접이라는 것을 떠올리는 것만으로도 불쾌한데 입 밖에 내미는 순간 분노가 치밀어 올라 내 친구의 남친을 향해 어떤 말을 할지 몰랐다.

또 이런 경우도 있었다.

어린이 잡지 기자 모집 공고와 모 출판사 모집 공고가 나서 이력서를 지참하고 면접을 보러갔다. 각각 세 군데 잡지와 출판사에 면접을 보러 갔는데 면접 장소에 도착해서보니 그 잡지가 그 출판사고 그 출판사가 공고에 들어있던 다른 잡지사였다. 한 곳에서 한 명의 직원을 뽑으면서 마치 세 군데에서 세 명을 뽑는 것처럼 신문에 쪽 광고를 냈던 것인데, 지금도 그들이 왜 그런 짓을 했는지 가늠할 수가 없다.

한 번은 엄청 분통 터지는 일도 경험했다. 제법 규모가 있는 출판사에서 어린이용 과학도서 전집을 만들기 위해 직원을 뽑는다고 면접에 한번 응시해보지 않겠냐고 선배로부터 연락이 왔다. 나는 이미 입사 면접의 쓴맛을 다각도로 맛본 터라 별로 내키지 않았다. 심드렁하게 전화를 받고 선배의 얘기를 들은 뒤 무심코 전화를 끊었다. 다시 면접 볼 에너지가 충전되어 있지 않았다. 며칠 뒤 다시 그 선배가 전화를 걸어 편집 책임자와 이야기를 해두어서 90% 가능하니 꼭 면접을 보러가라고 연락이 왔다. 다른 출판사 면접에서 불공정한 일을 당한 내가 누군가에게 불공정행위를 하게 된 상황이 아닐까. 걱정이 되었다. 나는 선배에게 면접을 몇 명이나 보냐고 물었다. 선배는 비공개 인원 충원이니 걱정하지 말라고 답해주었다.

당시 나는 매우 말라있어서 저녁에 물을 많이 먹고 자야 아침에 얼굴이 좀 봐줄만 했다. 아침에 일어나서도 뜨거운 물을 두 컵이나 먹고 연하게 화장을 한 뒤 샤넬 라인 스커트까지 차려입고 해당 출판사로 면접을 보러갔다. 키가 나만하고 머리가 살짝 벗겨지기 시작한 30대 초반의 남자가 내가 편집장입니다 라고 말하며 내 앞에 나타났다. 그는 나를 유심히 살펴보더니 엉뚱한 말을 늘어놓았다. 이러쿵저러쿵 자기 과거의 추억들을 일방적으로 쏟아 놓는 것이었다.

자신은 73학번 이며 학내 시위주동으로 감옥을 갔다 왔고 그래서 후배들에 대해 애틋한 마음이 있다는 뭐 그런 얘기였던 것 같다. 입사 면접 보러 와서 시위주동이 어떻고 후배에 대한 애틋함이 어떻고 이런 얘기를 듣게 될줄 나는 미처 예상치 못했다. 조금 멍한 표정으로 그 편집장을 물끄러미 바라보기만 했다. 그는 말이 많았다. 심지어 내가 키가 몇 센티이냐고 까지 물어보았다. 그의 잡다한 말에 지쳐있던 나는 혼자 생각했다. 입사 시험 보는데 키가 몇 센티냐고 물어보는 건 뭐지? 그는 나중에 소설가로 잠깐 성공했다가 사라졌는데 작가적 통찰력 때문이었을까. 독심술을 쓴 듯 그가 혼잣말을 덧붙였다. 하긴 키까지 묻는 긴 좀 무리인 것 같죠. 그 후로도 한참동안 그는 나에 대한 쓸데없는 것들을 물어보았고 속으론 부아가 치밀었지만 취직 한번 해보려고 나는 꾹 참고 면접을 마쳤다. 면접을 마치고 집에 돌아왔는데 그 출판사를 소개해준 선배로부터 다시 전화가 걸려왔다. 다짜고짜 선배는 그 편집장이 네가 마음에 드는 모양이다. 너 그 출판사 들어갈 것 같은데... 대개 이런 소리를 들으면 기쁨의 함성을 지를 것 같은데 순간 나는 그 말 많은 편집장과 일하게 된다고 생각하니 한숨부터 나왔다. 그리고 뭔가 찜찜한 마음이 들어서 가족들에게 출판사 면접 이야기나 합격 가능성이 높다는 이야기를 하지 않았다. 다음날 아침 일찍 편집장으로부터 연락이 왔다. 오전 10시까지 출판사로 나오라는 것이다. 출판사에 도착해 편집실로 들어갔는데 그 편집장이 없었다. 대신 여직원이 쪼르르 달려나오더니 편집장님께서 요 앞 찻집으로 오라고 했다며 쪽지를 건네주었다. 이건 또 뭔 시추에이션인가. 왜 찻집에서 보자고 하지 생각하니 언짢은 기분이 들었다. 하지만 요즘말로 을인 나는 다른 선택지가 없었다. 오라는 찻집에 도착하니 편집장이 구석에 앉아 담배를 피고 있었다. 내가 목례를 하고 자리에 앉자 편집장이 물끄러미 바라보았다. 눈빛이 예사롭지 않았다. 순간 나는 떨어졌구나 생각하고 빨리 집에 가야지 하는 생각밖에 나지 않았다. 그 편집장이 한숨을 푹 쉬더니 입을 열었다.

"내가 결정하면 민희씨는 우리 출판에서 함께 일하는 거예요. 그런데..."

역시 예상치 못한 말이 편집장의 입에서 튀어나왔으므로 나는 슬며시 짜증이 났다. 어쩐지 핀트가 안 맞고 있다는 느낌이 들었다. 나도 모르게 눈이 동그래졌을 거다. 나는 상대방이 비상식적인 태도를 취하거나 말이 안 되는 말을 하면 나도 모르게 눈썹을 치켜 올리고 상대방을 쏘아보는 버릇이 있다. 아마 그때 내가 그랬을 거다.

"뭘 그렇게 토끼눈을 하고 봐요? 정말 눈이 맑고 예쁘게 생겼어." 라고 편집장이 중얼거렸다. 짜증이 북받쳐 올랐다. 그는 내 상태는 아랑곳하지 않고 말을 이어갔다.

"민희씨가 우리 출판사에 들어오긴 너무 아까워..." 그는 한동안 말을 잇지 않고 담배만 뻑뻑 피어댔다. 도대체 지금 이자는 무슨 말을 하고 있는 것인가. 무슨 출판사 하나 들어가는 게 이렇게 복잡한가. 저런 이해하기 힘든 태도와 말을 견디고 있어야 하나. 자리를 박차고 일어나야 하는데 왠지 그러지 못했다. 그 순간 나는 슈퍼 을이었다. 갑자기 그가 아련한 표정을 짓더니 말을 이어갔다.

"민희씨 나하고 사귀면 안 돼요? 내가 인맥은 넓으니 다른 출판사 소개시켜줄 게. 사장님도 민희씨를 뽑아도 좋다고 했지만...내가 안되요."

그 순간 내가 느낀 모멸감은 뭐라 할 수 없을 만큼 컸다. 세상에 어떻게 저런 추잡한 인간이 있을까. 그래도 나는 자리를 박차고 일어나지 못했고 그가 하루만 생각해보고 다시 만나자라고 말을 마무리 했을 때 고개를 까닥하며 인사를 하고 찻집을 나왔다.

버스를 타러 가는데 뒤에서 누군가 나를 불렀다. 편집장이었다. 그는 나를 쫓아오며 버스 정류장까지 바래다주겠다, 진심으로 민희씨가 유능한 사람인 걸 안다, 정말 놓치고 싶지 않은 사람이다, 데이트는 나와 하고 직장은 다른 출판사로 정하면 얼마나 좋겠냐 등등 말을 늘어놓았다. 순간 참았던 말들이 내 입에서 쏟아져 나왔다. 편집장님 지금 뭐 하시는 거예요? 취업을 미끼로 이렇게 후배를 우롱해도 되는 거예요? 저 그 출판사 안 들어가도 되고, 출판사 소개 안시켜 줘도 돼요. 오늘 내가 당한 이 모멸 정말 잊지 못할 거예요. 쏜살같이 말하고 나는 버스정류장으로 뛰어갔다. 그가 나를 부르는 소리가 들려왔다. 그 목소리가 그렇게 찐득찐득하고 불쾌하게 느껴질 수 없었다. 버스에 올라탔다. 차창 밖 너머에 그가 서 있는 것이 보였다. 버스가 출발하자 그는 뒤돌아서서 고개를 푹 숙인 채 걸어갔다. 나는 정말 취업과는 인연이 없나 보다. 지금 생각하면 그는 작업을 건 것이고 나에게 거절당한 것이었다.

역시 송충이는 솔잎을 먹고 살아야하나 보다. 나는 다시 위장취업을 해야겠다고 결심했다. 그리고 한 우물을 파지 않고 애먼데 취직하려다가 끈적끈적한 봉변만 당했구나 생각하며 계획을 짰다. 나는 대학교 4학년 1학기에 구로공단에 취업한 일이 있었는데 생산직에서 몇 달 일한 어느 날 경리과장이 경리과 사무직으로 옮겨 자기 밑에서 일하라는 집요한 권유를 이기지 못하고 퇴사한 일이 있다. 나는 생산직에서 일하며 노동자들과 스터디를 하고 인간관계를 잘 맺어 노조를 만들어야 하는데 경리과장은 집요하게 나를 쫓아다녔다. 고등학교까지 졸업했는데 왜 생산직에 있으려고 해. 도저히 생산직에 있어선 안 되는 사람이야 라고 그는 말했다, 그는 나를 경리과 사무실로 불러 주판을 배우라며 일장 훈계를 늘어놓는가하면 내가 라인에서 일하고 있으면 내 뒤에 다가와 내 목을 꼬집기도 했다. 그렇게 한 달 정도 참다가 도무지 견딜 수가 없어 경리과장을 쨰려보며 도대체 나한테 왜 이러는 거예요. 우리 아버지한테 이를 거예요 해버렸다. 그런데 아뿔싸 우리 아버지한테 이를 거예요 라는 말을 해버리고 나니까 아버지한테 너무 미안했다. 그리고 아버지한테 말할 수도 없었다. 아버지는 내가 공장에 다니고 있다는 사실을 모르셨기 때문이다. 한쪽 다리가 불편했던 경리과장은 순간 요것 봐라하는 표정이 되더니 이내 눈가에 웃음이 가득 찼다. 경리과장 면전에서 눈을 동그랗게 뜨고 대든 것은 그 공장 역사상 내가 처음이자 마지막 여공이었을 것이다. 경리과장이 사라지자 같은 라인에서 일하는 반장이며 시다들이 나를 격려해주었다. 속이 시원하다는 것이다. 그 뒤 며칠 못 버티고 공장을 그만두었는데 석 달 일하고 육만 칠천 원을 받고 나왔다. 그 다음 염색공장으로 옮겼는데 염색공장 공장장은 나를 보자마자 염색일이 엄청 힘들어. 버틸 수 있겠어 하며 생산라인으로 나를 안내했다. 염색공장은 한마디로 끊임없이 빨래를 하는 곳이다. 빨래를 하는데 세탁기가 아니라 냇가에서 빨래를 하듯 형형색색의 물감이 들어있는 끓는 물에 천을 담갔다가 꺼내고 다시 담기를 반복한다. 돌아보니 그 생산라인에는 젊은 여성은 단 한명도 없었다. 얼핏 보아도 40~50대 아줌마가 주였고 그 이상의 연령대도 없었다. 공장장은 민희씨가 우리 공장에 입사하면 분위기 좋아지겠는데 하면서 버틸 수 있겠으면 내일 와보라고 했다. 공장장이 씨익 웃었다. 나는 섬유공장에서 경리과장의 직접거림 때문에 공장에서 퇴사한 뒤 일종의 성추행이라고 해야 할 50대 남성들의 끈적한 태도에 진저리를 치고 있었다. 공장장이 내일 와보라면서 씨익 웃었을 때 갑자기 등골이 오싹한 느낌이 들었다. 그리고 나는 염색공장에 다시는 가지 않았다.

전자공장에 들어갔다. 트랜지스터라디오의 부품을 만드는 공장이었는데 내가 배정된 라인에서는 부품의 형태를 찍어내는 일을 했다. 나는 종일 기계를 상하로 움직여야 했다. 8시간 정도 일을 하고나면 어깨가 빠질 것 같았다. 힘든 거야 각오한 일이지만 자꾸 부품의 짝이 바뀌었고 불량이 나와서 핀잔을 들었다. 100개를 찍으면 50개 이상이 불량이었다. 너처럼 일 못하는 애는 처음 봤어. 도대체 너 어디서 굴러먹다 온 거야. 차라리 빠져. 노골적으로 비아냥거리는 소리를 들으며 한 달 정도 버텼다. 대게 한 달 정도 다니면 불량이 10%이하로 줄어든다고 했는데 나는 불량이 60%로 늘어났다. 이럴 줄 알았다면 아령도 들고 역기도 들어서 어깨근육을 키워둘걸, 아무 준비도 없이 노조를 만들어보겠다는 관념적인 목표를 가지고 섣부르게 공장에 들어온 나 자신을 얼마나 원망했는지 모른다. 내가 4학년 2학기에 시위

주동을 택한 것은 그때 위장 취업의 경험으로 나는 도저히 공장생활에 적응한 뒤 노조까지 만드는 그 고난이도 작업을 할 깜냥이 못된다는 성찰(?) 때문이었다. 그 당시엔 왜 나는 이렇게 일을 못 할까 자책도 많이 하였으나 지금 생각하면 적성이 안 맞았을 뿐이다.

　이번에 공장에 들어가면 살아남고 노조도 결성해야겠다고 굳게 결심한 나는 섬유공장에서 미싱사들에게 구박받던 기억이 떠올라 미싱을 배우기로 결심했다. 문제는 미싱을 배우려면 학원을 다녀야했는데 미싱을 배울 테니 학원비를 지원해달라고 부모님께 얘기할 수가 없었다. 아버지는 영어학원에 다니라고 성화셨는데 갑자기 내가 미싱을 배우겠다고 하면 뭐라고 하시겠는가. 나는 매일 신문을 뒤졌다. 그러던 어느 날 초보 미싱사 구함이라는 광고가 눈에 들어왔다. 광고에 박혀있는 전화번호로 전화를 걸어 이것저것 물어보니 한시라도 급하니 어서 나와 달라는 것이었다. 나는 학원비도 아낄 겸 겸사겸사 다음 날 바로 그 홈패션 사업장으로 달려갔다. 홈패션 사업장 주인은 여자였다. 나름 인텔리처럼 생긴 여자가 나를 보더니 이렇게 말했다. 아니 이런데서 일할 아가씨 같지 않은데. 시집갈 준비 하는 거야? 나는 집 안이 어려워 내가 돈을 벌어 부모님을 부양해야 한다고 천연덕스럽게 거짓말을 했다. 여주인이 미싱은 얼마나 다뤄보았냐고 물어서 나는 한 달 정도 미싱을 다루어 본적이 있다고 거짓말을 했다. 나는 섬유공장에 다닐 때도 시다여서 옷감에 일련번호 적는 일을 했을 뿐이다. 한없이 미싱사를 부러워하며 미싱질을 어깨너머로 본 것이 전부였다. 어깨너머로 본 기간이 굳이 따 지면 석 달이다. 다짜고짜 여주인이 저쪽 구석에 놓인 미싱 앞으로 가서 작업을 하라며 나에게 천을 내밀었는데 아마도 베개를 만드는 본이었던 것 같다. 나는 가슴이 철렁 내려앉았다. 연습할 시간도 안주고 갑자기 제품을 만들라니. 이게 사람에 대한 도리인가, 결국 그 작업장에서 두 시간 만에 쫓겨났다. 여주인은 내게 화를 냈다. 한 번도 미싱을 타보지 않은 아가씨군. 아이고 시간 낭비했다. 재수 없다며 나를 쫓아냈다. 전날 나는 엄마 몰래 시장에 나가 새 블라우스를 사서 입었는데 이 블라우스를 입으면 미싱사처럼 보일 수 있을지 모르겠다는 내 기대가 산산조각 나버린 순간이었다.

그런데 집에 돌아와 나는 기적 같은 경험을 했다. 어떻게 알았는지 아버지가 나를 반겨주시는 거였다. 내가 미싱 일을 해서라도 돈을 벌라고 했다며 기특해 하셨다. 내가 눈물이 글썽글썽해 집으로 들어가자 아버지는 파안대소 하셨다. 내 이럴 줄 알았다, 한 시간 버티면 다행이다 싶었다, 그런 정신이 중요하다, 고개를 끄덕이셨다. 나는 어리둥절했다. 아버지는 내가 취직 하려고 여기저기 애쓰고 있다는 사실을 알고 계셨기 때문에 그제서야 왜 ○○ 출판사에 못 들어갔는지를 솔직히 말씀드렸다. 아버지는 '이놈에 자식을 가만히 안 두겠다'며 당장 쫓아갈 태세였다. 그때 엄마가 옆에서 말했다. 이 아이가 삼재가 들었어요. 지난해, 올해, 내년까지 삼재가 들어서 얄궂은 일을 겪는 거예요. 남 탓할 것 없어요.

제적학생으로 지내면서 정체성이 불분명한 상태에서 산다는 것이 얼마나 힘든 일인지 뼈저리게 느꼈다. 나는 학생인가. 제적되었으니 고졸의 사회인인가 아니면 대학중퇴생인가. 사실은 시국사범이었기 때문에 어떤 의미에서 나는 사회생활에 관해서는 제외된 자였다. 그리고 딱히 무엇하나 하지 못하는 상태로 시간만 죽였다. 실업자인 것이 실업자 아닌 듯도 하고 처량해 보이는데 투사 같기도 한 나의 존재는 집안에서 뜨거운 감자였다. 다행히 그 다음해 학원자율화조치가 발표되고 데모 학생들에 대한 복학허용조치가 내려졌다.

복학하고 안 하고를 개인적 결단에 맡겼다면 그렇게 언론에 두들겨 맞지 않아도 됐을 터인데 각 대학교 별로 복학생협의회가 만들어졌고 복학에 관한 논의가 시작되었다. 복학은 전두환 군부정권에 대한 굴복이라는 과격한 주장에서부터 복학해 학생운동에 활력을 불어넣어야 한다는 주장, 복학하고 안 하고는 개인의 문제이니 각자 알아서 하자는 주장까지 제기되었다.

우리 집에서도 논란이 벌어졌다. 어머니와 아버지가 복학을 두고 입장이 엇갈리셨다. 어머니는 이대 중퇴의 학벌이면 여자로서 어디 내놔도 부끄럽지 않다며 복학하지 말고 좋은 혼처를 찾아 시집보내자고 강력하게 주장하셨다. 어머니의 대전제는 복학하게 되면 다시 내 친구 A, B, C와 내가 어울릴 것이고 다시 데모에 가담해 영원히 재야 운동권의 멤버로 고단한 삶을 살 것이라는 것이었다. 복학생 싸움 과정에서 나는 엄마의 강력한 의견으로 선도 두세 번 봤다. 엄마는 어디에서 그렇게 우리나라 최고 학벌에 좋은 집안 괜찮은 남자를 골라 오는지 몰랐다. 다 괜찮은 상대였다. 맞선을 본 그들에게 마음을 열어줄

순 없었지만 그들과의 만남이 나쁘진 않았다. 나는 가난한 고학생에 대한 환상이 있었다. 유복한 집안에서 편안하게 대학을 다니는 남학생들에게는 연애감정이 일지가 않았다. 그런데 좋은 조건에서 잘 자란 남성들도 나름의 매력이 있다는 것을 그때 알게 되었다.

아버지의 의견은 이랬다.

"데모를 다시해도 좋다. 감옥에 다시 가도 좋다. 대학 졸업장만은 꼭 따야해, 대학 중퇴로는 아무것도 할 수 없어 나중에 네가 정신차린 다음 뭔가를 해보려 해도 절대로 할 수가 없다."

나는 아버지의 말이 무슨 뜻인지 몰랐다. 다만 복학해서 학생운동을 계속하고 싶었기 때문에 아버지의 뜻을 따랐다. 엄마는 저 영감이 늙어서 분별력이 없어진 게다. 그깟 졸업장이 무어라고 사지로 애를 몰아넣으려고 하는가 하며 못내 걱정을 놓지 않으셨다.

엄마 말이 옳았다. 나는 제적학생 신분으로 살면서 군부독재 종식이라든가 민주화운동으로부터 약간 마음이 소원해져 있었다. 그런데 복학을 하고 다시 학교에 돌아가서 친구들을 만나자 다시 민주화에 대한 의무감과 역사에 대한 소명의식이 되살아났다. 김근태 선배가 의장이었던 민주화운동청년연합에도 가입했다. 복학생 환영식을 비롯하여 복학생들 모임에도 적극적으로 나갔고, 후배지도를 해야 했으므로 세미나 공부도 열심히 했다. 책이란 신기한 것이다. 내가 대학교에 들어가 새내기 때 읽었던 책이 대학교 3학년 때 후배지도를 위해 다시 읽었을 때 전혀 다른 측면이 읽혀졌었다. 시위 주동을 하고 감옥에 갔다 와 복학한 다음 후배들을 만나기 위해 같은 책을 읽었을 때 그 책이 주는 메시지가 또 달랐다. 나는 같은 책을 되풀이해서 읽는 습관이 있는데 이는 아마도 학생 운동시절에 반복 독서의 오묘함을 깨달았기 때문일 거다.

복학하고 다시 공장에 위장취업을 했다. 위장취업을 할 것인가 시위주동을 할 것인가를 두고 고민하다가 시위주동 쪽을 택했던 내가 다시 공장에 들어가게 된 것은 순전히 세미나 때문이었다. <서양경제사론>, <자본주의 경제의 구조와 발전>, <변증법적 유물론 비판> 등등의 책들을 다시 꼼꼼하게 읽어보니 역시 자본주의 사회 변혁을 일으킬 수 있는 동력은 공장에만 있었다. 깨어난 노동자들의 조직화가 변혁운동의 동력이라고 다시금 판단되었다.

전자공장에 출근하는 첫날 엉뚱하게 나는 이런 생각을 했다. 내가 나와 같은 딸은 둔 엄마였다면 나는 어떻게 했을까? 엄마가 옳고 아버지가 틀렸다 싶었다. 엄마 말대로 복학하지 않았다면 친구들을 만나기 어려웠을 테고 고립되어 있다 보면 사람의 생각이란 바뀌기 마련인 법이다.

다른 한편으로 솔직히 고백하자면 나는 학생운동권의 룸펜 문화가 싫었다. 내 별명은 시간 엄수였다. 그런데 써클 세미나 시작시간이 규칙적이지 않았고 다들 약속을 지키지 않았다. 당시 우리들은 소시민적 습성을 규칙엄수, 깔끔한 복장, 예의바른 태도, 공손한 말투, 단정한 머리, 가족 이기주의 등으로 규정하고 그 때를 벗기 위해 몸부림쳤다. 지금 돌이켜보면 참으로 우스운 일인데 세미나 시간을 칼같이 지키던 나는 늘 운동성이 약한 것으로 치부되어 열외였다.

여성운동이 발화하기 시작했다. 한번은 써클에서 '나의 20년 이라는 주제로 자기 고백을 하는 시간을 가졌다. 나는 맨 마지막 순서였다. 20명 남짓 서클원들이 모여 있었다. 앞서 고백한 19명 전부가 결혼을 하지 않고 여성운동가로 꿋꿋하게 살겠다고 다짐했다. 맨 처음 고백을 한 친구가 아이를 낳지 않겠다고 했을 때 저 아이는 왜 저럴까 나는 생각했는데 둘째, 셋째, 열아홉 번째까지 똑같이 말하자 나는 머릿속이 헝클어져버렸다. 나는 우리 집이 좋았고 행복했기 때문에 반드시 결혼을 할 것이며 아이를 여럿 낳겠다고 결심하고 있었기 때문이다. 학생운동 이후 사회운동을 하는 것과 결혼해서 아이를 낳아 잘 키우는 것은 물리적으로 혹은 경제적으로 병립하기 쉬운 일은 아니겠지만 대립하는 것으로 받아들여지지 않았다. 19대 1로 맞서 논리를 펼치는 것이 두려워서 나는 아무 말도 하지 않겠다고 했다. 하지만 말하지 않는 자유가 보장되어 있지 않았다. 그럴 때 적당히 얼버무리고 결혼이나 아이문제는 언급하지 않고 넘어갈 수도 있었을 거다. 그런데 나는 살아오면서 단 한 번도 어떤 상황을 모면하기 위해 내 생각을 말하지 않고 적당히 넘어간 적이 없었다. 아주 어렸을 때부터 그랬다. 그런 태도 때문에 중고등학교 때 잠시 왕따가 된 적이 있었음에도 어쩐지 내 생각이 아닌 것 혹은 내 생각을 숨기는 것을 나는 용납할 수 없었다. 만일 내가 그런 식으로 처신한다면 내가 싫을 것 같았다. 나는 내가 너무 좋았고 소중했기 때문에 나 자신을 속이기 싫었다. 만일 내가 이 순간의 어려움을 모면하기 위해 적당히 넘어간다면 내가 싫어질 것 같았다.

"어쩌고저쩌고... 저는 반드시 결혼을 할 것입니다. 남자친구도 있습니다. 아이도 10명 낳는 것이 목표인데 어쨌든 낳을 겁니다. 30살이 될 때까지만 민주화운동을 할 것입니다. 이후에도 가능하면 올바르게 살도록 노력하겠습니다."

내 말이 떨어지자 갑자기 분위기가 싸해졌다. 그렇게 10~20초 정도 침묵이 흘렀을까. 여기저기서 피식피식 웃음이 터졌다. 나는 그 웃음의 의미를 너무나 잘 알고 있었다. 선배 하나가 눈에 웃음을 가득 담고 내 무릎을 툭 치며 말했다. 애 10명 낳아 키우다보면 아무 것도 못해. 무슨 결혼을 하고 애까지 낳아 키우면서 민주화운동을 한다고 그래? 뭐 그런 류의 비웃음들이 잠시 오갔다. 역시 캡틴은 캡틴이었다. 우리 서클회장인 선배가 입을 열었다. 왜 새내기 기를 죽이고 그래. 결혼도 하고 아이도 낳고 운동도 계속하고 그게 뭐가 나쁘니... 어쨌든 나로 인해 흐트러진 분위기는 이후 다시 잡히지 않았고 기억은 잘 나지 않지만 특히 새내기들의 표정이 뒤숭숭했던 것은 기억에 남아있다. 나를 제외한 19명은 이후 어떻게 되었을까. 그 중 17명이 결혼해 아이를 낳았다. 1명은 돌싱으로 자유를 만끽하며 살고 있고 1명은 결혼하지 않았다. 결혼하지 않은 1명도 이후 사회운동에 헌신하지 않았다.

이후로 나는 우리 서클에서 스스로 왕따였다. 커다란 양동이 속에 물이 채워져 있고 그 위에 기름이 동동 떠다니는 것 같은 이질감 때문에 나는 학생운동 하는 것이 유쾌하지 않았다. 그랬기 때문에 더욱 규칙을 엄수했고 세미나 준비도 철저하게 해갔으며 친구들에게 다가가려고 애썼다. 그렇게 하다 보니 지진아였던 내가 4학년이 되었을 때 어느덧 서클의 중심에 서 있었다. 세상일이란 참으로 알 수 없다. 처음이었던 사람이 나중이 되고, 나중이었던 사람이 처음이 되는 일. 그런 일도 세상에서는 가끔 벌어진다. 철들어 성경을 읽어보니 마태복음 20장30절에 "그러나 먼저 된 자가 나중 되고.."하는 구절이 있었다. 가끔 내가 생활속에서 얻은 깨달음이 경전에 이미 나와 있는 것을 알게 된다. 신앙과는 별개로 각 종교 경전은 인류가 얻은 집단적 깨달음의 기록이 아닌가 싶다.

과연 나는 위장취업에 성공해 노조를 만들 수 있을까. 자신이 없었다. 이미 적성에 맞지 않는다고 판단해 덮은 일을 당시 운동권의 노동지향적 분위기에 빠져 재시작하는 것이니 성공 확률은 지극히 낮았다. 그런데 처음 대학교 4학년 1학기에 공장에 들어갔을 때보다 나이가 들어서 그런지 공장생활이 수월했다. 딱히 공장 일을 잘하기 위해 준비한 것도 없었다. 그러나 예전처럼 너처럼 일을 못하는 애는 처음 봤다거나 차라리 네가 라인에서 빠지는 게 도와주는 것이다 라는 말은 듣지 않았다. 아마도 일을 잘해서라기보다는 내가 3살이나 더 나이를 먹었고 감옥까지 다녀와 눈빛이 매서워졌기 때문이 아닐까. 그러나 거기까지였다.

공장에 다니던 어느 날 오른쪽 배가 터질듯 아파왔다. 나는 이렇게 저렇게 아버지에게 거짓말을 하고 안양에 있는 공장 근처 자취방에서 자취를 하고 있었다. 너무나 배가 아파 공장에도 출근하지 못했다. 자취방에 누워있는데 배가 점점 더 아파왔다. 토할 것 같기도 하고 오른쪽 배가 너무 아파서 허리도 펼 수가 없었다. 나는 집에 전화를 걸었다. 아버지가 전화를 받았다. 내 몸 상태를 말하니 아버지가 택시를 타고 빨리 집으로 오라고 하셨다. 나는 택시를 타고 아버지 집에 도착했다. 택시가 이수 사거리 즈음에 도착해 방배동에 진입하자 넓은 도로, 반듯한 빌딩들이 눈에 들어왔다. 내가 자취하고 있던 안양과 방배동은 같은 대한민국이면서 다른 세상이었다. 내 얼굴을 보고 엄마는 깜짝 놀라셨다. 뭐 할라고 회사에 다닌다고 그 짓을 하노. 집에 다시 들어와라 말하셨고 아버지는 이대로 두어선 안 되겠다하시며 나를 병원으로 데리고 갔다. 가까운 외과에 갔는데 기본적인 몇 가지 검사를 하고난 다음 의사가 말했다. 방치하면 곧 맹장이 터질 겁니다. 나는 그 길로 입원했고 맹장수술을 받았다. 맹장수술을 받고 회복하면서 나는 8킬로 가까이 빠져 해골이 되었다. 나는 아침에 일어나 거울을 볼 때마다 얼굴에서 죽음의 형상 같은 것을 보았다. 그래서 거울을 보지 않았다. 아마도 얼굴에 살이 너무 빠져서 골격이 그대로 드러난 모습이 해골 문양으로 보인 것이 아닐까 싶은데. 그때는 나의 얼굴이 끔찍하게도 싫었다.

해직기자 잡지라꼬?

> 모든 것은
> 제때다
> 해가 그렇고, 달이 그렇고
> 방금 지나간 바람이,
> 지금 온 사랑이 그렇다
> 그럼으로 다 그렇게 되었다
>
> 김용택 시
> — 지금이 그때다 中

　퇴원 후 한동안 집에서 요양했다. 그리고 아버지의 권유대로 집으로 다시 들어오기로 했다. 안양 자취방에서 짐을 싸서 집으로 돌아왔다. 이후 집에서 몇 달 지내면서 휴식을 취하자 얼굴에 살도 붙고 건강도 좋아졌다. 맹장수술 이후 나는 계단을 오르기조차 힘든 상태였다. 방배동 집은 이층이었는데 계단이 15개 정도였다. 평소 체중에 비해 8kg이상 빠진 상태였기 때문에 15개의 계단 오르는 것이 내게는 너무나 버거웠다. 역시 엄마 밥이 최고였다. 엄마밥을 먹고 몇 달이 지나자 이층 계단 올라가는 것이 버겁지 않았다. 몸이 약할 때는 의기소침해 졌고 다시 무슨 일을 할 수 있을 것이라는 생각도 들지 않았다. 그런데 몸이 건강해지자 무엇인가를 새로 시작할 수도 있을 것 같은

의욕적인 상태가 되었다

    그러는 사이 졸업이 다가왔다. 1985년 2월 나는 대학을 졸업했고 대학을 졸업하자마자 민주운동협의회에 들어갔다. 해직기자들이 창립한 민주언론운동협의회는 기관지 <말> 창립을 준비 중이었고 <말>지 기자 겸 민언협 간사를 구하고 있었다.

    1975년 유신때 동아일보 백지광고 사태가 있었다. 박정희 유신정권이 야당지였던 동아일보를 길들이기 위해 광고탄압을 했고, 광고를 수주하지 못한 동아일보가 광고란을 백지로 해서 신문을 발행했다. 이후 동아일보는 국민들의 성원으로 국민통합광고를 받았고 동아일보 백지광고 사태와 응원광고는 전 세계 언론사에서 볼 수 없던 한국만의 특이한 저항운동으로 남아있다.

    내 어릴 적 꿈은 기자생활을 하면서 소설을 쓰는 것이었다. 내가 <말>지라는 진보적 잡지에 들어갔다고 하자 아버지는 어느 곳이든 성심성의껏 일하다 보면 뭐가 되도 된다시며 격려해주셨다.

    <말>지 1호 기자는 나, 2호 기자는 정수웅, 3호 기자는 정봉주 전 의원이다. 나는 1985년 1월 민언협에 들어가 <말>지 창간호부터 만들었고 정수웅 씨는 <말>지 2호부터 함께 만들었다. 정봉주 전의원은 1985년 여름에 들어왔으니 아마도 <말>지 3호부터 만들기 시작했던 것 같다. 나는 79학번, 정수웅 기자는 80학번이었다. 정봉주는 <말>지에 들어오자마자 통성명을 하자면서 민중을 까자고 했다. 정봉주는 우리 이야기를 듣고 나더니 나는 외국어대 79학번입니다 라고 말했다. 정수웅은 그를 선배로 대접하며 깍듯이 대했다. 그런데 이

상한 일이 벌어졌다. 당시엔 외대 학보사에서 원고 청탁 등을 위해 자주 <말>지 사무실에 들렀다. 그런데 정봉주 기자가 외대 기자들만 오면 자기가 독점하려드는 것이었다. 내 후배니까 내가 만날게. 두 사람은 좀 쉬어요. 처음에 한두 번은 그냥 넘어갔는데 외대 학보사 혹은 외대 총학 관계자들만 오면 뭔지 모르게 불안해보였다. 나중에 알고 보니 정봉주는 81학번이었다. 아 나는 2년 동안 2학번이나 아래인 정봉주를 동 학빈으로 대접하며 들어줄 수 있는 모든 요구를 들어준 것이다. 정수웅 기자는 재수한 80학번이라 79학번인 나를 선배라고 불렀다. 그런데 81학번인 정봉주 기자에게도 선배하고 불렀다는 사실을 알고 허탈한 표정을 지었다.

정봉주에 관해 가장 기억나는 것은 안기부 따돌리기 프로젝트에 대해서 혼자 몇 시간이고 얘기를 이어간 것이다. 예를 들면 사람 이름을 부르거나 대화할 때 단어의 끝부터 읽고 음절마다 링숑이라는 접미사를 사용하면 그것이 암호가 되어 안기부가 풀기 힘들다는 따위였다. 정봉주라는 이름을 정봉주식으로 암호화하면 주링봉숑정링이 되는 것이다. 안녕하세요. 를 말할 때 요링세숑하링녕숑안링 이라고 말해야한다. 하여간 나는 그를 주링봉숑이라고 불러주었다. 당시 학생운동권의 보안의식은 철저했는데 실제 보안행위가 얼마나 어처구니없는 것인가를 단적으로 보여준 예가 주링봉숑건이 아닌가 싶다. 그는 학내 시위를 주동할 때 빨주노초파남보 7가지 색깔의 유인물을 뿌렸다고 한다. 나중에 정봉주가 <나꼼수> 라는 팟캐스트를 통해 선풍적 인기를 끌었는데 1980년대 중반 엄혹한 시기에도 정봉주의 유머

와 해학은 반짝반짝 빛났다. 나중에 정봉주가 나꼼수로 인기를 얻었을 때 '그의 시간이 왔다'는 느낌이었다. 그는 방송에 적합한 천재적 DNA를 가지고 있는 사람이었다.

<말>지는 1985년 6월 15일 창간호를 발간했다. 당시 민주화운동 진영에서 내는 홍보물들은 좋게 말하면 풋내가 물씬 나는 것들이었지만 나쁘게 말하면 조악하기 그지없었다. 볼품이 없어서 주옥같은 내용들이 잘 전달되지 않았고 때로는 내용이 좋다고 하더라도 과격하고 생경하게 뽑은 제목 때문에 대중에게 어필하지 못했다. 그런데 <말>지는 해직기자들이 만들어 일단 신뢰를 먹고 들어갔고 레이아웃이 세련되었다. 프랑스 잡지를 연상시키는 표지부터 신선했다.

<말>지 창간호가 나오기까지 눈물겨운 하루하루가 필요했다. 당시 <말>지 편집장은 김도연(공동체 출판사 대표, 작고)선배였다. 편집기자로는 나와 우찬재(당시 자유언론대학생기자연합 대표), 이화영(아트디렉터), 장진영(화백) 등이 있었다. 실행위원회가 있었는데 임재경, 신홍범, 박우정, 홍수원, 전진우, 고승우, 최장학, 성한표(존칭 생략) 등의 해직기자들이 위원으로 활동하면서 <말>지 창간호에 옥고를 제공했다. <말>지를 내는 민주언론운동협의회 의장은 송건호(작고) 선생이었고 사무국장은 성유보(작고) 선생이었다. 성유보 사무국장과 김도연 편집장 지휘 아래 해직언론인 선배들의 칼럼과 논평들을 받아 면을 구성했고 나와 우찬재가 현장을 뛰며 생생한 민중들의 목소리를 인터뷰했다. <말>지 창간호에 대우자동차 파업 관련

기사와 사진, 어느 목동 아줌마의 서울 행적을 비롯한 빈민 관련 기사와 사진은 나와 우찬재의 작품이었다. 해직언론인 선배들은 천생 글쟁이였다. 일간 신문의 정치관련 기사 형식에 익숙해진 내게 민주화운동 단체들의 홍보물들이 거칠고 조악하게 다가왔다고 이미 말했는데 똑같은 내용의 주장들을 해직기자들은 설득력 있게 기사체로 써서 완성도가 높은 글로 가져왔다. 제도권 언론의 기자들은 문장이 좋고 형식이 세련되었으나 내용이 형편없었다. 나는 어렸을 적 기자는 권력에 맞서 싸우는 멋진 모습이라 생각했는데 군부독재에 굴종한 기자들 글에서는 언론인 정신이라든가 기자의 결기가 느껴지지 않았다. 그런데 해직기자들의 글에서는 군부 권위주의 정권에 저항하면서도 민주화운동의 합리적 대안을 제시하는 혜안이 있었고 문체는 세련됐으며 간결했다.

    <말>지 실무편집팀을 우리는 스스로 유랑 극단이라 불렀다. 나중에 한 언론인 선배가 극은 하지 않으니 유랑단 이라고 이름을 바꾸어 주었다. <말>지 창간호가 나오기까지 편집할 장소가 없어 이곳저곳을 떠돌며 편집을 했고 그래서 유랑단이라는 이름이 붙여졌던 거다. 처음에 공동체 출판사에서 편집 회의를 하고 편집을 시작했다. 그런 어느 날 김도연 편집장에게 형사가 찾아와 '모든 것을 알고 있다 손 떼라' 경고를 했다. 당시 공동체 출판사 전화벨이 울리고 전화를 받으면 전화가 끊기는 일이 연달아 벌어졌고 우리는 그곳이 안전하지 않다고 판단했다. 김태진 의장(민주언론운동협의회, 다섯 수레 출판사 대표)의 자택으로 옮겼다. 김태진 의장 자택에 이틀을 머물렀다.

잡지를 편집하려면 공간이 많이 필요하다. 일단 실무팀 5명이 머무를 곳이 필요했다. 원고지 쌓아둘 공간도 필요했다. 잡지를 만들려면 가장 먼저 원고지 속 글들을 사식으로 쳐야 했다. 사식지가 나오면 레이아웃단계로 넘어 갔다. 사식지를 오려서 면별로 붙여야한다. 그 작업을 하려면 커다란 편집 테이블이 필요했다. 이틀 동안 김태진 의장 자택 안방을 점거해 편집을 하다 보니 여간 죄송한 게 아니었다. 자그마한 키에 온화한 표정의 김태진 의장 사모님 뵙기가 민망스럽기 그지없었다. 다시 서대문 경찰서 뒤편 허름한 여관으로 편집 장소를 옮겼다. 몇 년 전 나는 서대문 사거리에 가보았는데 그 쓰러질듯 한 여관이 헐리지 않은 채 그대로 있었다. 하여간 그 여관은 너무 허름해서 안전하다 판단되었고 그곳에서 방을 3개 얻어 작업을 했다. 그런데 뭔가 찜찜해지기 시작했다. 그러던 차 우리가 허름한 여관방에서 편집 작업을 하는 것을 안타깝게 여긴 성한표선배가 집을 내주었다. 그는 조선일보 해직기자였다. 좋은 차를 몰고 다녔고 어쩐지 여유롭고 부유한 느낌이긴 했다. 우리는 성한표실행위원의 청담동 고급빌라에 들어가는 순간 기가 질리고 말았다. 복층형의 2층 빌라였는데 실 평수가 50평 남짓 되어보였다. 우리는 그 댁 거실과 서재를 점령하고 편집을 계속했다. 허름한 여관방에서 편집을 하다 청담동 고급빌라 거실을 차지하고 보니 꿈만 같았다.

1985년이었으니 시중에서 비데를 구경하기 힘든 때였다. 빌라 화장실 안쪽에 손을 씻는 자그마한 세면대가 놓여있었는데 그 세면대의 용도를 놓고 격론이 벌어졌다. 소형 세면대다. 남자용 소변기다. 장식

용이다... 우리가 논란을 벌이고 있을 때 성유보 국장이 들어왔다. 그리고 이렇게 말했다. 그런 걸 가지고 뭘 싸워. 내가 거기다가 소변봤으니 손 씻지 마라. 이후 그 소형 세면대는 남성용 소변기가 되었다. 나는 머릿속으로 한참 생각했다. 성유보 이사장이 소변을 본 시점과 내가 손을 씻은 시점의 선후가 어떻게 되는 거지? 육안으로 소변가루를 볼 수 없지만 소변가루는 반드시 세면대 곳곳에 남아있다고 한다. 끝내 나는 그 의문을 풀지 못했다.

성한표 선배 댁은 대가족이었다. 선배의 어머니를 비롯하여 식구만 6명이었다. 어느 날 화장실에서 나오던 시어머니와 <말>지 편집기자 한 명이 맞부딪쳤고 할머니가 너무 놀라 주저앉는 일이 발생했다. 생각해보면 큰일일 수도 있고 작은 일일 수도 있었는데 어쨌든 우리는 더 이상 그 댁에서 편집하기는 불가능하다고 결론을 내렸다.

새 편집실 역시 성한표 선배가 마련해주었다.

청담동 고급빌라 앞 상가 2층 널찍한 공간이었는데 성 선배는 그 공간이 자신의 집필실이라고 소개했다. 우리는 청담동 중산층의 위엄에 깜짝 놀랐다. 고급빌라에 개인 집필실까지 정말 돈은 좋은 것이다. 성선배 집필실을 기꺼이 편집실로 활용했는데 지금 돌이켜보면 <말>지 편집을 위해 급조한 사무실은 아니었을까? 하는 생각이 든다. 성한표선배는 조선일보에 얌전히 있었다면 정치부장 정도는 너끈히 할 유능한 분이었다. 아니 편집국장까지 했을 것이다. 군부독재의 언론탄압에 맞서 조서일보 내에서 언론자유수호 투쟁을 하다가 쫓겨난 성선배는 어느 누구 보다 <말>지의 성공을 바라고 있었다. 만일 그때 성선배가 편집실을 제공하지 않았다면 <말>지는 못나왔을 수도 있고 나왔더라도 발간시기가 더 늦춰질 수도 있었다.

1985년 그 당시엔 언론자유를 바라는 간절함이 있었다. <말>지는 그 간절함으로 만들어진 성과였다.

<말>지 창간호가 나왔다. 초판은 2,000부를 찍었다. 당시 사회과학 서적 중 베스트 셀러가 2,000부 정도 나갔다. 초판은 3일 만에 바닥이 났다. 교보문고에 50부 를 깔았는데 하루 만에 다 팔렸다. 알고보니 <말>지가 교보에 깔린다는 소식을 접한 인근 언론사 기자들이 너도나도 다투어 <말>지를 사갔다고 한다. <말>지 초판은 8000부가 나갔다. 군부독재의 추적을 피해 동가숙 서가식 하며 어렵사리 만든 <말>지는 조용히 달려 전국에 <말>지 열풍을 일으켰다. 이후 민주화운동 기관지는 전부 <말>지 포맷으로 바뀌었다.

<말>지에서 일하게 된 것, 해직 언론인 선배들을 만난 것, 당시 시녀화된 언론이 보도하지 않는 현장을 취재하러 다닌 것은 내 가치관을 정립하는데 결정적인 영향을 주었다. 나는 학생운동을 하면서 아카데믹한 세미나 분위기에 빠져 관념 속에서 세상을 논하고 혁명을 희롱했다. 그러다 내가 쏟아놓은 말들에 대한 책임감으로 시위주동을 하고 위장취업까지 했다. <말>지에서의 현장 취재 경험은 나의 현실인식을 심화시켜주었다. 내게 가장 영향을 준 첫 번째 사건은 1985년 여름을 뜨겁게 불태웠던 농민들의 여의도 소몰이 시위다. 80년대 들어 농협은 농민들에게 특용 작물 재배, 가축 사육을 권장했다. 농민들은 농협에서 돈을 빌려 축사를 만들고 송아지를 사들였다. 송아지

가 자라 시장에 내다팔 즈음 전두환 정부는 외국 소 수입을 허용했다. 이는 전두환의 친형인 전경환 씨가 주도한 것으로 외국산 소고기가 수입되면서 한우 값이 폭락했다. 빚더미에 몰린 농민들이 한 명, 두 명 자살하기 시작했고 견디다 못한 농민들이 농가 부채 탕감을 요구하며 소를 앞세워 국회가 있는 여의도로 진격해 온 것이다. 소떼를 몰고 시위하는 것이 워낙 특이한 일이어서 언론의 주목을 받았다. 취재 반 개인적 호기심 반 시위현장에 갔다. 농민들은 질서정연하게 시위를 진행했고 농가 부채 탕감이라고 쓰인 플랜카드가 곳곳에서 나부꼈다. 소를 몰고 올라온 농민들은 피곤해보였다. 그들은 지쳐 있었다.

  나는 농민들을 만나 이런저런 얘기를 들으며 세상에는 무언가를 결정하는 집단이 있고 그 결정에 의해 삶이 좌우되는 사람들이 있는데 전자가 출세한 권력자들이고 후자가 일반 국민들이라는 생각을 했다. 그때까지 나는 국회의원이라든가 정부부처 장·차관들을 만나본 적이 없었다. 잠깐 김영삼 대통령을 만나 인사를 나눈 적은 있었지만 의미 있는 대화를 해본 적이 없다.

  나는 대학교 2학년 때 1학년 후배들 세미나를 지도하게 되면서 몇 가지 결심을 했다. 사회 운동을 한다는 것은 매우 가치 있는 일이라 30살까지는 일선에서 사회운동을 한다. 그리고 죽을 때까지 사회운동가였던 사람으로 살아가겠다는 것이 첫 번째였고, 계층상승을 꿈꾸지 않겠다는 것이 두 번째였다. 구체적으로 아버지 이상의 계층이 되지 않겠다고 마음먹었다. 평생 근검절약하며 살아야한다는 것과 정의로운 일을 하는 사람으로서 시간엄수 등 모범적인 생활을 하겠다는 것 등등이었다. 사회적 약자 편에서 그들을 대변하는 것이 정의라고 나는 생각했다. 소몰이 시위 광경을 지켜보고 시위 농민들을 만나 얘기를 들으면서 나는 이 사람들 편에 서겠다고 혼자 결심 하고 있었다.

나로 하여금 언론운동에 내 젊은 날을 바치게 한 일은 다음날 벌어졌다. 다음날 아침 일어나 신문을 펼쳐보고 깜짝 놀랐다. 모든 조간신문들이 농민들이 폭도로 변해 여의도를 아수라장으로 만들었다고 쓰고 있었다. 만일 내가 소몰이 시위 현장에 있지 않았다면 나도 그 사실을 받아들이고 농민들이 심했다고 생각했을지 모른다. 그런데 나는 시위현장에서 시위가 어떻게 진행되었는지, 그들의 주장이 무엇인지를 잘 알고 있었다. 신문 해당 기사 어디에도 농민들이 왜 소까지 몰고 서울 그것도 여의도에 올라와 시위를 하게 되었는지 쓰여있지 않았다. 백번 양보하여 농민들이 폭도로 돌변했다 치더라도 왜 폭도로 돌변했는지 언론은 설명하지 않았다. 당시 제도 언론에는 '왜?'가 없었다. 당시 언론 지면에서는 군부독재나 군부정권의 정책에 순응하지 않는 모든 사람은 불온분자였고 빨갱이였으며 폭도로 매도였다.

나는 두 개의 세계가 있다는 것을 깨달았다. 진짜 현실이 있고 언론에 의해서 각색되고 편집된 언론이 규정하는 가짜 현실이 있다. 농민의 생존권을 위협하는 전두환 정권의 잘못된 농정으로 견디다 못해 소를 몰고 올라온 농민들을 언론이 폭도라고 쓰자 대다수 국민들은 농민들을 비난했다. 도대체 언론은 왜 저렇게까지 하는 걸까. 꼭 폭도로까지 몰아야하는 가. 해직 언론인 선배들로부터 권언유착, 권력의 시녀화된 언론에 대해 지겹도록 들었지만 정말 이상했다. 사실 해직

언론인 선배들도 있는 그대로의 사실을 보도했다는 이유로 핍박받고 노조를 결성하려한다는 이유로 해직당한 어처구니없는 경험을 한 분들이었다. 나중엔 보도지침을 입수하고 그 내용을 읽으면서 언론이 농민들을 폭도로 몬 것 또한 보도지침이었다는 것을 알게 되었다. 아무리 정권이 무섭다 치더라도 여전히 풀리지 않는 의문점이 있었다. 어떻게 단 한명의 언론인도 저항하지 않을까? 어떤 조건에 처하면 군부독재정권이 시키는 대로 기사를 쓰고 편집하고 사실 아닌 것을 사실이라고 활자화하여 내보내게 되는 것일까. 영화를 보면 젊고 용기 있는 언론인 한 명이 역사를 바꾸는 이야기를 보게 된다. 당시 언론인들도 그런 영화를 보았을 테고 그 용기 있는 행동에 감명 받기도 하지 않았을까. 내가 결혼을 하고 아이를 키우며 먹고사니즘을 알고 나서 나는 기자들을 무력하게 만드는 조건을 이해하게 되었다. 그러나 모두가 먹고사니즘 때문에 잘못된 것을 고치려 하지 않는다면 우리 사회는 어떻게 될까.

    <말>지를 이야기할 때 빼놓을 수 없는 것이 1986년 9월 발간한 <말>지 특집호 보도지침이다. 한국일보 기자였던 김주언 선배가 문화공보부 홍보조정실에서 매일매일 각 언론사에 내려 보내는 보도지침을 남몰래 복사해 민통련(민주통일민중운동연합)으로 가지고와 제보했다. 당시 민통련 사무차장은 <말>지 편집장을 하던 김도연 선배였다. 김도연 선배, 김주언 기자, <말>지 이석원 사무차장이 긴급회의를 열었다. 이 자리에 불쑥 김태홍 사무국장(<말>지 2대 사무국장, 국회의원 역임, 작고)이 들이닥쳤다.

민통련에서 보도지침을 폭로할 경우 몇 명은 잡혀갈 각오를 해야 하는 일이었다. 그렇다면 당시 민통련 사무처장으로 자리를 옮긴 성유보 선배나 김도연 차장이 구속될 수도 있었다. 그런데 민통련이 보도지침을 폭로할 경우 기자 사회나 전 세계 언론기관에 주는 영향이 제한적일 수 있다는 주장이 제기됐다. 김태홍 국장은 민언협에서 보도지침을 <말>지 특집호의 형태로 내는 것이 훨씬 효과적인 군부독재 반대투쟁이 될 것이라 강력하게 주장했고 보도지침 복사본을 <말>지로 가져왔다.

과연 <말>지는 보도지침을 낼 수 있을까. 낸다면 어떤 형태로 내야 할까. 민언협 내부에서 다시 격론이 벌어졌다. 보도지침을 폭로하게 되면 정권의 탄압이 민언협에 집중될 것은 불 보듯 뻔한 일이었다. 그러면 민언협은 풍비박산 나고 <말>지가 문을 닫아야 할지도 몰랐다. 민통련이 내고 <말>지가 보도하는 것이 맞다는 주장이 민언협 내에서 제기됐다. 조직의 명운을 걸 중대사가 눈앞에 던져지면 적극적인 주장과 소극적인 주장이 부딪친다. 한 동안 추이를 관망하는 사람들이 다수를 차지한다. 민업협도 그랬다. 민언협 내부도 그랬다. 온건파와 강경파가 나뉘어졌고 팽팽한 줄다리기가 계속되었다. 그러나 그 누구도 김태홍 국장의 돌파력, 추진력, 투쟁력을 이길 순 없었다. 김태홍 국장은 민언협이 최종 결정을 하기 전에 상대적으로 젊은 80년 해직언론인들을 모아 따로 회의를 열었고 '박박홍 트리오'에게 작업을 지시했다.

전설의 박박홍 트리오는 홍수원, 박우정, 박성득 세 해직언론인 선배들을 말한다. 홍수원 선배는 특히 <말>지 특집호 보도지침 발간에 있어 공이 가장 큰 분이다. 1986년 초 우리는 돈을 아끼고 또 아껴 모아 비밀 편집실을 만들고 이름을 아랫다방이라 지었다. 아랫다방 구석에 창고가 있었는데 창고를 비우고 책상 하나와 의자 하나를 넣었다. 보도지침 아지트였다. 한여름 무더위 속에 홍수원 선배는 비밀아지트에서 특집호 기사작성을 끝냈다. 나는 작업을 시작한지 한 달쯤 후 홍수원 선배의 작품을 보고 정말 깜짝 놀랐다. 그 복잡한 내용을 어떻게 이렇게 쉽고, 단순하고, 간결하게 정리해 이해하기 쉽게 재구성 할 수 있을까. 나는 평소 홍수원 선배가 말이 없고 지나치게 점잖으며 투쟁적이지 않아 혼자 못마땅해 할 때가 있었다. 그러나 보도지침 편집본을 보고 고개를 숙이지 않을 수가 없었다. 박우정 선배도 보도지침 편집본 마무리를 도왔다. 박우정 선배는 본래 원고 제조기라 불릴만큼 빠르고 정확하게 기사를 썼다. <말>지가 한 권 한 권 발행될 때마다 민족·국제 부문 기사를 도맡아 썼는데 많은 외신 자료를 읽고 분석하느라 엉덩이를 의자에서 떼지 못했다. 막판에 지금 다시 읽어보아도 <말>지 전체를 통틀어 보도지침 편집본이 내용이나 형식, 읽기 편함, 유려한 문체 등등에서 단연 압권이다.

　보도지침 특집호를 서점에 배포한 뒤 신홍범, 김태홍, 김주언 선배가 치안본부 대공분실로 끌려갔다. 신홍범 선배는 <말>지 보도지침 특집호를 발간하며 기자회견문을 작성했고 군부독재의 표적이 되었다. 김태홍 선배는 당시 민언협 사무국장이자 <말>지 편집자였으므로 1호 구속감이었다. 몇 달 도망다니다가 잡혔다. 김주언 기자는 보도지침을 복사해 빼돌린 혐의로 구속기소 되었다. 전부 국가보안법이 적용됐다.

보도지침 폭로 기자회견 다음 날 나는 <말>지 사무실로 출근했다. 출근해보니 현관 출입문 유리가 박살나있고 사무실 내부에 폭탄이 터진 것 같았다. 마포경찰서는 이렇게까지 하지 못한다. 군부독재 치하에서 이렇게 할 수 있는 곳은 안기부 밖에 없다. 나는 즉시 사무실로 들어가 민통련, 인권위원회, 아는 기자들에게 전화를 걸었다. 얼마 후 몇몇 기자들이 찾아왔고 현관문과 엉망이 된 사무실을 촬영했다. 흉흉한 소문이 들려왔다. 김태홍, 김주언 두 사람은 등치가 있고 살집이 좋았다. 형사들이 "맷집이 좋아 때리는데 부담이 없다."며 좋아한다는 얘기도 들렸다.

박박홍 트리오 세 선배는 도바리 신세가 되었다. 송건호 회장은 잡혀가 조사를 받은 뒤 이틀 만에 풀려나왔다. 송회장님이 붙잡혀가 고초를 겪고 있을듯하여 노심초사하고 있는데, 사무실로 송회장님이 쑥 들어오셨다. 햇살이 따뜻한 9월 말 어느 날이었다. 사무실 소파에 앉으셔서 송회장님이 말씀하셨다.

"한동안 어려운 상황이 계속 될 겁니다. 사무실을 야무지게 지켜주세요."

송회장은 아가씨 혼자 겁나지 않을까? 그래도 학생운동의 투사니 잘 이겨내겠지. 앞으로 민언협 내부에 어떤 분란이 일어날지 몰라 참으로 걱정인데 하시며 어려운 일이 생기면 찾아가 의논하라고 몇몇 해직언론인 선배들의 이름과 주소를 알려주셨다. 순식간에 <말>지는 공동화되었다. 이후 언제 조직이 복구되고, <말>지를 재 발간하게 될지 기약하기 어려웠다.

그런 상태에서 1987년이 밝아왔다. <말>지 모든 조직이 깨져도 깨지면 안 되는 단 한 조직이 있었다. 영업망이 그것이다. 김태홍 사무국장은 민주화운동권 다른 선배들과는 달리 이재가 있었다. 그가 2대 사무국장이 되어 역점을 둔 것이 <말>지 판매망 구축이었다. <말>지 1호 발간 때 공동체 출판사 영업망을 쓰면서 크고 작은 마찰이 있었다. 김태홍 사무국장은 <말>지가 독자적인 영업망을 구축해야 한다고 판단하고 영업 쪽 활동가를 두 명이나 보강했다. 김태홍 선배가 잡혀가기 직전에도 나에게 신신당부한 것이 영업망만은 마지막까지 가동시켜 조직운용 자금을 모아두라는 것이었다. 나는 김국장의 지시를 충실히 따랐다. 배시병, 허정화 두 활동가와 함께 비밀리에 보도지침을 줄기차게 팔아 자금을 마련했다.

1980년 군부 쿠데타로 집권한 전두환 대통령은 민주정의당을 창당했고 관제 야당 민한당을 만들었다. 그런데 1985년 2월 김영삼이 이끄는 신민당이 돌풍을 일으켜 제1야당으로 급부상한 상태였다. 1979년 김영삼은 신민당사에서 점거농성을 벌이던 YH여공들을 끝까지 보호했다. 당시 김경숙씨가 투신자살을 했고 이 때 김영삼총재는 의원직 제명을 당했다. 김영삼은 그때 '닭의 모가지를 비틀어도 새벽이 온다'는 유명한 말을 남겼다. 김영삼이 이끄는 신민당이 돌풍을 일으킨 것은 의원직 제명을 당하면서까지 박정희정권과 싸운 것에 대한 국민들의 보답이었다.

DJ·YS는 숙명적 라이벌임과 동시에 운명적 동지였다. 김대중 전 총재는 국외 망명 중이다가 귀국해 가택연금 상태였고, 김영삼 총재 역시 정치를 할 수 없는 상태였다. 군부독재 종식을 요구하며 목숨을 건 23일 단식 투쟁을 하던 김영삼 총재가 혼절해 병원으로 실려갔다. 철저한 언론 통제로 김영삼 총재의 단식은 전파를 타지 못했는데 입에서 입으로 전해져 많은 국민이 알게 되었다. 김영삼의 신민당은 1986년 봄부터 직선제 개헌을 요구하는 개헌현판식을 시작했고 전국을 돌며 투쟁을 벌였다. 한편 <말>지 특집호 보도지침은 소리 소문도 없이 팔려나가 판매 부수가 2만 3000부를 돌파했다. 나는 정수웅, 배시병, 허정화, 김태광, 이석원 등과 함께 전국을 돌며 <말>지 특집호 보도지침을 가판 형식으로 판매했다. '우리 일당'이 개헌 현판식을 비롯한 각종 집회에 떴다하면 보도지침 1000부는 쉽게 팔았다. 나는 <말>지의 잔 다르크라는 별명을 얻게 되었다. 동아투위 위원장을 역임했고 국회의장까지 지낸 임채정 선배는 <말>지기자들의 영웅적인 판매 투쟁으로 깊은 감명과 함께 용기를 얻었다고 말씀하시곤 했다.

한편 구속된 세 사람의 석방을 위한 국제적 탄원 운동이 시작되었다. 엠네스티 인터내셔널은 한국의 언론자유를 지키다 구속된 세 명에게 엠네스티 인권상을 수여했다.

<말>지 특집호 보도지침은 전두환 군부정권의 언론 통제 실상을 적나라하게 폭로했고 87년 6월 항쟁의 기폭제가 되었다.

1987년 1월 14일, 6월 항쟁의 도화선이 된 결정적인 사건이 터졌

다. 박종철군 고문치사 은폐 조작사건이 그것이다. 서울대생 박종철 군이 치안본부 대공분실에 끌려갔는데 고문도중 사망한 것이다.

박종철 군은 치안본부 대공수사단 남영동 분실 509호 조사실에서 조사를 받던 중 물고문 등으로 사망했는데 1월 15일 강민창 치안본부장은 수사결과를 발표했다. 사망원인을 쇼크인 것처럼 발표했다. 어처구니없는 짓이었다.

"박종철 군에게 친구의 소재를 묻던 중 책상을 탁 하고 쳤더니 갑자기 억 소리를 지르면서 쓰러졌다. 곧 중앙대 부속병원으로 옮겼지만 12시경 사망했다."

그러나 부검의가 물고문 흔적이 있었음을 증언하고 언론은 집요하게 물고문 의혹을 제기했다. 치안본부는 박종철군 사망 5일 뒤인 1월 19일 물고문이 있었던 사실을 시인했다. 조한경, 강진규 등 두 명의 수사관이 구속됐다. 김종호 내무부 장관과 강민창 치안본부장을 해직하는 선에서 사태를 마무리하려했던 정부는 고문근절대책 등을 발표하였다. 그러나 관계 기관 대책회의 등에 전두환 청와대가 직접 개입했다는 국민적 의혹이 제기되며 사태는 걷잡을 수 없이 커졌다.

그 해 5월 18일 천주교 정의구현전국사제단 김승훈 신부는 광주 민주화운동 7주기 추모 미사에서 박종철 군 고문치사와 관련하여 경찰이 조직적으로 고문 사실을 은폐하고 사건을 조작했다고 폭로했다. 고문경관 수가 애초 2명으로 발표되었으나 5명이었다는 점, 치안본부 5차장 박처원 등 간부 3명이 이 사건을 직접 축소·조작하였다는 점, 안기부·법무부·내무부·검찰·청와대 비서실 구성원들로 관계 기관 대책 회의가 있었고 이 회의에는 해당 기관의 수장이 참여했으며 고문 은폐·조작에 직접적으로 관여했다는 점 등이 폭로되었다.

이후 검찰이 2, 3차 수사에 나섰지만 국민적 의혹은 해소되지 않았고 박종철 군의 가족들은 전기고문 의혹을 제기했다.

전기고문 의혹이 제기되면서 특히 중장년층 주부들의 분노가 들끓어 올랐다. 생때같은 자식을 잃은 박종철군 어머니의 심정이 되어 함께 울고 가슴을 쳤다. 동아일보 김중배 논설위원의 박종철 군 추모 칼럼은 주부들의 가슴에 불을 질렀다.

하늘이여, 땅이여, 사람들이여.
저 죽음을 응시해주기 바란다.
저 죽음을 끝내 지켜주기 바란다.
저 죽음을 다시 죽이지 말기를 바란다.

스물한 살의 젊은 나이에
채 피어나지도 못한 꽃봉오리로 떨어져 간
그의 죽음은 우리의 응시를 요구한다.

정의를 기리지 못하는 하늘은 제 하늘이 아니다.
평화를 심지 못하는 땅은 제 땅이 아니다
인권을 지키지 못하는 사람들은 제 사람들이 아니다.
- 1987년 17일자 〈동아일보〉 김중배 칼럼 가운데

박종철 군 고문치사 은폐·조작 사건에 대한 분노가 부산 가톨릭센터 농성을 계기로 군부종식 민주헌법 쟁취 열기로 승화되어 전국에 번지기 시작했다. 민통련(민주통일민중운동연합)을 중심으로 민주헌법쟁취국민운동본부(국본)가 결성되었다. 국본은 어떤 전략적 목표를 가지고 국민들의 끓어오르는 분노를 민주주의 진전으로 승화시켜야 하는지에 대해 심도 깊은 논의에 들어갔다. 주 슬로건을 무엇으로 해야 할 것인가? 이 싸움으로 군부독재를 종식시키고 독재헌법을 바꾸는 데까지 이끌어 갈 수 있을까. 이 과정에서 무고한 시민들이 피를 흘리게 되지는 않을까? 민청련, 민통련, 민언협, 민문협 등등 민통련 참여 각 단체들 내부에서 열띤 토론이 벌어졌다. 1984년부터 일시적으로 조성된 정치적 유화 국면에서 민통련을 비롯한 민주화운동을 위한 공개기구가 구성되어 반독재 민주화투쟁의 구심역할을 하고 있었다. 다른 한편에서는 급진적 학생운동그룹과 노동자그룹들이 속속 존재감을 드러내기 시작한 때였다. 학생 운동의 한 그룹은 제헌의회 결성을 주장하고, 제헌헌법을 만들어 근본적인 국가개혁을 이루자고 나섰다. 다른 그룹에서는 민주·민족·민중 삼민헌법을 주장했다. 민중중심의 민족민주주의가 우리가 도달해야할 궁극적 목표라고 그들은 인식하고 있었다. 당시 민통련 의장은 문익환 목사, 부의장은 계훈제 선생이었는데 70년 초부터 민주화운동을 해왔던 민통련 지도자들은 민주헌법쟁취 - 직선제 개헌 - 를 채택했다. 결국 '호헌철폐 독재타도, 대통령을 우리 손으로!'가 주 슬로건으로 확정되었다.

그때까지 우리는 대통령을 국민이 직접 뽑지 못했다. 각 선거구 별로 국민들이 통일주체 국민회의 대의원을 뽑고 그들이 체육관에 모여 대통령을 선출하는 간선제였다. 12.12쿠데타로 권력을 찬탈한 뒤 체육관 선거를 통해 당선된 전두환 대통령을 국민들은 존중하지 않았다.

12.12군사 쿠데타는 전두환, 노태우, 김복동, 정호용 등 4명이 주동했다. 이들은 순번을 정해 대통령을 하기로 밀약하고, 전두환이 첫 번째 순서로 대통령이 되기로 한 것이다. 다음 순번은 노태우였다.

1985년 2월 총선에서 돌풍을 일으킨 김영삼의 신민당은 대통령 직선제 개헌을 요구했다. 억압된 사회였음으로 국민들이 김영삼의 주장에 공개적으로 동의하지는 않았지만 군부독재 종식, 직선제 개헌 등을 내심 지지하고 있었다. 이런 분위기에 맞서 전두환 대통령은 대통령 간선제를 골자로 하는 4.13 호헌초치를 발표했다. 다른 한편 권부 일각에서는 대통령의 장기집권 음모를 꾀하고 있었다. 권력내부 다른 쪽에서는 대통령의 임기가 7년이고 단임제였기 때문에 전두환의 장기집권은 불가능한 것이라고 생각하고 있었다. 권부 내부에서도 권력 다툼이 일어나고 있었던 것이다.

때맞추어 한 국책연구소에서 전두환 장기 집권 프로젝트를 수행했고 그 결과가 보고서 형태로 청와대에 제출되었다는 소문이 돌았다. 그리고 해당 보고서가 <말>지에 입수되었다. '2000년까지 각하에게 권력을' 이라는 제목의 이 문건은 큰 반향을 불러일으켰다.

전두환 대통령이 4.13 호헌조치를 발표하자 자연스럽게 호헌철폐 독재타도라는 슬로건이 등장했다. 작은 규모의 집회는 소수가 기획하고 주도해 조직할 수 있다. 그러나 4.19, 5.18, 6월 항쟁 같은 대규모 국민저항 운동은 소수의 기획으로는 가능하지 않다. 시대의 모순이라고 표현해야 할지 삶의 고통 누적이라 표현해야 할지 아니면 그 모든 것이 모인 어떤 불만이 참을 수 없는 지경으로 쌓이면 대중은 폭발하게 되어 있다. 전두환 정권은 반민주적인 쿠데타로 집권한 이후 국민들의 저항을 막기 위해 3S정책을 썼다. 3S란 스크린, 섹스, 스포츠를 지칭한다. 이 정책은 국민적 지시를 받지 못하는 정부가 흔히 활용하는 대표적인 우민화 정책이었다. 전두환 정부는 칼라TV를 도입했고 지역별로 프로야구단을 창단해 프로스포츠 시대를 열었다. 유신 때까지 엄격히 통제되었던 성관련 프로그램들의 검열기준을 완화시켰다.

칼라TV 도입은 색깔의 혁명을 불러일으키기에 충분했고 생전 처음 보는 칼라TV 화면 속으로 시청자들을 빨려 들어가게 만들었다. 사람들은 예전보다 더 많이 TV를 보게 되었다. 프로스포츠 열풍은 지역감정에 힘입어 지역별 서포터즈 결성으로 이어졌다. 국민들은 프로스포츠에 열광했다. 애마부인 등과 같은 에로 영화가 최대 관객 수 기록을 경신하며 국민들의 의식을 마비시켰다.

물론 3S 정책은 연관 산업을 활성화시켜 경제적 효과도 가져왔을 것이다. 그러나 전두환 정권이 3S 정책을 도입한 것은 명백히 우민화 정책으로 정권을 유지하기 위한 얕은 꼼수였다

언론은 철저히 통제되었다. 이미 보도지침으로 증명되었지만 군부 정권은 기사제목, 편집 방향, 기사내용까지 일일이 통제했다. 지금까

지 코미디로 기억되는 보도는 금강산댐 보도다. 북한이 금강산댐을 건설하자 전두환 정부는 북한이 수공으로 서울을 물바다로 만들려고 한다며 평화의 댐 건설 모금에 들어갔다. 당시 언론은 정부가 발표하는 과장된 금강산댐의 위협에 대해 일언반구 비판 없이 앵무새처럼 전달해 위기감을 증폭시켰다. 평화의 댐 성금 모금을 위한 홍보처처럼 기능했다. 과연 북한이 20세기에 고구려 장군 을지문덕이 썼던 살수대첩 전략을 쓸까. 이후 금강산댐 물의 방류 혹은 둑 폭파로 인한 서울 물바다 사건은 일어나지 않았다.

언론이 철저히 통제되다보니 국민들은 정권의 실정에 대해 알 길이 없었다. 전두환씨와 모 여배우의 염문설, 영부인 관련설들이 끊임없이 나돌았지만 진위를 확인해준 언론은 없었다. 전두환 시대의 KBS 9시 뉴스 별명은 '땡전뉴스' 였다. 9시 뉴스가 시작될 때 땡 종소리가 울리고 앵커의 멘트가 시작되었는데 땡 종소리가 울리고 나면 바로 앵커가 전두환 대통령은… 하며 대통령 동정 보도를 늘 탑으로 올렸기 때문에 붙여진 놀림이었다. 그러나 아무리 언론을 통제해도 낮말은 새가 듣고 밤 말은 쥐가 듣는 법이다. 보도지침을 통해 언론통제 실상이 폭로되고 웬만한 집에는 <말>지와 보도지침이 꽂혀있는 지경이 되었다. 한편 황석영 작가가 광주항쟁의 기록을 화보집으로 제작했다. 제목은 <죽음을 넘어 시대의 어둠을 넘어서> 였다. 보도지침과 광주항쟁 화보집이 손에 손을 건너 입소문을 타고 전해지면서 군부정권의 잔학한 시민학살과 소름끼치는 언론통제 실상이 공공연하게 인구에 회자 되었다. 물은 100°C를 비등점으로 끓어오른다.

억압된 민심도 임계점에 다다르면 폭발하게 되어 있다.

한편 6월 항쟁의 또 다른 성공조건은 3저 호황(저유가, 저금리, 저달러)에 있다. 87년 까지는 아직 고도성장기여서 87년 한해만 해도 전국 땅값이 평균 10%정도 뛰었다. 강남 3.3m2 당 아파트 가격이 1000만원에 육박하기 시작했다. 시중에 돈이 넘쳐흘렀다. 88년 서울 올림픽을 앞두고 있었기 때문에 정부 정책 또한 유동성 강화 쪽이었다. 예로부터 "의식이 구족해야 예를 갖출 마음이 생긴다."라고 하였다. 옛날에 혁명사를 배울 때 극단적으로 배가 고프고 생존의 위협을 느껴야 혁명 투쟁의 의지가 충만해진다고 배웠는데 20세기 시민혁명은 조건이 달랐다. 극단적인 빈곤은 민심을 흉흉하게 할뿐 건강한 시민혁명으로 이어지기 어려웠다. 경제가 호황이고 먹고 사는데 대한 걱정이 적어질 때 민주주의라는 가치는 더욱 고결 해지고 이를 위해 시민들이 기꺼이 거리로 나오게 된다. 87년 민주항쟁의 성공을 이끈 것을 화이트칼라 박수 부대라고 이야기하는데 화이트칼라 노동자들에게 우리가 민주주의를 떠받치는 존재라는 자긍심을 표출할 수 있게 해준 것도 경제호황이라고 볼 수 있다.

민주헌법쟁취 국민운동본부가 화이트칼라 맞춤형 전술을 구사한 것도 화이트칼라를 끌어내는 중요 요인 중 하나다. 초기 집회시간을 낮 12시가 아닌 오후 6시로 잡은 것, 집회 오프닝 곡을 님을 위한 행진곡이 아니라 애국가로 한 것 등은 얼핏 보면 사소한 결정인 것 같지만 오후 6시 시위와 애국가가 화이트칼라 노동자들을 시위에 적극적으로 참여하게 만든 결정이었음은 분명했다. 사실 재야 민주화 운동권에서 이런 대중적인 결정을 하는 것은 결코 쉬운 일이 아니다. 다수가 시위 오프닝 곡으로 님을 위한 행진곡으로 하자고 주장했다. 그러나 민주헌법쟁취 국민운동본부에는 이해찬, 유시춘(작가, 인권위원 역임)등 시민 호흡형 활동가들이 있었기에 가능했던 일이다.

전대협이 '호헌철폐 독재타도, 대통령을 내손으로!'와 같은 대중적 슬로건을 이의 없이 수용할 만큼 성숙되어 있었다는 것도 6월 항쟁 성공의 중요한 포인트다.

6월 항쟁이 막바지에 이르고 전국적으로 호헌철폐 독재타도의 함성이 높아졌다. 민주헌법 쟁취 국민운동본부는 87년 6월 10일을 집중 행동의 날로 선포했다. 이후 6월 10일부터 6월 28일까지 전국은 시위의 도가니가 되었다. 그리고 집권당 대표였던 노태우 대표는 직선제 개헌을 수용했다.

안기부는 그때 직선제 개헌을 수용하고 김영삼, 김대중, 김종필 모두에게 정치활동을 재개시키면 여권 후보는 노태우 한명이지만 야권은 김영삼, 김대중, 김종필로 분열되어 반드시 승리할 수 있다고 판단했다고 한다. 정보기관이 직선제 개헌을 수용하자는 제안을 집권당에 했고 노태우가 전격 수용한 것이다. 이후 양 김 씨의 분열, 사자필승론이라는 괴론의 등장, 노태우 후보당선 등 일련의 과정은 시민이 이루어냈던 민주주의 토대를 정치인들이 무너트리는 과정이었다.

20대 후반 아직은 젊은 기자였던 나는 운동권 대선배들이 지역감정에 따라 혹은 친소 관계에 따라 어떻게 서로를 생채기내고 갈라서는지를 목도했다. 좋은 의미의 논리적 판단으로 누가 대통령감이냐 묻는다면 나는 서슴없이 김대중이라 답할 것이다. 그러나 투표가 지식인의 논리가 아니라 민심에 의한 총체적 판단이라는 측면에서 보면 당연히 김영삼으로의 단일화가 순리였다. DJ에 대한 비판적 지지를 결정한 민통련 어르신들의 대통령후보 자질 판단은 정확했다. 그러나 민심은 김영삼으로의 단일화를 더 요구했다. 1979년 유신독재에 맞서다가 김영삼이 의원직 제명되면서 부마항쟁이 촉발됐고 부마항쟁이 박정희정권 내부에 권력투쟁을 극대화 시켰으며 그로인해 박정희가 김재규의 총에 시해되었다는 것을 민심은 기억하고 있었다. 결국 박정희 군부정권이 몰락하는데 DJ보다는 YS가 더 직접적인 역할을 했을 뿐만 아니라 1986년부터 23일의 목숨을 건 단식으로 개헌국면을 끌어낸 것 또한 YS임을 대중은 알고 있었다.

대통령 선거가 끝나고 1987년 12월 19일 노태우가 당선된 다음 날 잔인할 만큼 차분했던 서울 거리를 잊을 수가 없다. 시민들의 표정도 무서울 만큼 차분했다. 버스정류장에서 내려 <말>지 사무실까지 걸어가는데 그 길이 왜 그렇게도 멀게 느껴졌을까. 우리는 다시 일어설 수 있을까. 양 김 씨의 운명은 어떻게 되는 것일까. 등등 수없이 많은 생각을 하였지만 단 한 가지에 대해서도 답을 찾을 길이 없었다.

진짜가 되라고 말하시다.

> 나이가 든다는 것은 용서할 일보다
> 용서받을 일이 많아지는 것이다.
> 나이가 든다는 것은 보고 싶은 사람보다
> 볼 수 없는 사람이 많아지는 것이다.
>
> 김재진 시
> — 나이 中

88년 결혼을 하고 아이를 낳았다. 나는 <말>지를 떠나 소설을 쓰기 시작했다. 그해 여름 <성 난 휠체어> 라는 단편 소설로 창작과 비평을 통해 등단했다. 남편은 일송정이라는 사회과학 출판사를 열고 <학생운동 논쟁사>, <철학 다이제스트> 등등의 세미나 서적을 내다가 북한 바로 알기 운동 차원에서 <근대 조선 역사>와 <현대 조선 역사>를 출판했고, 국가보안법으로 구속되었다.

그 즈음 휘의 일이 터졌다. 휘는 내 사촌동생이다. 우리 집안에서는 사촌끼리 매우 가깝게 지냈다. 나는 어렸을 때부터 독립운동가나 혁명가가 멋있게 보였다. 휘는 첩보원을 동경했다. 우리는 어렸을 때 반공영화를 많이 보았다. 반공영화의 주연은 당시 중앙정보부 직원이나 전향한 여간첩이었다. 박노식, 윤정희가 주연한 첩보영화는 매우 인기가 높았다. 대한민국의 정보부 직원 박노식이 남파된 여간첩 윤정희를 전향시키고 사랑에 빠진다는 줄거리였다. 이 영화는 여주인공 윤정희가 북한에 의해 혀를 잘린 뒤 벙어리가 되는 끔찍한 내용을 담고 있었다. 나는 그런 영화들에 별로 감동하지 않았는데 무엇보다 혀를 자른다든가 벙어리가 된다든가 갑자기 자기 친구를 배신한다든가 자기가 태어난 나라를 버린다는 등의 내용이 마음에 들지 않았다. 휘는 그런 종류의 첩보 영화 속 남자 주인공들에게 매료되어 있었다. 휘는 키가 크고, 인물이 매우 좋았다. 아역 배우로 나가면 성공할 것이라고 우리는 이구동성으로 말했다.

경주 최 씨의 핏줄 때문인지 휘와 나는 집요한 성격이었다. 어렸을 적 소망대로 각자의 길을 걸었다. 내가 학생운동을 하고 감옥에 갔다 온 뒤에도 민주화 운동의 길을 걸었듯이 휘는 국가안전기획부에 들어가기 위해 노력했다. 그리고 휘는 정보기관 시험에서 2차 면접까지 통과했으나 3차 면접 및 신원 조회 과정에서 떨어졌다.

떨어진 이유가 문제였다. 나의 집회 및 시위에 관한 법률 위반과 남편의 국가보안법 위반 때문이었다. 이 일로 온 집안에 불화가 생겼다. 그러나 누구도 이 일을 입 밖에 내어 나를 괴롭히지 않았다. 우리 집 식구들은 "설마 사촌의 경력 때문에 떨어졌을까? 그런 게 문제되겠어?", "대학교 때 데모 안 한 사람이 어디 있다구...... 그게 문제되진 않았을 거야" 하는 식으로 나를 옹호해 주었다. 내 앞에서는 그렇게 위로 했지만 여러 가지로 염려를 많이 한 것 같았다. 어머니는 혹시나 때문에 조카들의 앞길까지 막히면 어쩌나 노심초사하셨다. 그렇다고 나를 원망할 수도 없고 하여간 답답한 일이었을 것이다.

사촌동생은 미국으로 유학을 떠났다. 도와주고 싶은 마음은 굴뚝같았지만 나도 어려운 처지여서 미안한 마음만 가지고 하루하루 보내던 어느 날 큰 언니에게서 전화가 왔다.

"작은아버지가 아버지에게 전화해서 안 좋은 소리를 한 모양이야. 아버지가 마음이 많이 상하신 것 같더라......."

며칠 뒤 집안에 일이 있어 친정에 가야 했는데 마음이 편치 않았다. 아버지 얼굴을 어떻게 뵐지 막막했다. 무섭기도 했다. 눈물이 날 것도 같고, 하여간 복잡한 심정에 빠져 친정으로 갔다. 늘 그렇듯 활기찬 분위기 속에서 밥을 먹고, 과일을 나누며 이런저런 이야기들을 나누었다. 아무도 사촌동생과 작은 아버지에 대해 말하지 않았다. 그리고 다음날 아버지가 나를 찾아오셨다. 그리고 짧은 메시지를 주셨다.
"글도 열심히 쓰고 신경 쓰지 말고 지내라."

아버지로서는 딸에게 해줄 수 있는 최선의 말씀이셨을 것이다. 그리고 현관문을 나가시다가 뒤돌아서 한 말씀 더 덧붙이셨다. "이왕 할거면 디디하게 하지 말고, 최선을 다해요..... 힘들게 하는 건데 내가 너희 쪽 사람들에게 네 이름을 말했을 때 그 사람은 진짜다 인정해줄 정도로 해요...... 내가 인정하는 것과는 별개로 말이다......."

아버지가 마지막에 "내가 인정하는 것과는 별개다"라는 말만 하지 않으셨어도 그렇게 가슴이 아프지는 않았을지도 모른다. 아버지가 내 길을 인정해주시지 않았기 때문에 나는 늘 마음 한구석이 허전했고 힘든 삶이 더욱 고달프게 느껴졌다.

우리 작은 아버지는 집안 대소사를 잘 챙기는 스타일이셨다. 엄마는 아버지 집안사람 중에 둘째 숙부를 가장 신뢰하셨다. 유유상종이라고 자신과 비슷한 사람에게 호감을 갖는 것은 인지상정이다. 숙부는 엄마 말에 따르면 성격이 온순하고 대인관계가 원만했다. 아버지처럼 모나지 않아 친구도 많았다. 그리고 나름 경제적 수완도 좋았기 때문에 부모님을 물론 형제 그리고 조카들을 알뜰살뜰 챙겼다.

특히 작은아버지는 서울대에 나니는 큰언니를 매우 이뻐하셨다. 우리 집에 들어올 때도 ○○야 큰 언니를 부르곤 하셨다. 용돈도 큰언니에게는 몇 배로 더 주셨다. ○○은 우리집안에 자랑이다. 내가 ○○ 생각만 하면 어깨가 으쓱으쓱 해요. 형님이 뒷바라지라고 제대로 해준 적도 없고 거꾸로 큰 딸이라고 집안일만 시켰을 텐데 혼자 공부해서 서울대를 그렇게 우수한 성적으로 들어가다니 ○○은 천재야 천재. 이렇게 말씀하시고 숙부는 꼭 사족을 달았다. "○○이 아들이었으면 집안의 대들보가 됐을 텐데".

그런 작은아버지가 나로 인해 휘의 정보기관 취업이 좌절되고 처음으로 아버지에게 화를 내셨다. 이것만으로도 큰일이었다. 아버지 형제는 4명 이었다. 할머니가 큰아들을 하늘처럼 떠받들었으므로 형제들 사이에서 아버지의 권위는 절대적이었다. 아버지는 할아버지가 못한 아버지 노릇까지 대신했다. 동생들의 진학·취업문제 등등 도 아버지가 도맡아 처리해 주었다. 그럭저럭 화목한 형제관계를 유지하고 있었다. 그런데 나로 인하여 집안의 화목이 깨져버린 것이다.

좀처럼 감정표현을 하시지 않는 엄마가 그 즈음 어느날 나를 보고 이렇게 말씀하셨다. 내가 너를 잘 못 키웠는가보다. 그게 엄마로부터 내가 들은 가장 마음아 픈 말이었다. 엄마는 혼자 감정을 삭히는 스타일이어서 웬만해서는 감정을 드러내시는 분이 아니시다. 게다가 나는 막내였기 때문에 아버지도 엄마도 내게 극단적인 말이나 감정표현을 하는 일이 거의 없었다. 그런데 엄마가 나를 잘못 키웠다고 생각하시다니, 내마음 속에서 무엇인가 중요한 것이 무너지는 느낌이 들었다. 나는 정서적으로 아버지와 가까웠고 엄마는 내게 별로 중요하지 않은 사람. 그저 엄마라고만 생각해왔다. 그런데 그게 아니었다. 아버지와는 얕은 감정의 교류나 사회적 지식을 주고받았던 것이고 엄마는 나의 존재를 지탱해주는 배경 같은 분이었다는 것을 깨달았다. 공기 같아서 엄마가 내게 얼마나 중요한 사람이고 큰 영향을 주고 있는지 느끼지 못했을 뿐이다.

엄마의 말이 끝나기 무섭게 내 눈에서 눈물이 후두둑 떨어졌다. 처음엔 한두방울 눈물이 떨어지다가 나중에는 정말 눈물이 폭포처럼 쏟아졌고 나는 주저앉아 엉엉 울고 말았다. 엄마는 늘 그러셨듯 아무 말도 하지 않으셨다. 내 눈물이 그칠 때까지 잠자코 있으셨다.

엄마는 이후에도 나로 인한 휘의 취업 불발에 대해 언급한 일이 없으시다. 나도 엄마에게 다시는 관련된 얘기를 한 일이 없다.

앞서 언급했듯 휘의 일로 아버지가 작은아버지의 전화를 받고 나를 찾아오셨던 일, 와서 했던 말들을 지금 돌이켜보면 기이한 느낌이 든다. 아버지는 학생운동이나 민주화 운동을 결코 인정하지 않으셨다. 더구나 당신의 딸이 그런 반정부적인 일을 하는 것에 대하여 진심으로 동의한 적이 없었다. 그저 객관적으로 전두환 군부독재가 문제가 많으니 학생들이 저항하는 것은 당연한 일이다 정도의 태도를 취했는데 그것도 사실은 빈말이었다. 아버지는 민주화 운동에 헌신한다거나 공익을 위해 무엇인가 하는 일을 별로 좋게 보지 않으셨다. 내가 결혼 이후에도 사회과학 서적을 손에서 놓지 않고 계속 운동하던 친구들과 만나던 것을 아버지는 좋아하지 않으셨다. 아버지는 내게 늘 영어학원에 다녀라, 대학원 준비를 해 볼래 등등의 권유를 하셨다.

그런 아버지가 작은아버지의 전화를 받고 잠은 주무실 수 있었을까? 밤새 한숨도 못 주무시고 나를 찾아왔던 것일 테다. 그리고 내게 해줄 말을 몇 번이고 종이에 적어 연습하셨을 거다. 아버지는 그런 분이었다. 연습하고 다시 고치고를 반복하다가 결국 진짜가 돼 라고 말하고 가신 것이다. 나이가 들고 아버지의 마음을 헤아려 보면 아버지는 일관성이 있었다. 감옥에 갔다 온 나를 복학시키려 했던 것, 진짜가 돼 라는 것 등도 다 따지고 보면 뭔가 이루라는 뜻이 아니었을까? 아버지는 평생 진급, 출세 같은 단어의 감옥에 갇혀 사신 분이다. 당신과 가치관이 다른 딸과 관련해서도 아버지는 아버지 식으로 이해하셨던 것이 아닐까? 어차피 세상은 진보와 보수로 나눠져 있고 여당과 야당으로 국회는 구성되게 되어 있으므로 아버지가 보수정당을 지지하고 있을 지라도 언젠가는 내가 진보정당에서라도 한자리하기를 바라셨던 것 이었을 게다.

아버지는 남을 믿지 않으셨다. 법적 원칙과 세상의 상식에 따라 판단하고 행동하셨다. 남을 도와주는 일 따위는 하지 않으셨다. 대신 남에게 피해를 주는 일도 절대 하지 않으셨다. 아버지가 진급의 감옥, 출세의 감옥에 갇혀 사시면서 깨달은 것은 현실은 돈과 학벌과 학연, 지연으로 얽힌 시스템으로 돌아간다는 것이었다. 돈도 학벌도 인맥도 없었던 아버지가 살아남는 길은 오직 자기실력 뿐이었다. 누구의 도움도 없이 혼자 세상을 살아간다고 생각하면 정말 세상을 각박하고 삭막하기 그지없다. 아버지는 일본에서 귀환해 거친 세상과 맞섰고 홀홀단신으로 공직생활을 하면서 얼마나 힘드셨을까? 나의 아버지에 대한 마지막 회상은 늘 측은함으로 끝나는데 이 대목 또한 마찬가지다.

평소 같으면 너는 왜 데모를 했니, 너는 왜 이런 남편을 만났니, 너는 왜 나에게 이런 고통을 주니 하며 화를 내서야 할아버지가 극단적인 자제력을 발휘해 진짜가 돼라고 말씀하시고 간 뒤 말로 표현할 수 없는 중압감이 나를 짓누르기 시작했다. 내 마음 한 구석에 진짜로 잘 살아야겠다 라는 단단한 결심의 덩어리가 자리잡게 되었다. 다른 한편 진짜가 되지 못하면 아버지로부터 죽을 때 까지 인정받지 못할 지도 모른다는 불안감도 있었다.

며칠 뒤 둘째언니로부터 전화가 걸려왔다. 언니가 말했다. '힘들지? 네 마음 다 이해해. 이런 일이 벌어져서 네 성격에 얼마나 부대끼겠니? 근데 너 크게 신경쓰지마. 네가 도둑질을 했니 뭐 했니? 군부독재에 저항하여 한 일인데 네가 왜 희생해야해? 작은 아버지도 이 상황이 화가 나서 그러시는 걸 꺼야. 너는 이런 거 신경 쓰지 말고 그냥 네 길을 가면 돼'.

언니의 격려로 나는 의기소침한 상태에서 조금 더 벗어날 수 있었다. 그때 내 정신이 번쩍 들게 해준 건 남편이었다. 많이 울어서 퉁퉁 부은 얼굴로 나는 남편에게 말했다. 자초지종을 들은 남편은 이렇게 대답한다. 뭐? 안기부에 들어가려다가 못 들어가서 아버지에게 전화를 해? 그게 무슨 일이야? 때가 어느 때인데 안기부에 들어가? 전두환 정권은 살인정권이야. 당신, 정신차려. 진짜 당신 집안 한심하다. 당신도 그래, 이게 울 일이야? 우리는 자랑스러운 일을 한 거야. 울던 나는 남편의 말을 듣자 갑자기 헛웃음이 나왔다. 이 단순명쾌함은 어디서 나오는 걸까? 눈물이 그렁그렁한 상태에서 내가 웃음을 터트리자 남편은 나를 놀렸다. 울다가 웃으면 어디에 털나. 당신은 정말 감정표현이 자유자재야. 자유자재로 감정이 바뀌어. 배우를 하지 왜 학생운동을 했을까?

하긴 나는 실제로 연극을 해보라는 권유를 받은 일이 있었다. 내 고등학교 친구 태자를 따라 명동에 있는 카페떼아뜨르추 라는 소극장에 간 일이 있다. 태자는 시와 소설에 관심이 많았고 연극에도 조예가 있었다. 그 소극장은 작고한 추송웅씨가 하던 곳이었다. 태자와 함께 카페 떼아뜨르츄에 들어가 자리를 잡으려는데 추송웅씨가 나타났다. 어두운 공간에서 그의 눈이 번쩍 빛났다. 기묘한 분위기의 특이한 사람이었다. 당시 그는 [빨간피터의 고백] 이라는 연극으로 유명세를 타고 있었다. 태자는 그와 면식이 있어보였다. 그런데 추송웅씨가 나를 뚫어지게 쳐다보는 것이었다. 뚫어지게 쳐다보데도 기분이 나쁘지는 않았다. 기인 같기도 하고 약간 마음이 아픈 사람 같기도 했다. 하여간 다시 만나고 싶지 않은 인상이었다. 며칠 뒤 태자를 만났다.

태자가 내게 말했다. "추송웅씨가 너 연극하면 좋을 것 같다고 한번 만나러 오래"

연극은 내게 흥미있는 분야이긴 했지만 나는 연극배우가 될 생각은 조금도 없었다. 남이 고생해서 만든 좋은 작품을 관람하는 것으로 족했다. 그 후로 몇 번 더 태자를 통해 연락이 왔다. 한번쯤 다시 그를 만난다고 무슨 큰 일이 나는 것도 아닌데 나는 단호하게 거절했다. 태자는 몇 번 더 트라이 하다가 내 태도가 너무 단호하자 포기하는 것 같았다. 그때 만일 추송웅씨를 만나러 가고 그를 통해 연극의 매력에 빠져 들었다면 내 인생은 자못 달라졌을 지도 모르겠다.

매사에 엄격했던 아버지가 유일하게 리버럴한 영역이 있었다. 유독 나의 연애에 대해서 그랬다. 언니, 오빠들의 혼인문제에 있어서 아버지는 매우 엄격한 기준을 가지고 있었다. 아버지는 지역감정에 빠져있었으며 학벌과 집안형편을 꼼꼼히 따져보고 혼사를 진행하셨다. 그리고 언니, 오빠들은 아버지의 그 원칙과 지침에 충실한 선택을 했다. 아버지는 특정 지역 출신은 아예 선조차 허락하지 않으셨고 딸들이 당신이 좋아하지 않은 지역 사람과 사귀면 대놓고 훼방을 놓았다. 그리고 보면 우리 언니, 오빠들은 착하고 순종적인 자식들이었다.

나와 비슷한 처지의 내 친구는 이런 원칙을 가지고 있었다. 배우자 기준 첫째 ○○○ 지역은 안 된다 둘째 대머리는 안 된다 셋째 170센티 이하는 안된다 넷째 ○○하는 집안은 안 된다. . . 나는 그 얘기를 듣고 내 친구를 놀렸다. 그런데 그 친구는 ○○○ 지역사람과 결혼했고 남편은 170센티 이하였으며 살짝 대머리였다. 세상이 어디 내 맘대로 되는 것이던가.

언니 오빠들 연애에 끼어들어 대놓고 훼방 놓던 아버지는 나의 연애에 대하여는 노터치였다. 좀은 서글픈 얘기지만 아마도 아버지에게 있어서 나는 내놓은 자식이었나 보다. 하긴 22살에 인생막장인 감옥까지 갔다 온 딸이고 보면 아버지가 나를 내놓은 자식이라고 생각하는 건 지극히 당연한 일인 것 같다. 전과자인 딸이 시집이나 제대로 갈 수 있을까 생각하셨을 테니 다 이해가 간다. 그래도 좀 서글프긴 하다.

한 번의 지독한 첫사랑과 몇 번의 독한 연애, 그리고 실연의 상처로 나는 피폐해져 있었다. 그러다 남편과 결혼하겠다고 결심하고 그를 소개시켰을 때 아버지, 엄마, 언니, 오빠의 반응이 다 달랐다.

큰오빠는 애 너는 연애할 만큼 했으니 이제 현실적인 선택을 좀 해 하며 반대했다. 오빠의 현실적 선택이란 조금 더 여유있는 집안의 사람과 결혼하라는 뜻이었다. 남편과 함께 큰언니 집에 인사하러 갔을 때 큰언니는 우리 남편에게 누룽지를 주었다. 언니의 무례한 대접에 나는 속으로 은근히 부아가 치밀었다. 결혼한다고 인사하러 갔는데 누룽지를 주는 게 뭔가. 언니는 남편과 눈도 마주치려고 하지 않으려 했다. 그런데 남편의 반응이 유쾌했다. 남편은 "제가 마음에 안드시나 봅니다. 그래서 누룽지 주시는 겁니까?"말하며 씽긋 웃었다. 라고 말했다. 그때 큰언니는 싱크대를 향해 뒤돌아 서있었는데 나는 언니의 뒷모습이 부드러워 지는 것을 느꼈다. 언니가 피식 웃었다. 그리곤 밥상을 다시 차리기 시작했다. 나중에 언니는 이렇게 말했다. 진짜 마음에 안들더라 근데 네 신랑이 자기가 마음에 안들어서 누룽지 주냐고 말을 하는 순간 어? 이거 봐라? 라는 생각이 들면서 마음이 풀어지더라구.

나 없을 때 가족회의가 열렸다. 나의 결혼을 가장 반대한 것은 큰오빠였다. 나머지 형제들은 제3자적 입장을 취했다. 아버지가 상황을 정리하셨다. 그때 TV드라마 첫사랑이 방영되고 있었다. 극중에서 조연급 여배우가 사랑에 실패하자 극단적인 선택을 하는 내용이 나온 직후였다. 아버지는 이렇게 가족들을 설득했다.

"니들은 드라마도 못 봤나. 사랑이란 저런 거다. 때론 목숨보다 사랑이 소중한 거고 남녀 간의 사랑은 누구도 간섭할 일이 못된다. 막내의 선택을 나는 존중한다. 너희들이 데리고 살 것도 아닌데 이 정도로 그만하자."

나중에 나는 아버지, 정서방이 마음에 들었어요? 여쭤본 일이 있다. 네가 사귄 남자중에 제일 낫더라, 얼굴이 반듯하고 귀하게 생겼어. 그냥 아버지는 내 남편이 마음에 들었던 거다. 그리고 아버지의 사랑에 대한 썰은 견강부회였는지도 모르겠다. 그러나 아버지는 치사한 구석이 있는 사람이었다. 남편이 좋은 대학을 나오고 점잖은 집안사람이라 좋아하다가 남편이 공부한다고 변변치 못하게 지내자 노골적으로 나와 남편을 구박했다. 사람이 다 그런거지 어떡하나 넘어가려 해도 아버지는 좀 도가 지나쳤다.

노무현대통령은 우리집안에 큰 영향을 끼쳤다. 노무현후보가 지역

갈등극복, 동서화합 등을 이야기 했을 때 나는 속으로 과연 영호남 갈등이 극복될 수 있을까? 회의적이었다. 그런데 노무현이라는 정치인이 호남기반의 민주당에 들어가 부산에서 계속 출마하고 떨어지고를 반복하는 것을 보며 정말 대단한 사람이 나타났다고 생각하게 되었다. 그는 대통령이 된 이후에도 지역주의의 벽과 계속 싸웠고 대통령이 지역갈등과 정면으로 싸운 것이 단기간에는 성과를 얻기 어려웠지만 바닥정서나 문화가 서서히 바뀌어 가는 것을 느낄 수 있었다. 그 결과가 어찌 되었냐고? 우리세대는 지역갈등에 발목 잡혀 배우자 선택의 폭 또한 좁았지만 우리 다음세대는 달랐다. 아버지의 손주 10명 중에 호남 배우자를 얻은 사람이 3명이다. 내 아들이 마령출신의 아가씨를 사귄 일이 있는데 그녀가 집에 인사하러 왔을 때 나는 반색하며 말했다. "정말 좋은 지역에서 태어났구나. 이순신 장군과 함께 한반도를 지켰고 이후 민주화의 정신을 지킨 곳이 호남이지. 만나서 정말 반갑구나."

노무현 대통령이 온몸으로 지역감정의 벽과 싸우지 않았다면 우리 집처럼 영남 꼴통집안에서 호남출신 사위나 며느리를 보는 것이 가당키나 했을까.

지역갈등이 한 인간의 삶을 얼마나 압박하고 있는지를 깨닫게 해준 것은 내 대학교 친구 A였다. 키도 훤칠하고 얼굴도 예쁜 A는 유독 눈에 띄는 친구였다. 대화를 해보면 판단력이 타의 추종을 불허했다. 그 친구가 유독 좋았다. 일부러 밥도 같이 먹고 같은 수업도 들었다. 그런데 그는 경직된 구석이 있었다. 학교 앞 신호등 신호를 100% 준

수하는 것이었다. 학교 앞 도로는 폭이 크지 않았다. 신호등이 있는 것이 거추장스러울 정도였다. 주위를 둘러보고 차가 없으면 그냥 건너도 무방한 도로 폭 이었다. 그런데 그는 꼭 파란색 신호등일 때만 길을 건넜다. 내가 신호위반을 하고 건넌 뒤 빨리 따라오라고 손짓을 해도 그는 절대로 신호위반을 하지 않았다. 학교 후문 언덕 위 잡탕센터에서 막걸리 잔을 기울이며 그 애가 말했다.

"호남 출신인 내가 신호를 위반하면 사람들은 호남출신이라서 그런다고 욕을 해. 나는 어렸을 때부터 호남출신은 어떠어떠하다 라는 말을 너무 많이 들었어. 그래서 일상생활 속에서도 절대로 잘못된 일을 하지 않으려고 이를 악물고 노력해왔어."

전라도 저 촌구석에 찢어지게 가난한 농민의 딸로 태어나 아주 작은 공장에서 일하는 전라도 처녀의 심정을 헤아려본 적 있니? 라고 말하며 그는 나를 쏘아 보았다. 순간 말문이 막혔다. 내가 신호위반을 하라고 그를 부추길 때마다 그는 이런 생각을 되씹으며 신호를 지켰단 말인가. 저렇게 외모가 뛰어나고 머리가 좋은 친구가 속으로는 단지 특정지역에 태어났다는 이유만으로 저렇게 짓눌려 살아왔다니 이게 말이 되는가? 나는 태조 왕건부터 박정희까지 자신의 권력욕을 위해 지역갈등을 조장하고 악용한 정치인들에 대해 분노를 느꼈다.

노무현 대통령을 지지하며 나도 엇비슷한 감정을 느낀 일이 있었다. 노사모 회원들은 노무현 대통령을 위하여 행동을 지극히 조심했다. 대학교 3학년 때 A로부터 내가 깨닫지 못한 한 가지를 노무현 대통령을 지지하며 알게 되었다. 무엇인가를 진정 사모하면 사모하는 대상에게 누가 되지 않기 위하여 모든 행동거지를 조심하게 된다는 것이 그것이다. 내 친구 A는 자기 고향을 사무치게 사랑했구나 하는 것을 노무현 대통령을 사랑하며 깨달았다. 내가 '노무현'을 위하여 신호등을 지키면서 행복하듯 내 친구는 자기 고향을 위하여 신호등을 지키며 행복하기도 했을 것 같다.

 만일 아버지가 우리 결혼을 반대했다면 나는 남편과 헤어졌을까? 이 부분에 대한 나의 대답은 작전상 보안이다.

아버지를 위로하고 싶다

> 나이가 든다는 것은
> 기다리고 있던 슬픔을 순서대로 만나는 것이다.
> 세월은 말을 타고 가고
> 나이가 든다는 것은 마침내
> 가장 사랑하는 사람과도 이별하게 되는 것이다.
>
> 김재진 시
> ─ 나이 中

나는 다른 방식으로 아버지의 한을 일부 풀어주게 되었다. 내가 자연건강법을 공부하고 둘째를 낳아 자연육아를 한 기록 <황금빛 똥을 누는 아기>를 낸 것이다. 그 책이 베스트셀러가 되어 한 달 만에 2만부가 넘게 팔렸을 때 아버지는 이런 말을 하셨다.

"책을 쓰고 그 책이 2만부 이상 나가면 그것은 사회적으로 자리를 잡은 거로 봐도 돼. 그 건 판검사, 사법시험 붙은 정도의 의미가 있는 일이다."

나는 속으로 하필 비교해도 사법시험이야 생각했지만 아버지가 진심으로 기뻐하고 계셨으므로 내 마음과는 달리 엉뚱한 질문을 하고 말았다. "아버지 내가 판검사 된 정도로 의미있는 작가가 되었으니 아버지 맘을 좀 푸세요. 아버지, 효경에 신체발부는 수지부모니 불감훼상이 효지시야요 입신행도하고 양명어후세하여 이현부모함이 효지종야(身體髮膚受之父母 不敢毁傷孝之始也 立身行道 揚名於後世 以顯父母孝之終也)라 하지 않았어요?" 아버지는 기쁘지 하고 짧게 답하셨다. 그런데 이상하게도 '그 정도로 한이 풀리겠냐?'라고 말씀하시는 듯한 느낌이 들었다. 잠시 아버지가 침묵하셨다. 그러다가 쯥 하고 입맛을 다셨다. 이러다가 큰 언니 얘기부터 내가 영문과에 가지 않아서 어쩌고저쩌고 하는 아버지의 푸념이 이어질 것 같은 분위기 였다. 나는 서둘러 아버지 앞에서 물러났다.

내가 베스트셀러의 작가로 지상파 TV 여기저기에 나가 썰을 풀고 다닐 때 아버지는 내가 출연한 방송을 단 한편도 빼먹지 않고 보셨다. 한번은 3부작으로 방송에 출연하기로 했는데 방송사에서 2부작으로 줄이겠다는 얘기를 했다. 아버지는 3부작 예고편을 기억하고 계셨다. 나는 방송사로부터 2부작으로 줄이게 되었다는 말을 듣는 순간 아버지 얼굴이 떠올랐다. 그래도 미리 전하는게 나았다. 나는 아버지의 실망을 줄여드리려고 2부작으로 줄이게 되었다고 말씀드렸다. 순간 아버지가 도끼눈을 떴다. 3번 하기로 했으면 하는 거지. 2번으로 줄이다니. 니가 제대로 하지 못했구나? 일을 그따구로 하면서 무슨 공영방송이냐? 냅다 소리치셨다. 그리곤 팽하고 나가버리셨다. 나는 작가에게 사정사정하여 애초 계획대로 3부작에 세 번 출연하게 되었다.

아이들은 엄마의 영향을 많이 받는 것 같지만 사회활동의 영역에 있어서는 아버지의 영향이 절대적이다. 특히 딸들의 경우 아버지의 태도가 주는 영향이 더 크다고 한다. 나는 그 말에 200% 동의한다. 사회생활을 하면서 어려운 순간에 접했을 때 나는 늘 아버지를 떠올렸다. 내가 이렇게 하면 아버지가 실망하시지 않을까, 내가 저렇게 하면 아버지가 마음 아파하시지 않을까, 내가 요렇게 하면 아버지가 기뻐하실까 를 늘 생각했다.

나는 나의 사회적 진로를 선택할 때 아버지를 기쁘게 해드리는 쪽을 택하려고 노력했다. 시민운동 하다가 존경받는 어른으로 남고 싶다는 것이 나의 오랜 소망이었다. 이미 민언련 사무총장을 할 때 마흔 살의 나는 젊은 원로라는 별명으로 불리고 있었다. 노무현정부에서 방송위원회 상근부위원장으로 일하게 된다는 것은 나의 인생진로가 바뀌는 큰일이었다. 민언련에 미칠 영향도 걱정이었지만 나는 정말 시민운동에 뼈를 묻고 싶었다. 내가 민언련을 떠난 가장 큰 동기는 언론운동의 상상력이 고갈되었다는 것이었지만 사실 민언련에 남아 원로역할을 할 수도 있었다. 내가 방송위원회에 들어가겠다고 결심한 중요한 이유 중 하나는 아버지였다. 내가 고등학교 시절 엿들은 언니 오빠의 대화 중 한 부분, 즉 "우리 중 누군가가 장차관이라도 되면 아버지의 한이 풀릴까?"라는 말이 내게 각인되어 있었다. 나는 평생을 스스로 낙오자라고 규정하고 한탄하는 아버지를 위해 무엇인가를 해드리고 싶었다.

막상 방송위원회에 들어가서 일해 보니 행정적 결정이라는 것이 만만치 않았다. 특히 방송과 관련한 규제를 담당하는 방송위원회는 정무직 자리중에서도 웬만하면 가지 않으려고 하는 기피부서였다. 방송사간 이해관계와 방송과 통신간 이해관계를 조정하는 일이 만만치 않았다. 까닭 잘못하다간 샌드위치 신세가 되어 비난받기 일수였다.

방송통신융합논의와 한미FTA 협상과정에서 참여정부 청와대와 다른 입장이어서 본의 아니게 맞서게 되었을 때 못 버티겠다는 생각을 했다. 누가 뭐래든 내가 좋아하는 대통령에게 도움이 되고 싶었는데 도움은커녕 비난받는 처지가 되었으니 버티기도 힘들었다. 한 언론사 기자가 찾아와 최 부위원장은 청와대가 버렸다는 소문이 파다하게 돌아요 라고 말해주기까지 하는 상황이었다. 내가 이런저런 어려움을 토로했을 때 아버지는 이렇게 말하셨다.

"대부분의 사람들은 9급 공무원 시험을 보고 공무원사회에 들어가 평생 뼈 빠지게 일해도 5급도 못 되어보고 옷을 벗는 경우가 허다하다. 너는 특이한 경력 덕분에 남들이 올라가기 힘든 차관급 직위에 올랐으니 어떤 일이 닥쳐도 감사하고 직분에 충실하라."

아버지의 이 말과 함께 공직생활을 수행하는데 힘이 되었던 말은 큰아주버님의 당부였다. "제수씨, 방송위원회 부위원장은 차관급인데 월급만 받는 게 다가 아니오. 비서 딸리지, 차 나오지, 사무실 공간 등등 까지 생각하면 1년에 제수씨가 일을 잘하도록 지원하기 위하여 국가가 몇 억을 쓰는 거라오. 작은 결정을 할 때에도 이 일을 잊으면 안 돼요. 그게 다 서민 호주머니 턴 세금으로 주는 거라오."

큰 아주버님도 공직에 오래 몸담았던 분이라 직위의 의미를 잘 알고 계셨다. 아버지의 말씀이나 시아주버니의 말씀 모두 피가 되고 살이 되었다. 민주화운동과 시민운동계에서 잔뼈가 굵은 사람이 정부에 들어가면 더 성실하게 일해야 했다. 내가 방송위원회 부위원장직을 잘 마무리 한 것은 오직 아버지로부터 이어받은 성실한 피와 아버지를 실망시키고 싶지 않다는 일념 때문이었다.

그러나 아버지는 시민운동 하다가 정무직 차관급 자리로 간 것을 그리 높이 평가해주지 않으셨다. 아버지는 곧잘 딸들을 자랑하시곤 했는데 늘 장학관 이었던 둘째언니자랑이 먼저였다. 아버지는 한 직장에서 오랫동안 일하며 경력을 쌓아 진급하는 것에 최우선 가치를 두셨다. 따지고 보면 나도 스물다섯살에 <말>지 기자로 시작하여 마흔여섯 살에 방송위원회 상근부위원장이 되었으니 한 우물을 판 셈이다. 그러나 둘째 언니는 교원 순위고사에 (두 번 씩이나) 붙어 교육관료까지 되었으니 아버지에겐 더 자랑스러운 딸이었던 것이다. 나처럼 주류 사회 질서에 반발하면서 크는 삶은 아버지의 가치가 아니었다.

아버지는 늘 내가 굶어 죽지 않고 살아가는 것을 신기하게 생각하셨다. 일정한 직장이 있는 것도 아니고 시댁에서 생활비를 대주는 것도 아닌데 그럭저럭 생계를 꾸리는 것이 요해되지 않으셨던 모양이다. 하긴 우리 식구 모두 그랬다. 큰 언니는 도대체 너는 어떻게 먹고 사니? 종종 물었다. 나는 날을 잡아 식구들을 모아놓고 자유기고가로서의 활동가 원고료, 강연료 등등에 대하여 얘기해 주었다. 나는 이런저런 활동을 통해 당시 교사월급의 2/3 정도는 벌고 있었다. 내가 아무리 설명해도 우리 가족들은 불안해서 어떻게 그렇게 사니. 애가 커 가는데 어디 직장에라도 들어가야 하지 않아? 너 같은 사람들은 국회의원 보좌관 같은걸 한다는데 너도 그런데 들어가면 안되니? 라고 말했다.

생각해보면 나도 신기했다. 먹고살 만큼의 원고청탁과 강연 등이 꾸준하게 들어왔다. 엄마는 막내가 능력이 있는데 뭘 걱정하니. 막내는 뭐가 되도 될 거야. 하며 나를 격려해 주셨다. <황금빛 똥을 누는 아기>가 베스트셀러가 되면서는 아무도 그런 걱정을 하지 않게 되었다.

아버지의 유언 두 가지

절망이 죽음보다 깊을 수도 있나니
어둠은 시간 지날수록 짙어오고
사랑은 그리움으로 간절하리

이승민 시
— 꽃으로 피어 그대 품에 닿으리

돌아가시기 전 아버지는 두 가지 유언을 단어로 남기셨다.

임종 12시간 쯤 전 아버지가 스케치북과 매직펜을 가져오라셨다. 아버지는 스케치북에 이런 단어들을 쓰셨다. 엄마라고 쓰더니 아버지는 손을 합장하고 내게 고개를 잠시 숙이셨다. 그리고 엄마 씀씀이 돈 감시라고 쓰셨다. 나는 고개를 끄덕였다. 완성된 문장이 아니라도 나는 아버지의 뜻을 충분히 알 수 있었다.

엄마와 아버지는 어떻게 평생을 함께 사셨을까 싶을 만큼 다르셨다. 그럼에도 불협화음이 최소화한 것은 순전히 엄마 스타일에 힘입은 바 컸다. 엄마는 참고 참고 또 참는 분이었다. 내가 기억하는 한 아버지는 참을 줄 몰랐다. 아버지는 느끼는 모든 것을 어떻게든 표출하는 분이었다. 그래서 아버지의 얼굴은 늘 시끄러웠다. 지금도 아버지를 떠올려 보면 표정 없음은 삭제상태다. 진지하게 생각하는 표정, 화내는 느낌, 웃거나 찌푸리거나 하는 얼굴이 떠오른다. 얼굴표정만이 아니었다. 아버지는 온몸으로 감정을 표현하셨다. 하긴 사람이니까 그러셨을 거다. 언젠가부터 나는 사람들을 관찰하기 시작했는데 말로 하는 의사소통보다 바디랭귀지가 더 많은 것 같다.

엄마는 감정표현이 거의 없었다. 엄마는 잔잔한 물결 같은 분이었고 아버지는 폭풍우가 몰아치는 바다 같은 분이었다. 성정 보다 더 다른 것은 두 분의 돈에 대한 태도였다.

아버지는 무작정 아꼈다. 돈 안 쓰는 것이 아버지의 가치였다. 아버지가 돌아가시 이틀 전 엄마가 우셨다. 아버지는 잠자코 눈을 감고 계셨다. "느그 아부지 불쌍타. 평생 맘 놓고 돈 한번 써 본 적이 없데이. 자식들 가리킬라꼬 아끼고 또 아끼고. 니들 다 여의고 나서도 아끼는 게 습관이 된 기라. 옷을 하나 사도 제 돈 주고는 못산다. 요즘도 벼룩시장이다, 바자회다 돌아다니며 싸디싼 것만 골라 산기지". 엄마의 말이 떨어지기 무섭게 아버지가 손을 내저으셨다. 나를 가까이 오라 손짓하곤 작은 목소리로 말하셨다. "느그 엄마는 저래 내를 몰라요. 니는 알제. 나는 돈 안 쓰는 게 좋았다. 아끼믄 그리 좋은 기라...".

아버지는 일편단심 민들레였다. 엄마이외의 다른 여성에 눈을 돌린 일이 없으셨다. 엄마는 좋겠수, 남편이 알뜰살뜰 아껴줘서. 우리가 놀리면 엄마는 말하셨다. 그게 아이다. 돈 아낄라꼬 그런길까. 엄마 나이 28살, 많이 아프셨다. 아내의 오랜 지병에 겨웠던 아버지가 술 한 잔 하러 나가셨다. 그런데 36살 아버지가 이내 그냥 돌아오셨다. 돈이 아까봐서, 이 돈 이믄 애들 소고기국 끓여 줄 수 있다 싶어서 그냥 왔다카드라. . . 사경을 헤매다 겨우 살아났던 28살 엄마 두 눈에서 마른 눈물이 흘러 내렸다.

　나는 결혼 후 늘 엄마주변을 맴돌며 살았다. 이런 나를 두고 언니들이 놀렸다. 쟤는 아직도 엄마로부터 독립하질 못했어. 둘째 언니의 말. 본래 막내딸 울음소리는 저승에서도 들린다는 거야. 큰언니의 말. 그거야 어린 막내딸을 두고 하는 소리지. 쟤는 마흔이 넘어도 엄마한테 붙어 있잖아. 막내라고 오냐오냐하고 6살 까지 젖을 먹여 그런 가베. 내사 막내가 가까이 붙어 있으니 좋구마. 막내는 내 껌딱지데이. 애 들으믄 삐진다, 아무 말 말거라. 엄마가 말했지만 나는 모두 듣고 말았고 언니들에게 냅다 소리를 질렀다. 그래서 내가 엄마껌딱지 되는데 언니들이 뭐 보태준 거 있어?. 앞뒤 없는 말로 강짜를 부렸다. 하여간 나는 엄마 곁 아니면 못살 것 같았다.

　엄마 곁에 있다 보니 이것저것 생기는 것이 있었다.

　퇴근 후 집에 가면 내 방에 믹서가 두 개 놓여 있을 때도 있고 재래식 오븐 두 개가 있을 때도 있었다. 왜 두 개냐고? 사정은 이랬다.

　엄마는 귀가 얇었다. 주택가를 돌며 물건을 파는 상인들이 있는데 엄마는 그들에겐 호갱이었다. 어쩌면 그렇게 잘 속아 넘어가는지 이것저것 많이도 사들였다. 그런데 아버지가 문제였다. 아버지는 매의 눈으로 엄마를 감시했다. 집안 구석구석을 살폈다. 이상한 물건을 발견할 시 이게 뭐냐 묻고 자시고가 없었다. 냅다 계단 아래 마당으로 던져 버리셨다. 아버지가 어떻게 나올지 뻔히 알면서도 엄마는 물건들을 샀다. 그리곤 우리 집에 숨겨 두었다. "막내야, 이거 니가 사주는 걸로 하제이." 맡기고 공범이 되는 대가로 엄마는 내게도 똑같은 물건을 사주시게 된 거였다. 늘 바빴던 내게 살림살이 잡동사니들이 무슨 쓰임이 있었을까. 그러나 나는 엄마의 공범노릇을 마다하지 않았다. 아이 둘을 낳고도 엄마주변을 맴돌며 사는 데 대한 최소한의 도리라고 생각했던 듯도 하다.

어느 달엔 엄마가 사들이는 물건들이 과하다 싶을 때도 있었다. 어림짐작으로도 백만원 논은 들인 것 같았다. 엄마, 이러다가 들키면 어떻게 해요? 한마디 할까...하다가 그만둔 적이 여러 번이다. 부업이란 명목으로 평생 일한 엄마가 저 정도 돈도 못쓰랴 하는 생각이 나를 막아섰기 때문이다.

엄마는 통이 컸고 집안 대소사에 아버지 몰래 큰돈을 내시곤 했다. 엄마가 진짜 못마땅할 때가 있었다. 전혀 불필요하다고 생각되는 곳에 돈을 펑펑 쓰실 때 나는 엄마, 엄마 여기저기 마구 퍼주는 거 아버지한테 말해 버린다...은근짜를 놓은 일이 있다. 엄마는 크게 웃으시며 문디 가스나, 상스럽게 뭔 소리고. 일언지하로 내 약코를 죽이셨다.

아버지의 가장 중요한 유언을 문장으로 만들면 이랬다.

"엄마를 부탁한다. 엄마가 돈 씀씀이가 크니 잘 감시해라..."

잠시 쉬시다가 아버지가 다시 스케치북에 뭔가 쓰셨다.

너 자동차 모닝 진짜 너 국가 봉사 인재 이런 단어들이 쓰어 있었다.

내가 책을 출판하고 그 책이 베스트셀러가 되었을 때 아버지가 내게 물으셨다. 차, 안바꾸나?

아토스를 타고 다닐 때 였는데, 그땐 방배동에 살았으므로 차를 바꿀 필요성을 못느꼈다. 그래도 엑센트 정도는 타고 다녀야제. 아무리 시민단체라케도 사무총장 아이가? 아버지가 말씀하셨다. 하긴 주변이 다 그랬다. 돈이 조금만 더 생기면 차부터 바꿨다. 진급을 하거나 시험에 붙어도 차부터 바꿨다. 나는 아버지게 말씀드렸다. 아부지, 아토스를 타도 전혀 불편하지 않아요. 아부지처럼 저도 구두쇠인가봐요. 이후 아버지는 다시는 차 교체 이야기를 하지 않으셨다.

내 차를 바꿔 준 사람은 남편이었다. 공부를 끝내고 경제활동을 한 뒤 몇 년 지나 남편은 내게 빨간 세라토를 사주었다. 그때 기뻤던가? 기억이 잘 나지 않는다. 근데 남편이 차를 바꿔줬다고 크게 떠들고 싶은 기분이긴 했다.

아버지가 마지막 힘을 쥐어짜듯 한 마디 한 마디를 힘주어 말하셨다.
"니는 내 딸이지만도 진짜다. 니가 모닝타고 다닐 때 저 아가 와저라노...싶었는데, 일도 열심히 하드라. 니 나오는 국회방송, 내가 다 봤어요. 니가 질문하면 장관이고 총리고 겁내드라. 열심히 해서 꼭 당선되거라. 이왕에 내친 거 아이가? 너 같은 인재가 일을 못하믄 나라에 손실이다. 문재인대표도 대통령되믄 방통위원장 시키줄끼다..."

순간 나는 눈물이 왈칵 쏟아졌다. 아버지가 나를 인정해주시는 걸까. 자식은 누구든 부모에게 인정받고 싶어 한다. 나는 아버지가 내 삶의 가치관을 인정해주지 않으셨으므로 마음 속 한구석이 늘 허전했다. 부모님은 내 근본인데 두 분이 나를 인정하지 않으시면 나는 없는 것과 같다는 극단적인 생각이 늘 마음 한구석에 또아리를 틀고 앉아 나를 괴롭혀왔다. 그런데 아버지가 저런 말을 하셨다. 아버지 앞에서 울어선 안되었으므로 나는 병실 바깥으로 나왔다. 비상계단으로 갔다. 마침 아무도 없었다. 아버지가 나를 인정해주신 것이 감사해서 울었다. 한참 울고 나니 마음이 맑아지는 느낌이 들었다. 불현 듯 막내인 나는 늘 아버지 뜻을 거슬렀고 지금까지 걱정만 시켰다는 데 생각이 미쳤다. 네게 학생운동이 뭐가 그렇게 중요했을까. 민주화운동이나 공익이 뭐가 그렇게 중요하다고 내 아버지 마음을 그렇게 태웠나 싶었다.

우리 막내가 귀여워요, 머리도 비상하게 좋아요...하며 까실한 턱을 내 얼굴에 부비던 아버지, 중2 때 담임을 면담한 뒤 막내가 글을 잘 쓴다드라 하며 희미하게 웃던 아버지, 내가 시위를 주동했던 이대 c관 4층 복도에 주저 앉아있던 아버지, 유치장에 면회와 나를 비웃던 교수를 질책하던 아버지, 구치소 첫 면회 때 건강이 최고다, 아무 생각 말고 책 읽으며 편히 지내라시며 울먹이던 아버지, 내가 시부모님과 함께 살겠다고 말씀드렸을 때 "너는 시부모 못 모신다, 내가 너를 어떻게 키웠는데 그런 고생길에 들어가느냐"며 걱정하던 아버지, , 팔순 넘은 어느날, 배고프다며 투정하다가 콩나물국밥을 사드렸더니 맛나게 드시던 아버지, 아버지 방벽 내 화보에 뽀뽀하며 환하게 웃던 아버지... 아버지와의 추억이 주마등처럼 뇌리를 스치고 지나갔다.

회한의 눈물이 걷잡을 수 없이 흘러 내렸다.

그러나 장례식 전 기간, 사람들 앞에서 나는 눈물 한 방울 흘리지 않았다.

나는 아버지의 딸이다

> 내가 허위허위 길 가다가
> 만져보면 죽은 아버지가 버팀목으로 만져지고
> 사라진 이웃들도 만져집니다
> 언젠가 누군가의 버팀목이 되기 위하여
> 나는 싹틔우고 꽃피우며
> 살아가는지도 모릅니다.
>
> 복효근 시
> — 버팀목에 대하여 中

낙선했다.

아버지가 살아계셨다면 낙선하지 않았을까. 부질없는 생각을 해볼 때가 있다. 아마도 아버지가 살아계셨다면 나보다 더 열심히 나의 당선을 위해 뭔가 하셨을 것임에 틀림없다. 낙선 후 엄마가 나 몰래 노인정을 돌며 " 우리 딸 정말 좋은 사람입니데이. 꼭 지지해 주이소. . ." 하셨다는 걸 알았다. 엄마답게 내겐 일언반구 없으셨다. 도농역에서 낙선인사를 하다가 나를 찍었다는 30대 여성을 만났다. "인상 좋은 그 할머니, 의원님 닮으셨던데요. 손을 꼭 잡고 지지해 달라시더라구요. 손이 따뜻하셨어요."하고 그가 말했다. 아마도 엄마는 도농역 주변 아무 곳에나 서서 선거운동을 하셨던 모양이다.

낙선이유는 정직했다.

가장 중요한 이유는 내가 권력의지가 뭔지 조차 몰랐다는 사실이다. 선거라고 써 놓으면 선택해서 뽑는다 라는 의미일 텐데 실지로는 이렇다. 선거는 여야 간 혹은 정파간 "너 죽고 나 살자"는 권력투쟁이다. 너 죽고 나 살자는 싸움에선 상대방을 죽이겠다는 의지가 강한 사람이 이긴다. 상대방을 죽이겠다는 의지와 내가 이기겠다는 의지는 결국 같은 것인데 나는 상대방을 죽이겠다는 생각이 별로 없었다. 상대방 쪽이 나에 대해 온갖 마타도어를 퍼뜨리고 심지어 고등학생 내 딸을 곤혹스럽게 만들었을 때에도 나는 멍때리고 있었다. 그 상황이 그냥 힘들었고 내 딸이 가엾어서 같이 울었을 뿐 권력투쟁적 입장에서 제대로 대응하질 못했다.

아예 남양주 병 지역을 선택한 것부터가 나이브하기 짝이 없었다.

지역구에 출마하려면 이길 수 있는 지역을 택해야 한다. 그런데 남양주 분구지역은 나중에 알고 보니 여성이 출마해 이기는 것이 불가능한 지역이었다. 내가 남양주 분구지역으로 간다는 소식을 듣고 김영주의원이 격려차 밥을 사주며 걱정했다. 본래 도농복합지역은 보수적이라 여성이 이기기 힘든 지역입니다. 심사숙고해 결정하세요. 돌아보면 김영주의원의 염려는 지극히 현실적인 것이었다. 그런데 나는 분구지역이라 남양주를 택했다.

강동을 지역이나 송파병 지역으로 이사하라는 권유가 있었다. 그런데 두 지역 사정을 알아보니 오랫동안 해당 지역에서 밭을 갈구어 온 원외 지역위원장들이 있었다. 내가 초등학교, 중학교를 졸업한 동작을 지역구엔 허모위원장이 있었는데, 내가 그 지역으로 이사한다는 소식이 알려지자 "이사오면 분신해버리겠다"고 말했다고 한다.

입장을 바꿔 생각해보면 분신해버리겠다는 그의 말에 충분히 수긍이 갔다. 민주당으론 활동하기 어려운 지역에서 오랫동안 텃밭을 일궈온 그들이 공천을 받고 지역구민의 선택을 받는 게 당연한 일 같았다. 비례대표 국회의원은 어떻게 보면 당으로부터 특혜를 받은 사람들인데, 고생한 원외지역위원장들에게 불이익을 주는 게 옳은 일일까 싶었다.

남양주 분구지역엔 그런 원외위원장이 없을 것이었다. 내 스타일을 잘 아는 나는 누군가에게 불이익을 주고 상처를 주면서 지역정치를 시작할 수가 없었다. 그리고 나의 지역구 출마는 목적이 좀 달랐다. 나의 국회의원 재선보다 문재인대통령으로의 정권교체가 더 중요하게 여겨졌다. 2012년처럼 선대위엔 못 들어갈 테니 지역구 한군데라도 맡아 표를 긁어 모아보자는 심산이었다. 돌이켜 보면 참으로 한심한 자세였다.

도농동 부영아파트로 이사했다. 와보니 몇 사람이 분구지역을 노리고 있었다. 2016년 1월 분구가 되었다. 남양주 병 지역은 민주당 후보가 당선될 가능성이 거의 제로에 가까웠다.

당 여성위원회에서 남양주을 지역구로 가라는 권유가 있었다. 을 지역 여론조사 결과 내가 압도적으로 우세하다는 것이었다. 갑 지역으로 가라는 권유도 있었다. 2015년 최순실 국정농단과 2016년 필리버스터 참여로 인지도가 올랐던 나는 갑 지역 호평평내 지역 여론조사에서 70%의 높은 지지를 받고 있었다.

그래도 사람이 어떻게 그럴 수 있나? 나는 부영아파트에 이사와 1년 동안 병 지역에서 출마 할테니 도와달라며 머리를 조아리고 다녔다. 그런데 분구가 불리하게 되었다고 다른 지역으로 가는 게 도리인가. 말이 되나. 나마저 그런 행동을 한다면 정말 남양주 병 지역구민들은 민주당에 등을 돌릴지도 모른다는 생각이 들었다.

당선가능성이 제로였던 까닭에 남양주 병 지역 공천신청자는 나 하나였다. 나는 단수공천을 받았다. 당시 남양주 병지역 당 지지율은 충격적이었다. 새누리당 40%, 국민의 당 17%, 민주당 13% 가 평균치였다. 나는 죽도록 뛰어 당선되어 보리라 굳게 결심하고 선거에 뛰어 들었다.

선거막바지 유선 ARS조사에선 20% 가까이 열세 였지만 유선전화면접 적극투표 층 조사에서 1%이긴다는 여론조사결과까지 나올 정도로 전심전력했다. 결과는 4000표차 낙선.

낙선의 가장 큰 이유는 지역구 게리멘더링이었다. 애초 남양주시와 선관위가 올렸던 안 대로 호평 평내 지역이 병지역구에 편입됐다면 절대로 질 수가 없었다.

다음으로 보좌관 K의 음주운전이 낙선의 중요한 요인이었다. 공식 선거운동이 시작되기 하루 전날, 만취한 그는 차를 몰고 인도로 돌진했다. 소식을 듣고 나는 아찔했다. 아, 하늘이 나를 버리는구나 싶었다. 그런데 내 걱정은 내 선거 하나가 아니었다. 이 사실이 티비조선이나 채널에이에 보도되면 어떻게 하나, 이것이 더 큰 걱정이었다. 그를 쉬게 했다. 그는 조직을 맡고 있었는데 조직관련 자료를 일절 넘겨주지 않고 잠적해 버렸다. 지역의 선거전문가들은 이것이 내 낙선의 결정적 이유라고 말했다. 선거운동 기간 내내 나는 보좌관 음주운전을 숨기려고 한다는 비방에 시달렸다. 그게 숨긴다고 숨겨지나? 지금 돌아보아도 가슴이 서늘해진다. 그의 음주운전이 나의 낙선에만 영향을 끼친 것은 정말 불행 중 다행이었다.

모든 것이 내 잘못이었다. 나는 지역구에 적응하지 못하고 갈팡질팡하고 있었다. 선거에서 내가 박근혜 정부를 공격하려 하면 주변에서 말렸다. 지역이 보수적이라 박근혜를 공격하면 표가 더 떨어진다는 거였다. 남양주지역발전을 공약으로 선거운동을 해야 승산이 있다는 거였다. 남양주 똑순이, 끝까지 남양주, 남양주 가치 두배. 행복 두배. . . 같은 여당 같은 공약으로 선거를 치렀다. 내가 문재인 대표를 모시려고 하면 주변에서 반대했다. 호남향우회에서 문대표 비토가 심해 선거에 진다는 것이다. 나는 내 생각대로 선거를 치르지 못했다. 남편도 걱정이 많았다. "젊은이들이 왜 당신을 뽑아야 하냐구 묻던데, 주광덕 하고 뭐가 차이가 나느냐고 물어".

내 선거를 도와주러 왔던 문성근대표가 걱정스러운 얼굴로 조언했다. "최민희 답게 선거 치러야 후회가 안 남는 겁니다. . ." 선거 이틀 전 쯤 정신이 퍼뜩 들었다. 맞아 나는 최민희지, 지금까진 최민희표 선거가 아니었다 싶었다. 그러나 이미 대세는 기울어 있었다.

국민의 당 이진호후보는 20%넘게 득표했다. 남양주 병 지역 호남 유권자 표 대부분이 국민의 당을 선택했다. 이 경향은 2017년 대선에서도 그대로 나타났다. 안철수후보가 이 지역에서 20%를 훌쩍 넘겨 버린 것이다.

여론조사 상 문재인 대표가 한번 왔다 가면 2,3% 씩 지역후보 지지율이 오른다는 것을 나중에 알았다. 나는 눈앞의 선거에 열중하느라 많은 것을 몰랐다. 한마디로 나는 우직한 바보후보였다.

민주당 주변 모두가 열심히 선거운동을 벌였으나 선거 전략이 틀렸으므로 이길 수가 없었다. 텃밭도 새누리당에 절대적으로 우호적이었다. 애초 민주당에서는 우리 지역을 1만표 정도 지는 지역으로 분류했다. 4000표 차로 격차가 준 것은 순전히 우리 지역의 민주당 사람들이 똘똘 뭉쳐 전심전력한 덕분이었다. 그러나 만표로 지건 4000표로 지건 진 건 진 거였다.

낙선의 고통이 이토록 뼈아픈 것인지 알았다면 나도 좀은 약은 선택을 했을지 모른다. 정세균총리가 전화로 "민희, 너 갑으로 가라니까 잘난 척 하다가 잘 됐다 그랴..." 하셨다. 이해찬대표는 "민희, 어떻게 하면 선거에서 떨어지는 겨?" 하며 놀리셨다. 남의 속 타는 것도 모르고 너무들 하셨다. 그런데 이상한 것은 두 분의 놀림이 따뜻하게 느껴졌단 점이다.

어려운 일에 직면하면 아버지가 떠오른다. 이럴 때 아버지라면 어떻게 하셨을까. 아버지는 오직 자기 몸뚱이 하나 믿고 사셨다. 자식은 물론 신에게도 의지하지 않으셨다. 30살 넘어 내가 세례를 받고 카톨릭신도가 되었을 때 아버지는, 그렇게 힘드냐... 짧게 물으셨다. 나는 아버지, 그냥 기도하고 싶어요. 라고 역시 길지 않게 답했다. 아버지는 그런 거 없다, 사회과학 공부했다는 네가 기도라니 가당키나 하나 하셨다. 가끔 아버지는 종교는 아편과 같다고 레닌이 말했다, 일리가 있는 말이다. 사람이 참으로 무서워요. 신이라는 절대적 존재를 스스로 만들어 놓고 거기에 의지하니 말이요...

머릿속으로는 아버지 말에 동의하는 부분이 있었다. 그러나 나는 무엇이든 한번 시작하면 열심히 했다. 세례를 받고 오랫동안 새벽미사를 보았다. 그런데 나는 신앙이 돈독하지 못했던가 보다. 무엇인가 이뤄달라고 빌지를 못했다. 남편을 위해 기도하다가도 내가 기도할 자격이 있나? 이렇게 이기적인 기도를 해도 되나? 싶어 흠칫 놀랐다. 마침내 나는 지금 내게 필요한 것을 주소서... 기도했다.

그리고 마흔에 딸을 낳았다.

그래, 아버지라면 오뚜기처럼 일어나셨을 것이다. 그리고 당신 앞에 놓인 일을 성실하게 해 나갔을 거다 생각했다. 낙선 다음날부터 나는 낙선인사를 시작했다. 그리고 낙선이후 1년 동안 선거운동 하듯 지역을 훑었다.

낙선인사 2개월 쯤 지났을 때 갑자기 주변이 따뜻해지기 시작했다. 낙선했으니 지역을 떠날 것이라 생각해 멀리했던 사람들이 한 명, 두 명 다가왔다. 무엇보다 남양주의 대구라 불리는 병 지역에서 오랫동안 민주당을 지지했던 분들이 나를 중심으로 민주당의 중심을 세워보자는 마음으로 뭉치기 시작했다.

지하철역에서 사람들은 다양한 반응을 보였다. 상대후보를 찍은 사람 중엔 노골적으로 나를 째려보는 여성도 있었다. 지금도 그 여성의 그 표정, 경멸의 눈빛을 잊을 수가 없다. 특히 '차별금지법'에 서명했다는 이유로 내가 동성애지지자라든가, 심지어 내가 동성애자라는 마타도어가 공공연히 돌았다. 남양주 병 지역 대형교회 중심으로 나를 비토하고 있었다. 기가 막힌 일이 아닐 수 없었다. 아마도 그 마타도어를 믿고 있었던 것이 아닐까, 그 여성은 벌레 보듯 나를 보며 눈을 흘기고 지나갔다.

그러나 우리나라 사람들은 동정심이 많다. 그런 여성은 극소수였다. 대부분은 나를 위로해주었고 일부 호남출신 어른들은 다가와 사과했다. 정말 미안하다. 최의원에겐 우리가 잘못했다... 우리가 사람을 못 알아보고 죄를 지었다... 지역행사도 빠지지 않고 다녔다. 일부 행사에서 나는 그림자 취급을 받았다. 당신이 못나서 떨어진 거라며 노골적으로 비웃는 사람도 만났다.

당선된 상대후보 옆은 온갖 사람들로 넘쳐났고 내 옆은 텅 비어 있었다. 원숭이는 나무에서 떨어져도 원숭이지만 국회의원은 낙선하면 사람취급도 못 받는다는 말을 뼈저리게 실감하며 하루하루가 지나갔다.

그러나 나는 나를 지지해준 38.4%의 유권자가 계시다. 거기에서부터 다시 시작하자, 다시 시작하자... 굳게 결심했다. 길거리에서 몰래 흘린 눈물로 작은 호수를 만들 수 있지 싶을 만큼 많이 울었다. 많이 힘들었고 너무나 고달팠다. 말로 표현하기 힘든 고통스러운 나날이었다. 그러나 온갖 구박과 핍박에도 나는 굴할 수 없었다. 나는 정권교체를 위해 남양주 병 지역에서 한 표라도 더 끌어 모아야 했다.

노무현 대통령이 어떻게 가셨는데 내가 개인적인 굴욕감에 머물러 있을 수 있단 말인가.

그러나 내 어려움은 거기서 끝나지 않았다. 상대후보 측에서 공직선거법 위반으로 나를 의정부지검에 고발한 것이다. 2016년 4월 선거기간 중에 고발당했고 2018년 7월 대법원 선고가 있었다. 나는 공직선거법 위반으로 벌금 150만원을 선고받고 피선거권을 박탈당했다.

나는 2015년 초부터 국회 운영위원회에 소속되어 청와대를 감시했다.

2015년 윤전추 3급 비서관의 수입 필라테스 장비 폭로를 시작으로 나는 박근혜 청와대 제2부속실의 몰래카메라를 폭로했다. 제2부속실은 보통 대통령 부인을 모시는 부서다. 박근혜대통령은 가족이 없으므로 사실 제 2부속실이 필요 없었다. 그래서 제2부속실도 박대통령을 보좌했다. 그런데 제2부속실에 몰래카메라가 있다면 누구 감시용일까. 나는 국회 본회의장에서 몰래카메라를 폭로하며 물었다. "박근혜대통령은 안전하신 거냐?"

국회 본회의장이 소란스러워졌다. 내 발언에 이어 새누리당 이모, 윤모의원이 나를 비난하는 발언을 했다. 나는 그날 3번 본회의장에서 발언했다. 이후 청와대 몰카 비디오, 의문의 침대 3개를 폭로하기 직전, 작고한 이모 전 원내대표가 나를 찾아왔다. 그는 3번이나 내개 경고했다. 청와대 그들이 최의원을 노린다, 조심해라... 더 이상 폭로하면 최의원의 안전을 보장하기 힘들다고 그는 말했다. 김모 당시 수석

부대표도 내게 은근짜를 놓았다. 최의원, 그러면 재미없어...

김현의원이 내게 충고했다. 여기까지만 하세요. 충분히 했어요. 더 이상 하면 나처럼 당할지 몰라요. 나는 그에게 말했다. "얘, 내가 후원회도 안하고 해외여행 한 번 안가고, 출판기념회도 한 번 안하고 조심해 왔는데 보복해봐야 뭘 하겠어. 나는 털어도 먼지 안나와".

그리곤 오랫동안 인구에 회자됐던 의문의 청와대 침대 3개를 폭로했나. 이후 나는 박영선, 정청래와 함께 새누리당에서 마지막까지 찍은 킬러공천 대상 3인에 포함되었다. 이후 지역구 게리멘더링으로 낙선했고, 사법적 보복을 당한 것이 아닌가 확신한다. 몇 년 후 지역행사에서 박근혜 청와대 경호실에 근무한 사람을 만났다. 그는 이렇게 말했다. 의원님이 청와대 직접 구입 물품을 공개할 때마다 청와대에는 비상이 걸렸어요. 그냥 멀쩡히 살아있는 것이 기적이다 생각하세요. 등골에 소름이 쫘악 끼쳤다.

재판을 받으며 과연 이 재판이 공정할까? 의심스러웠다 남양주시청에서 명함 돌린 것, 남경필 지사와 유일호 장관을 만난 것과 관련하여 허위사실 유포로 고발당했는데 적어도 나의 혐의와 같은 이유로 피선거권을 박탈당한 사람은 없었다. 1심 재판이 진행되는 중간에 판사가 바뀌었다. 판사가 바뀐 이후 박현석 변호사의 걱정이 컸다. 판사가 내게 불리하게 재판을 진행하는 느낌이라는 거였다. 알아보니 1심 판사는 구리가 본거지였다. 상대 후보도 구리출신이다. 사람들은 상대 후보와 1심 판사가 구리인맥으로 얽혀있어서 내 1심 재판이 내게 불리하게 선고될 것이라고 수근거렸다고 한다. 실제로 검찰은 1심에서 벌금200만원을 구형했다. 그런데 1심 판사는 내게 벌금200만원을 선고했다. 이후 내 별명은 이백 - 이백이 되었다. 검찰이 이백만원을 구형하자 민주당에서는 이제 "최민희는 걱정 없게 되었다"라고 말했다. 사실 지역구 첫 출마 후보의 경우 호별 방문 금지를 어긴 것 정도는 선고유에 하는 것이 일반적인 판결이라고 한다. 그런데 판사는 호별방문 70만원, 허위사실유포 140만원 식으로 분류해 설명하며 벌금 200만원을 선고했다.

항소심 판사는 차모 판사였다. 표면적으로 그는 출신지역 때문에 민주당에 우호적인 판사로 분류되는 듯 했다. 그런데 양승태 사법농단 과정에서 그가 양승태키즈라는 것이 밝혀졌다. 그는 우호적인 듯 재판을 진행하다가 결국 150만원을 선고했다. 200만원이나 150만원이나 피선거권이 박탈된다는 의미에서 다를 바가 없다. 야비한 판결이었다.

피선거권이 박탈된 이후 하루하루가 지옥 같았다.
가장 먼저 당 디지털소통국에서 연락이 왔다. 나는 당시 디지털소통위원장이었다. 디지털소통위원장 업무카드를 반납하라는 것이다. 당 조직국에서 연락이 왔다. 지역위원장 자격박탈 통보였다. 노웅래 전당대회 준비위원장이 전화를 했다. 전당대회장에 오지 말라는 것이었다. 나는 윤호중 의원에게 노웅래위원장 이야기를 전했다. 윤호중의원은 그럴수록 더 오셔야 해요 하고 말했다. 가지 않았다.
나는 당 디지털 소통 국으로 부터 연락을 받고 호흡곤란이 와 응급

실 신세를 졌고 지역위원장을 내놓으라는 통보를 받고 숨이 막혀 집에서 쓰러진 일이 있다. 그리고 얼마 지나지 않아 이명이 왔다. 어지럽고 토할 것 같은 증상이 늘 따라 다녔다.

당의 일처리 방식에 대해 조언하고 싶은 점이 생겼다. 그것은 통보 방식에 관한 것인데, 단도직입적 통보 보단 우회적 통보가 충격을 좀 은 줄여주지 않을까 싶다. 그러나 단도직입적인 내 스타일에 생각이 미치자 내가 쌓은 업의 댓가를 혹독하게 치르고 있는 거구나 싶기도 했다. 반성도 많이 했다.

한편 이런 생각도 했다. "인생사새옹지마(人生事 塞翁之馬) 아니던가. 지금 내가 말을 잃어버린 것이 더 큰 액을 막아줄 수도 있을 거야, 잃어버린 말이 두 마리 말이 되어 돌아올지 어찌 알겠는가."

이 이야기는 회남자(淮南子) 인생훈(人生訓)에 소개되어 있다.

중국 변방에 노인이 살고 있었다. 그의 말이 도망쳤을 때 사람들이 그를 위로했다. 그는 이게 복이 될지 어찌 알겠냐고 말했다. 몇 달 후 말이 오랑캐말과 함께 돌아왔다. 사람들이 축하했다. 그는 이게 화가 될지 어찌 아냐고 반문했다. 그의 아들이 말을 타고 놀다가 낙마해 다리가 부러졌다. 사람들이 위로했다. 이게 복이 될지 어찌 알겠는가? 그는 응답했다. 전쟁이 터지고 장정들이 끌려가 사망자가 속출했다. 노인의 아들은 다리부상으로 징집을 면했고 생명을 건졌다.

당나귀 한 마리가 우물에 빠졌다. 당나귀는 슬피 울며 생명을 구했다. 늙은 당나귀도 우물도 쓸모를 다했다. 농부는 쓸모없는 우물을 메우려 하고 있었다. 그는 당나귀를 구하는 대신 우물을 메우기로 했다.

동네사람들이 모여 우물에 흙을 넣기 시작했다. 당나귀는 더 슬피 울부짖었다. 시간이 지나고 당나귀 울음소리가 그쳤다. 당나귀는 죽은 것일까? 사람들이 우물 속을 들여다보았다. 놀라운 광경이 벌어지고 있었다. 당나귀는 사람들이 퍼부은 흙을 털어 우물바닥을 다지며 위로 위로 올라오고 있었다.

하늘은 스스로 돕는 자를 돕는다.

이 고사를 읽으며 나 자신이 그 당나귀처럼 느껴졌다. 적폐세력들이 나를 죽이려 해도 나는 절대로 죽지 않을 것이다. 그들이 나를 생매장하기 위해 검사와 판사들을 사주해 아무리 많은 흙을 퍼부어도 나는 죽지 않을 것이다. 나는 그 흙으로 바닥을 다지며 내 생명을 구하리라. . . 다짐하고 또 다짐했다.

내 재판이 끝나고 내게는 새로운 별명도 생겼다. "버려진 친문핵심." 그 손가락질이 가장 견디기 힘들었다. "2017년 대선 때 누구보다 열심히 문재인 후보 당선을 위해 열 일했던 그대를 대통령이 버렸다"는 말을 너무나 많이 들었다. 그들은 박근혜 정부처럼 문재인정부도 사법부와 거래하고 압력을 넣는 정부로 착각하고 있었다. 대통령은 나를 버린 게 아니라 3권 분립 원칙을 따를 뿐이라고 아무리 항변해도 사람들은 믿지 않았다. 이 오해가 풀린 것은 김경수지사 재판 이후 였다. 김경수지사 라면 친문 핵심 중 핵심인데 법원은 말도 안 되는 네이버 업무방해를 빌미로 그에게 유죄판결을 내렸다. 그가 유죄판결을 받자 일부 동네사람들은 "정말 문재인정부는 사법부 판결에 관여하지 않는 구나" "최민희 말이 옳았네..." 하였다.

　남양주병 지역구는 사고지구당이 되었다. 이후 김경근위원장 대행 체제로 바뀌었다.

　남양주병 지역구를 민주당의 튼튼한 요새로 만들고 싶다는 소망을 접을 수가 없었다. 나는 김경근위원장 대행을 도와 병 지역구 조직을 재정비하기 시작했다. 지방선거가 끝난 뒤 병 지역에는 도의원 2명, 시의원 3명이 있었기 때문에 지방선거 이전보다는 조직을 다지기가 훨씬 수월했다.

촛불집회

> 새끼발가락을 다치고서야 깨닫는다
> 오랜 세월 함부로 불려진 아랫것의 힘
> 어찌 발가락뿐이랴
> 아랫것이 저 아랫것들이라고
> 참 함부로 무시되던 이들이
> 가장 밑바닥 저변이 되어
> 세상을 받치고 지탱하는 숨은 힘
>
> 김은숙 시
> — 아랫것 中

2016년 총선이후 박근혜, 최순실 국정농단 사건이 슬슬 수면위로 올라오기 시작했다. 다른 한편 우리는 문재인 대통령 만들기에 시동을 걸었다. 나는 TV토론 패널 역할을 맡았다. 문재인 대통령 만들기 프로젝트의 일환으로 내게 배정된 채널은 TV조선이었다. TV조선 정치프로그램 '이것이 정치다'에 출연하기 시작했는데 내가 TV조선에 출연하는 것 자체가 이슈가 되었다.

2016년은 지역구내에서 내 이름이 널리 알려지는 해가 되었다. 나는 총선 당시보다 더 유명해졌다. 박근혜, 최순실 국정농단 사건이 시작되면서 19대 때 내 의정활동이 자주 TV에 보도되었던 것이다. 윤전추와 필라테스 장비, 제2부속실 몰래카메라, 박근혜 청와대의 95만원짜리 비싼 휴지통 등 무엇보다 의문의 침대3개가 다시 조명되기 시작했다. 김영환 비망록 속의 '친노, 독버섯, 필라테스' 등등의 단어가 재조명 되었다. 폭로된 방송통신심의위 관련 자료에서 당시 여당쪽 방심위원의 "최민희 의원 1명 대하기가 10명 국회의원 상대하는 것보다 힘들다."는 발언이 공개되어 주목받았다. 지역을 돌아다니다 보면 어떻게 그 사실을 사전에 알고 있었냐 묻는 분들이 많았다. 나는 열심히 자료를 파다보면 1차 자료, 2차 자료, 3차 자료를 받게 되고 그러다 보면 공무원들이 실수하여 기밀자료를 주는 경우가 있다고 대답했다.

내가 TV조선에 출연한 것을 민언련과 한겨레 신문이 대놓고 비판하는 기사를 냈다. 심지어 한겨레는 신문 한면을 털어 내 인터뷰를 실었다.

나는 이미 시민단체활동가가 아니었다. 내가 안티조선운동의 대명사였으므로 나의 TV조선 출연이 누군가에겐 낯설 수 있다. 그러나 나는 이미 정치인으로 바뀌어 있었고 민주당 대선 전략 차원에서 내가 종편에 출연하는 것은 안티조선운동과는 다른 차원의 일이었다. 내 안에서는 전혀 모순이 없었다. 오히려 걱정되는 것은 방송토론을 잘 할 수 있느냐 없느냐 였다. 당시에는 종편의 주 시청자는 보수적인 50대 이상 유권자였다. 그러므로 절제된 언어로 품격있게 토론할 수 있도록 철저하게 준비해야 했다.

한편 2016년 10월 말부터 박근혜 규탄촛불집회가 시작되었다.

결과적으로 박근혜가 탄핵되었지만 처음부터 정치권이 탄핵으로 방향을 잡았던 것은 아니었다. JTBC가 보도한 최순실 테블릿PC가 탄핵정국으로 가는 분수령이 되었다. 2016년 12월 3일 촛불집회는 내 인생에서 잊을 수 없는 날이 되었다. 촛불집회 최대인원 230만명이 모인 그날 광화문광장에서 나는 생일파티를 가질 수 있었다.

그리고 12월 9일 박근혜가 탄핵되었다.

역사적인 현직 대통령 탄핵사태 앞에서 가장 우왕좌왕 한 것은 정치권이었다. 거국중립내각부터 박근혜하야, 책임총리까지 비현실적인 이런저런 제안이 정치권에서 터져 나왔다. 국민들은 박근혜를 대통령으로 뽑았는데 정체모를 강남아줌마 최순실이 실질 대통령이었다는 사실에 분노하여 박근혜 퇴진을 일관되게 요구했고 이후 국회탄핵을 강력히 추동했다.

왜 정치권은 우왕좌왕했을까? 결국 박근혜는 탄핵되었고 2017년 조기대선이 치러졌다. 그런데 정치권 누구도 이 상황을 예견하지 못했다. 왜일까?

역사를 돌아보면 민중적 요구를 읽지못 하는 위정자들이 민심을 배반하는 일들이 종종 있다. 멀리갈 필요도 없이 4.19때도 그랬다. 보수적인 정치권은 적당히 타협하고 총선을 치른다던가 하는 미봉책을 선호한다. 그러나 민중은 근본적인 혁신을 요구하기 마련이다. 2016년 촛불집회정국에서도 그랬다. 정치권은 자신들의 정치적 이해관계에 따라 이합집산했다. 당시 국회의석수 분포는 다음과 같았다. 새누리당 의석이 122석, 민주당 123석, 국민의당 38석, 정의당 6석 이었다. 탄핵가결 정족수는 200석이었다. 민주당과 국민의당을 합쳐도 161석 밖에 되지 않았다. 새누리당에서 최하 33표의 이탈표가 나와야 탄핵을 가결할 수 있었다. 최종적으로 국회는 234표로 탄핵을 가결했다. 새누리당에서 김무성계 의원들이 탄핵에 적극적으로 가담한 결과였다.

남양주병 지역구는 촛불집회 과정에서 지역구 촛불 방을 만들 수 있었다. 내가 지역구에 내려왔을 때 최재성의원이 이런 충고를 했다. 이 지역은 기본적으로 보수적이에요. 민주당 조직은 그냥 없다고 생각하시면 되요. 최민희의원을 지지하는 100명 서포터즈 조직을 만들 수 있으면 지역에 안착할 수 있어요.

그러면서 그는 내게 자신의 개인조직을 소개해주었다. 최강최동이나, 성우회가 그것이었다. 최재성의원의 소개로 그 모임의 구성원들을 만나고 나서 나는 결심했다. 최재성의원의 사람들로 정치를 하지는 않겠다. 새롭게 나와 뜻을 같이 하는 사람들의 조직을 만들겠다. 그러나 조직만큼 어려운 일이 없었다. 총선기간중에 80명 정도의 엔젤조직을 만들었다. 그러나 내가 낙선하자 그 조직을 유지할 수가 없었다. 거기엔 내 스타일도 작용했다. 술 먹고 밥 먹고 모여 이바구 떠는 것을 별로 좋아하지 않는 나는 대중조직에 적합한 스타일이 아님이 분명했다. 유유상종이라고 내 주변에는 나와 비슷한 사람들만 모였다. 운이 좋아 조직능력이 있는 분들이 2~3명 나와함께 하겠다고 했을 때 나는 속으로 뛸 듯이 기뻤다. 그러나 겉으로는 무심한 척 행동했다.

낙선 후 정치인들이 가장 두려워하는 것은 잊혀지는 것이다. 이상하게도 나는 절대로 잊혀지지 않을 것 같다는 예감이 들었는데 나를 남양주로 부른 최재성의원이나 박기춘의원은 그 점을 가장 걱정했다. 사람들이 최의원을 금방 잊어버릴지도 몰라요. 그러니 부지런히 지역을 돌아야 해요. 여기 저 여자가 왜왔어. 손가락질 할 정도로 돌아다녀야 해요. 모든 분들이 이구동성으로 이렇게 이야기 했다. 말은 그렇게 하면서도 네 성질에 그렇게 할 수 있겠냐? 라는 의심이 가득담긴 듯했다.

그분들은 나를 정말로 몰랐다. 나는 우리아버지의 딸이다. 힘들고 어려운 일을 오랫동안 참고 버티는 것은 내 주특기다. 엄마는 말이 짧은 분이었지만 가끔 결정적인 삶의 지침을 내게 내리셨다.

내 어릴 적 별명은 울보였다. 조금만 기분 나쁜 말을 들어도 나는 울었다. 별명이 동네북인적도 있었다. 조금만 툭 쳐도 내가 울어서 붙은 별명이었다. 이런 나를 가만히 지켜보시다가 엄마가 이렇게 말했다. "막내는 그렇게 울어야 살 수 있는 거야? 니가 걸핏하면 우니까 오빠들이나 짓궂은 사내애들이 놀리는 거야. 한 번만 울지 말고 참아볼래?" 엄마의 말을 듣고 깨달은 바가 있었다. 나는 엄마말씀대로 오빠가 놀려도 먼 산을 바라보며 딴청을 피워 보았다. 딱 한번 이를 악물고 엄마 말대로 했는데 오빠는 몇 번 더 나를 집적대더니 재미가 없는지 어딘가로 가버렸다.

엄마는 내게 이런 말도 해주었다. "막내처럼 딱부러지는 성격이 좋은 면도 있을 거야. 그런데 완전히 부러지면 큰 일 나지 않겠니? 좋아하는 사람한테 잘 해주는 건 누구나 할 수 있는 일이야. 싫어하는 사람에게 싫다는 표시를 하지 않아야 정말 좋은 사람이야." 이 말을 듣고 또한 깨달은 바가 있었다. 그러나 실천하기가 너무 힘들었다. 나는 싫어하는 사람에게 공적으로 불이익을 주지 않는 것 까지는 해낼 수 있었지만 싫어하는 사람에게 싫다는 표시를 하지 않는 경지 근처에도 못 갔다.

엄마의 말 중에 가장 강력하게 나를 바꾼 것은 이 말 이었다. "막내야 살다보면 하기 싫은 일이 많단다. 하고 싶은 일은 누구나 쉽게 할 수 있어. 그러나 하고 싶은 일만 해서는 아무것도 될 수 없단다. 진짜 하기 싫은 일이라도 꾸욱 참고 하다보면 뭔가 되도 크게 되어 있을 걸?"

낙선 이후 지역행사에 가고 방송토론에 나가 말로 싸우는 일이 정말 싫었다. 새벽에 일어나 어딘가로 떠나는 지역 사람들을 배웅하다보면 체력이 딸렸다. 문재인 대통령을 빨갱이라고 욕하는 단체에 인사하러 가야할 때면 도살장에 끌려가는 소의 심정이 되어 머뭇거렸다. 그러나 나는 하기 싫은 일일수록 더 철저하고 확실하게 준비했고 가기 싫은 곳일수록 이를 악물고 갔다. 우리 풍토에서 TV토론은 토론이 아니다. 논리적으로 상대방의 주장의 허점을 파헤치거나 자신의 주장을 증명하는 과정이 아니다. 그냥 말싸움하는 수준에 머물러 있다. 지역 시청자들은 토론 내용보다는 머리모양, 옷차림에 대해 더 많이 언급했다.

결국 방송토론은 말싸움이다. 전국적으로 생중계되는 방송에서 소위 셀럽이란 자들이 말싸움을 하는 것이라 생각되었다. 진짜 나가기 너무 싫었다. 너무나 방송토론에 나가기 싫었기 때문에 자료를 거의 완벽하게 챙겨 읽었다. 상대방 극우 혹은 보수 패널이 말싸움을 걸어도 나는 하나하나 팩트체크 하고 여야를 넘은 제3의 시각으로 합의점을 찾아보려 애썼다. 문재인정부가 잘못한 점은 억지로 옹호하지 않고 깨끗하게 잘못을 인정했다. 그리고 한 명 두 명 내 노력을 인정하는 분들이 생겼다. 다른 지역의 지지자들은 내게 무의미하다. 남양주병지역 주민들 중 보수적인 분들 중에 나의 방송토론을 보고 생각을 달리하기 시작했다는 분들이 계셨다.

남편이 나를 놀렸다. 당신 진짜 공부 열심히 한다. 존경해... 당신 고등학교 때 까지 노트정리도 안했다더니 노트정리 까지 하더구면. 고딩 때 그렇게 공부했으면 서울대 수석했을 텐데, 안타깝다, 그지? 놀려도 반박할 말이 없었다. 다 사실이었기 때문이다. 나는 고등학교 다닐 때 노트정리를 거의 하지 않았다. 그저 수업시간에 집중해서 듣고 외워야 겠다 싶음 외워버렸다. 수학문제를 눈으로 푸는 잘못 든 버릇 때문에 엉덩이와 손으로 해야하는 문제풀이의 고된 작업과는 담을 쌓고 지냈다. 결국 본고사에서 수학시험을 안보는 대학에 들어가게 되었다. 영어와 국어는 눈과 입과 귀만으로 공부해도 일정 수준에 올라갈 수 있다. 내가 간 대학은 영어, 국어, 사회과목 중 택 1 하게 되어 있었다. 논문식 시험이라 글쓰기를 좋아했던 내게는 어렵지 않게 느껴졌다.

내가 갑자기 이대를 가겠다고 했을 때 담임선생님이 반대했다. 이대에 가려면 논문식 시험 준비를 6개월은 해야 하니 합격하기 힘들다는 거였다. 나는 속으로 교사들은 정말 학생들을 모르는구나 싶었다. 논문이라고 해봐야 결국 글쓰기 일텐데 고등학생들 끼리 겨뤄봐야 수준이 거기서 거기지 싶기도 했다. 하여간 나는 논문식 입시준비 없이 논문식 본고사 시험을 보는 학교에 응시했고 우수한 성적으로 합격했다. 아, 고등학교 때 내가 조금만 열심히 공부했으면 얼마나 좋았을까... 잠시 생각해 본 적이 있다. 허나 지나간 인생에 가정법은 없다.

엄마말씀 대로 하기 싫은 일을 열심히 하면서 만 3년이 지난 어느 순간부터 나에게는 두 개의 별명이 생겼다. 하나는 '여자유시민'이고 다른 하나는 '팩트의 제왕'이었다.

관련해 기억나는 뿌듯했던 일이 있다. 이해찬 대표가 이런 말씀을 하셨다. 2017년 대선이 끝난 직후였던 것으로 기억된다.

"최민희가 대선 기간에 수고가 많았어. 내가 방송토론을 봤지. 젊었을 때 나를 보는 것 같더라구. 내가 하고 다니던 일을 최민희가 하고 있던데. 나두 방송토론 참 많이 했어. 징그러울 정도였지."

나는 2012년 국회 들어간 직후에 이대표에게 이런 말을 한 적이 있다. 대표님 저는 이해찬계가 되고 싶어요. 정치권에 들어가 나는 외로웠다. 문성근 전 대표와 함께 정치를 시작했는데 그분이 본업인 문화예술계로 복귀했기 때문이었다. 물론 지금도 '내가 필요할 때' 이기적으로 조언을 구하긴 하지만 민주당에서 나는 늘 혼자였다. 유시민 정도는 되야 내 계보라 할 수 있지. 이해찬 대표의 답이 이랬다. 속으로 나는 유시민과 내가 창작과비평 1988년 여름 호로 동시 등단한 처지인데? 하는 엉뚱한 생각을 하고 있었다. 나는 "대표님, 그렇다면 곧 저를 받아들이시게 되겠네요."라고 말했다. 대표님은 피식 웃으셨. 그랬던 이해찬 대표가 나의 활동을 긍정적으로 평가해주다니! 대한민국 까탈정치인 제1호로부터 인정받은 기분을 독자여러분은 상상하실 수 있을까. 세상에 대고 "나는 이해찬계다!" 소리치고 싶은 기분이었다.

그렇다면 나는 아이큐가 얼마나 되는 걸까. 더러는 내가 머리가 매우 좋은게 아니냐고 말하는 분들이 있다. 나는 중상 정도의 아이큐를 가지고 있다. 아니 상하 정도일까? 아이큐 검사라는게 워낙 다양해 뭐가 뭔지는 모르겠으나 하여간 머리가 좋지 않음은 분명하다. 내가 머리가 좋고 계산이 빠른 자 라면 100% 낙선이 분명한 남양주 병 지역구 출마를 고집했겠는가. 내가 머리가 좋았다면 당선가능성이 90%인 남양주 갑이나 남양주 을로 지역구를 바꿨을 것임에 틀림없다. 나는 어떤 면에서 지독히 머리 나쁜 바보과임을 부인할 수 없다.

2016년 하반기부터 푸른나무의 '새날'이라는 유튜브에 출연하고 있다. 푸른 나무피디와 프로게이머 황희두님과 매주 화요일 밤 9시 방송을 진행한다. 그런데 그 두사람 모두 아이큐가 150이상이다. 천재들 사이의 둔재인 나는 천재들에게 맞추기 위해 부단히 노력한다. 그런데 애청자들은 그들이 아이큐 150의 천재들이고 내가 여러분과 비슷한 수준의 평범한 두뇌의 소유자임을 잘 못 느끼신단다. 대성공, 진짜 대성공이 아닐까. 적어도 나는 나이큐 150에 맞춰 낮은 아이큐를 감출 수 있는 정도의 '무엇'은 가진 것이다. 참으로 자랑스럽지 아니할 수 없다. 더욱이 황희두. 최민희의 "우리 미니하고 싶은 말 다 해!"가 새날에서 가장 인기 있는 프로그램 중 하나이니 어찌 기쁘지 아니할 수 있을까. 그러니 이 땅의 둔재들이여, 때로 노력은 천재성과 어깨를 겨룰 수 있게 해준다는 사실을 믿고 힘내자.

그런데 아버지께는 정말 죄송하다. 내가 아버지 머리 반 만 되었다면, 지금보다 훨씬 사회에 유익한 사람이 돼 있을 거다. 무엇이든 한 번 보면 외우시는 아버지를 보고 "나는 엄마 닮아 아버지 머리를 못 따라가"했다. 엄마한테도 죄송하다. 도저히 참을 수 없는 상황을 인내로 견디며 결국 많은 사람의 마음을 얻는 엄마를 보며 "나는 아버지를 닮아 엄마 발뒤꿈치도 못따라가" 했다.

남편 말대로 아버지 엄마를 5 대5 혹은 4대 6으로 닮았기에 그냥 엄마 .아버지의 50% 정도의 크기만이라도 사회에 유익한 인간으로 남을 수 있었으면 하는 바램만은 아직도 간직하고 있다.

『아버지』

아버지 청출어람, 울 집 남친

> 그래, 우리가 세상을 함께 산다는 건
> 서로가 서로의 어깨에
> 피로한 머리를 기댄다는 것 아니겠느냐
> 서로의 따뜻한 위로가 된다는 것 아니겠느냐
>
> 주용일 시
— 어깨의 쓸모 中

마무리 즈음해서 우리 식구에 대해 최소한이라도 언급해야 할 것 같다. 내 SNS 계정에 올라온 글들을 보고 일부가 말했다. 저 여자는 남편과 이혼한 거 아니야? 그도 그럴 것이 내 계정에 올라온 글에 남편 이야기가 거의 없기 때문이다. 엄마도 있고 딸도 있는데 남편과 아들에 대한 이야기는 거의 없다.

그러나 이래봬도 나는 남편 있는 여자다. 그리고 아들도 낳은 여자다. 남편은 <말>지 2호기자다. 나는 79학번이고 남편은 80학번이다. 1985년 6월말 어느날 임재경선생과 함께 <말>지 사무실에 들어온 남편을 보고 나는 깜짝 놀랐다. 웃기는 얘기지만 러시아혁명의 주인공 레닌과 흡사한 외양이었기 때문이었다. 대빡이마에 크지 않은 빛나는 눈, 꼬리가 올라간 짙은 1자 눈썹이 그랬다. 특히 앞이마가 인상

적이었는데 흔히 소설 속에서 묘사되는 천재형 인간의 이마와 흡사했다.

　결혼하고 몇 년 동안 시부모님과 같이 살았다. 특히 시어머니의 아들들에 대한 자부심은 대단했다. 하긴 아들 다섯 중에 3명이 소위 s대 출신이니 자랑스러울 만도 했다. 나머지 아들 둘도 학벌에 있어서는 빠지지 않았다. 큰 딸은 경남여고 출신이었다. 시어머니께 첫 인사를 드리러 갔을 때 이런저런 얘기 끝에 내게 물으셨다. 그 대학은 반에서 5등정도 하면 가나. . . 나중에 어머니가 언급한 반에서 5등의 의미를 알게 되었다. 경남여고에선 반에서 5등 정도 하면 서울 명문대엔 여유있게 들어갔단다. 평준화 이후 고등학교에 들어간 나는 속으로 "반에서 5등하면 서울에 있는 대학도 못 들어가는데. . ." 생각했지만 하늘같은 시어머니 앞인지라 아무 말 못하고 끌탕 중이었다. 그때 고등학교 교사를 하던 큰 형님이 끼어들었다. 어데예. 반에서 1,2등해도 갈까 말까 합니더. 그 순간 큰 형님이 왜 그리 이뻐 보였는지 몰랐다. 그럼에도 시어머니는 긴가민가 하는 표정이었다. 옆에서 듣고 있던 남편이 어무이요, 이사람 나이가 서른이 가까운데 고등학교 성적 얘길 와 합니꺼. 하며 웃었다.

　그렇게 말은 했지만 시집식구들의 환대는 상상초월이었다. 다들 나를 너무 귀한 사람대접을 해주어 몸둘바를 모를 지경이었다. 남편이 우리 집에 인사 왔을 때 받은 대접과는 하늘과 땅 차이라 나는 의아스러웠다. 부산 산동네 얘기이긴 해도 남편은 이름난 수재였고, 내가 남편을 좋아하게 된 것도 그의 타의 추종을 불허하는 판단력과 점잖은 태도 때문이었다. 기사쓰는 거나 일 처리하는 것을 볼 때 머리가 매우 총명한 것은 말할 것이 없었다. 그런데 나를 더 감동시킨 것은 그의 판단력과 태도였다.

<말>지는 70년대 동아일보와 조선일보에서 언론자유를 외치다 해직된 기자들과 80년 전두환에 의해 강제해직된 기자들이 주축이 돼 설립한 민주언론운동협의회 기관지였다. 관련 회의를 할 때 마다 나는 해직언론인들의 해박한 지식과 정세분석에 감탄했다. 객관적이며 냉정한 판단에 저절로 고개가 숙여졌다. 내가 우물 안 즉 학생운동 내에서 놀다 온 자그마한 개구리 아니 올챙이 같다는 느낌에 의기소침해져 있었다. 그런데 그분들 사이에서 <말>지 2호기자는 전혀 주눅 들지 않고 자기주장을 해 나갔다. 민언협은 <말>지 만들기에 집중해야한다는 기자출신 선배들의 주장에 민언협은 <말>지 만드는 진보언론사 이면서 동시에 군부독재의 언론탄압에 맞서 언론자유를 지키는 언론운동단체라며 목소리를 높였다. <말>지 2호기자는 말 하는 방식부터 달랐다. 나는 군부독재의 언론탄압에 저항하지 않으면서 <말>지만 만드는 것이 무슨 의미가 있느냐며 선배들에게 대들었다. 그런데 <말>지 2호기자는 <말>지의 소중함을 인정하고 높이 평가하며 군부독재의 언론탄압에도 맞서 싸워야 한다는 균형있는 주장을 했다.

결정적으로 내가 그를 따라 다니게 된 것은 그의 냉정한 조언 때문이었다. 재야운동권도 사람이 모이는 곳이다 보니 남녀상열지사로 이런저런 일들이 있었다. 어느 날 나는 로맨스의 여성당사자로부터

러브스토리를 듣게 되었다. 그와 유부남 민주화운동단체 사무국장이 사랑에 빠졌다는 거였다. 그때 나는 26살의 순진한 미혼여성이었다. '유부남'과의 사랑은 내 연애사전에 들어 있지 않은 단어였다. 울면서 불륜을 고백하는 그로 인해 나는 혼란에 빠졌다. 민중을 위해 민주화와 통일을 위해 헌신하겠다는 사람들이 불륜을 저지르다니. 지금 돌이켜 보면 있을 수 있는 일이었건만 하여간 젊은 나는 충격을 받았고 <말>지에도 나가지 않고 결근했다.

이틀 결근 뒤 출근했더니 <말>지 2호기자가 차 한 잔 하자고 청했다. <말>지 지하다방에서 마주 앉았다. <말>지 2호기자도 불륜의 주인공 남녀를 아는 처지였다. 그래서 나는 아무 말 하지 않고 잠자코 있었다. 어울리지 않게 결근을 다 합니꺼. 그가 물었다. 고등학교 개근상도 못 받은 사람인데요. 내가 대답했다. 불성실했군요. 최형은. 그가 다시 말했다. 우리 5남매 중 개근상 못받은 사람은 나 하나죠... 개근상이 뭐 그렇게 중요한가. 내가 덧붙였다. 중요하다고 생각하는 것 같은데? 그가 찍자를 붙었고 그렇게 생각하든가 말든가... 내가 받았다.

하여간 그날 나는 이름을 뺀 나머지 사연들을 얘기했다. 환멸이 느껴진다며 재야운동 같은 거 하지 않겠다고 화를 냈다. 내 말을 듣던 <말>지 2호기자가 피식 웃었다. 뭐 대단한 일인가 했더니 통속적인 얘기네. 했다. 그 당시 <말>지 2호기자는 애늙은이 같았다. 매사에 사는 게 다 그렇고 그렇지 뭐 그리 흥분할 일이 있느냐는 태도였다. 그러던 그가 단호하게 말했다.

"정 괴로우면 불륜을 저지른 자들을 운동권에서 퇴출시켜야지, 왜 최형이 떠납니까."

우습지 않아요? 강한 경상도 억양으로 그가 말하곤 한심하다는 표정으로 나를 보더니 일나 올라가입시더. 하고 덧붙였다. 나는 내가 떠나도 이토록 깊이 고민했다는 것만 알아줘하고 말했다. 그는 "지금 이 시간 이렇게 말한 사람으로 기억할게예" 냉정하게 말하곤 찻값을 치렀다.

갑자기 그가 내 마음 속으로 침입해 들어오는 느낌이 들었다. 그리고 <말>지 선후배로서 나는 2호 기자를 더 존중하고 좋아하게 되었다.

결정적으로 그를 좋아하게 된 것은 그의 한 가지 고백과 한 가지 행동 때문이었다.

<말>지 2호 기자는 매우 바빴다. <말>지 기자를 하면서 동시에 여러 권의 책을 기획하고 썼다. <대학의 소리> 라는 책을 공동체 출판사에서 출간하기도 했다. 시간이 없어 대충 썼으리라 짐작했는데 읽어보니 감동적인 내용이 더러 있었다. 이후 <민족이여 통일이여> 라는 책도 썼는데 의외로 감성적인 글도 그럴듯하게 쓰는구나 싶었다. <말>지 2호기자가 낸 책들은 다 몇 천권씩 팔렸다. 당시 베스트셀러 기준 2000부를 성큼 넘은 부수가 판매되었다.

그는 왜 그렇게 여러 가지 일을 할까. 궁금했다. 고등학교 졸업 후 서울로 올라와 부모로부터 거의 독립한 그였기에 생활비를 벌어야하나 헤아렸다. <말>지 월급으로 생활정도는 충분할 텐데, 돈을 많이 쓰나보다 생각하기도 했다.

그런데 추석 휴가 후 3일 정도 추가휴가를 임의로 더 쓰고 귀경한 <말>지 2호기자로부터 뜻밖의 얘기를 들었다. 이렇게 무단으로 결석하고 추후 휴가처리하고 이래도 되니? 내가 물었다. 국장님께 전화했심더. 2호기자의 대답. 국장님은 2호를 편애하서. 내 말에 그가 피식 웃더니 질투합니꺼. 하였다. 뭐하느라 휴가를 더 써? 물으며 나는 그가 없는 빈 자리가 너무 컸다고 혼자 생각했다. 최형, 내가 보고 싶었나배? 2호기자의 말에 나는 착각은 북한에서도 자유지 하고 받았다. 그런데 그가 휴가를 쓴 이유가 남달랐다.

최형, 부산 우리집이 산동네라. 지난여름 휴가 때 가보니 어무이가 아직도 부엌에서 쪼그려 앉아 밥을 하는 겁니다. 쪼그리고 앉았다가 일어서는데 엄마가 휘청하더라고. 그 모습을 보니 덜컥 겁이 났어요.

어머니 부엌을 입식으로 바꿔주는데 당시 돈으로 70만원이 들었다. 2호기자는 부엌을 고치는 비용을 마련하기 위해 책을 썼다. 애초 2일이면 공사가 끝날 줄 알았는데 추석 당일 인부들이 일을 하지 않았다. 부엌공사를 마치고 올라오느라 할 수 없이 무단휴가를 썼다는 거였다.

<말>지 2호기자의 효심이라 해야 할지 아니면 휴머니즘적 보편성의 발현이라고 해얄지 나로선 판단이 잘 되지 않는 행동을 접하고 많은 생각을 하게 되었다. 그 때에도 나는 <말>지 활동비로 생활이 잘 안되면 부모님으로부터 추가용돈을 받을 때였다. <말>지 기자시절에도 나의 든든한 후원자는 우리 엄마였다. 엄마는 내게 부족한 것을 언제든 채워 주셨고 나는 민주화운동을 하면서도 경제적 어려움을 겪

어본 적이 없었다. 그런데 <말>지 2호기자를 보며 근본적인 반성이 일었다. 나는 언제까지 엄마에게 의지하며 살 것인가. 갑자기 <말>지 2호기자가 한없이 커 보였고 내 스스로가 철부지 어린아이 같이 느껴졌다.

그의 한 가지 고백은 가슴 아픈 것이었다. <말>지 기자 세 사람이 모인 술자리. 어울리지 않게 2호기자가 분위기를 잡으며 말한 것은 첫사랑과의 진짜 이별이었다. 중학교 2학년 때부터 사랑한 여인과 7여년 만에 진짜 이별을 했다는 거다. 진짜 이별했으므로 우리들에게 아픈 러브스토리를 얘기한 것일 게다. 어쩌면 그의 첫사랑은 짝사랑인지도 모른다. 상대방은 그의 짝사랑을 알기나 했을까 의구심도 가질만한 상황으로 보였다. 그러나 어떤 사랑이면 어떠랴. 2호기자에겐 가슴저민 첫사랑임에 분명했을 게다.

군부독재의 탄압으로 살얼음 걷듯 <말>지를 만들었던 우리들 사이에서 가장 단단하게 느껴진 그 였다. 담배나 술에도 의지하지 않고 오직 공부와 자신의 판단력을 믿고 냉정하게 일하던 2호기자의 첫사랑 고백은 남다른 의미로 다가왔다. 이후 <말>지 기자 세 사람은 서로를 '식구'처럼 아끼기 시작했다.

모든 면에서 어른스러웠던 <말>지 2호기자라 내가 먼저 그를 좋아했고 쫓아 다녔다. 처음엔 동지로서 존경했고 어느 순간 이성으로 그가 좋아졌다. 그런데 막상 그의 집에 인사를 갔을 때 시댁 식구들이 나를 지나치게 환대하니 혹시 2호기자에게 숨겨진 사연이라도 있나 싶었다. 사연이 있긴 있었다. 시아버지는 어릴 적부터 영리하고 민첩

한 4째아들에게 기대가 가장 컸다고 한다. 시어머니는 4째 아들을 4째 딸처럼 좋아했다. 초등학교 때부터 전교1등을 놓치지 않는 넷째 아들이 딸처럼 싹싹하기까지 했다는 것이다. 딱 한번 엄마에게 투정부린 것을 제외하곤 어마를 거스르는 일이 없었단다. 4째가 딱 한 번 엄마에게 화를 낸 일이 뭔지 남편에게서 들었다. 우리 어렸을 적엔 밀가루 음식을 많이 먹었다. 미국이 원조 밀가루를 보내줘 배급밀가루가 나왔기 때문이다. 칼국수, 수제비 등을 질리도록 먹었다. 남편이 6살 무렵, 낮잠을 자고 일어났는데 엄마가 수제비를 주더란다. 어린 4째는 갑자기 수제비가 먹기 싫어, 내 밥 줘. 하고 소리를 질렀다. 징징거리며 울었다. 그러자 시어머니는 어떻게 구했는지 쌀밥을 가져다주었다. 밥을 퍼먹으며 남편은 그렇게 행복하더란다.

그런데 가장 기대가 컸던 아들이 학내시위를 두 번이나 주동하고 감옥에 갇힌 다음 두 분은 하늘이 무너지는 것 같았다. 이제 저 아들은 어떻게 살아갈 것인가.

시어머니의 형부는 남로당 지도자였다. 형부로 인해 언니와 조카들이 겪은 어려움을 잘 알고 있었다. 연좌제가 서슬퍼렇게 살아있던 시절 아들이 덜컥 감옥에 갔고 학교에서 제적되었다.

하늘이 노랗더래이. 이제 수웅이 인생도 조졌다 싶었다. . . 아버님은 4째가 감옥간 이후 지병인 당뇨병이 악화되어 고생했다. 담대한 시어머니였지만 이제 4째는 장가조차 못들겠구나, 누가 저런 불온분자에게 시집오겠노 싶어 혼자 애태웠다. 장가조차 못갈 것이라 걱정했던 4째가 어느 날 결혼할 여자를 데려왔다. 사지 멀쩡한 대학 나온 여자였다. 즉 우리 시집사람들은 4째 며느리에 대한 기대치가 0에 가까웠다. 덕분에 나는 처음부터 시집에서 큰 환대를 받았다.

돌이켜보면 내가 가장 행복했던 때는 1988년부터 1991년 사이 즉 아들을 낳고 시부모님과 함께 살던 때 였다. 시아버지 - 남편 - 우리 아들은 붕어빵 3대로 불릴 정도로 느낌이 비슷했다. 심지어 부산 큰고모가 다니러 오면 3 더하기 1로 불렀다. 서울역에서 내린 시고모가 택시를 타고 우리 아파트로 가자고 했다. 갑자기 택시기사가 우리 아들이름을 얘기하며 그 댁에 가느냐고 물었다. 깜짝 놀란 애들 고모가 어찌 아느냐고 물었다. 기사는 딱 보니 ○○ 할아버지 따님인데요... 그 기사는 우리 옆집 아저씨 였다.

그 4년 동안 막내도련님도 같이 살았다. 25평 아파트에 5명이 복작복작 부대꼈다. 철없는 며느리였다. 시동생과 다투기도 했다. 그러나 웃음꽃이 가시지 않던 행복한 때였다. 특히 우리 아들에겐 복된 아기 시절이었다. 시어머니와 시아버지는 4째의 아들을 끔찍하게 사랑해 주셨다.

시어머니와 얼굴 한 번 붉힌 적이 없다. 그것은 순전히 우리 어머니의 인격에 힘입은 거 였다. 어머니는 지혜롭고 자존감이 강한 여성이었다. 귀족적인 외모에 걸맞게 아무리 몸이 불편해도 품격을 잃지 않는 분이셨다. 시아버지는 우리 시대 마지막 휴머니스트셨다. 모든 사람에게 최선을 다하시느라 정작 가족에겐 불편을 끼쳤던 분이었다.

시아버지와 우리 아버지는 종종 만나 같이 놀러다니시곤 했다. 그 또한 우리 시아버지의 넉넉한 인정 덕분이었다. 구두쇠이며 까탈스러운 우리 아버지와 동무를 해주신 것만으로 시아버지는 '성인'이라고 나는 생각했다. 물론 두 분의 여행경비는 모두 시아버지가 부담하셨을 터였다. 즉 우리 남편이 준 용돈이었다는 애기다.

내가 입에 달고 다니는 사랑과 결혼의 변증법, 즉 열정 – 애정 – 우정 – 동정의 순환 고리에 비추어 볼 때 우리는 우정에서 동정의 단계로 넘어가는 단계이다. 매사에 불편부당한 남편과 살면서 나는 좀은 외로웠다. 성질 꽉꽉한 남편과 살면서도 우리 엄마는 아버지로 인해 불편한 적은 있어도 쓸쓸하다는 생각은 해본 적이 없다셨다. 할머니를 비롯해 시집식구들과 트러블이 있을 때 아버지는 늘 엄마 편에 섰다. 엄마는 때로 느그 아부지가 지나쳐서 내가 힘들었지 하시면서도 뿌듯한 속내를 감추지 못하셨다. 남편은 정반대였다. 그는 크고 작은 집안문제가 생기면 늘 나를 질책했다. 그래서 열정으로 만난 뒤 아이를 키우며 애정을 꽃 피우는 단계에서 남편과 별로 잘 지내지 못했다. 각자 자기 일에 빠져 살기 바빴던 것도 잘 지내지 못한 이유였을 거다. 그러나 남편이 늘 시집식구 편을 든 것이 내게는 더 결정적이었다. 애정단계를 넘어 우정단계에 들어서면서는 과거 동지애도 녹아들어 그럭저럭 잘 지내게 되었다.

부부는 속궁합이 좋아야 한다든가 성장환경이 비슷하면 잘 산다든가 성격이 맞아야 한다든가 각종 속설들이 난무한다. 속궁합이고 뭐고 그런 영역은 어차피 모든 남녀를 다 확인해보고 결혼할 수 없는 것이고 보면 호사가들의 빈말이 아닐까 싶다. 성장환경이 비슷하면 이해도는 높겠지만 재미가 없을 것도 같다. 성격이 맞아야 한다 역시 일반론에 불과한 것 아닐까.

　그냥 연애에 눈뜰 시기에 만남의 범위에 있는 자들 중, 접촉횟수가 많은 소수 안에서 연애상대를 택하는 걸 두고 운명의 짝이니 뭐니 하는 게 아닐까. 소시적 나도 혁명과 연애의 변증법운운하며 숙명적 사랑을 논할 만큼 논해보았지만 다 부질없는 것임에랴.

　야비한 일부 남녀는 성격마저 적당히 포장해 속일 수 있는 것이고 보면 성격이 맞아야한다는 말도 빈 소리일 공산이 크다는 게 내 결론이다. 그럼 뭐야, 운명적 사람은 그냥 우연을 포장한 것에 불과하고 성격도 성장환경도 별 중요변수가 아니라면 도대체 뭐냐고 물을지 모르겠다. 맞다. 쓰고 보니 나도 그런 질문을 내게 하게 된다. 답은 이거다. 사람마다 가치관이 다르고 자신이 중요하게 여기는 핵심 포인트가 다르니 각자 알아 각자의 기준대로 선택하면 된다는 것이다.

　내 경우 남자 선택의 중요한 기준이 목소리였다. 나는 또랑또랑하고 딕션이 좋은 남성을 선호했다. 실지로 딕션이 안 좋은 남성에게는 연애감정이 일지 않았다. 목소리 좋은 남편의 선택기준은 눈동자였다. 남편의 눈동자론은 대단했다. 그는 눈동자의 색깔과 빛남 정도에 따라 아이큐 정도 및 인간됨됨이를 가늠했다. 신기한 것은 시간이 흐른뒤 돌아보면 남편의 사람평가가 정확했다는 거다.

　나는 지역구에 내려와 많은 사람을 만났다. 나는 대체로 사람들을 좋게 보는 편이다. 특히 내게 잘해주는 사람은 무조건 좋게 본다. 이런 나를 두고 남편은 "당신은 귀가 얇고 이간을 잘 당할 사람"이라며 "당신 같은 사람은 접근해 이용하기 딱 좋은 스타일"이라 걱정했다.

내 주변으로 다가오는 사람 한 명 한 명에 대해 남편은 냉정한 평가를 내렸다. 심지어 저 사람은 반드시 당신을 어려움에 처하게 할 것이니 멀리 하라고 까지 조언한 적도 있다. 5, 6년후 남편의 말은 다 맞았다. 남편은 자기 조언을 거절한 나를 한 껏 비웃으며 놀렸다. 배신의 아픔에 시달리는 아내를 놀리는 남편과 어떻게 애정을 꽃피울 수 있겠는가. 본질적으로 남편은 열정단계야 본능영역이니 그럭저럭 수비정도 수준으로 거칠 수 있었겠지만 나 아니라 그 어떤 여성과도 애정을 싹틔우지 못할 사람이라 나는 확신하며 살고 있다.

그렇다면 남편은 뭘 기준으로 사람을 평가한 걸까. 눈동자다. 남편의 눈동자 개똥철학은 이랬다.

"전통적으로 머리가 좋은 사람은 갈색의 빛나는 눈동자를 가지고 있어. 이 영역의 최고봉이 장인어른이라고 할 수 있지. 굳이 분류하자면 당신도 그 부류야. 처음에 당신을 봤을 때 눈동자를 보고 깜짝 놀랐지. 회의 때 성질부리는 거 보고 두 번째 놀랐고. 고동색의 깊숙한 눈동자를 가진 사람들은 사유의 깊이가 있어. 반짝반짝한 아이디어는 별로 없지. 그 남진 노래 중에 새카만 눈동자의 아가씨 그런 노래 있잖아? 머리가 안 좋아. 깊숙한 고동색의 눈이 빛나기 까지 하는 사람들이 있어. 아인슈타인 등이 그렇더라구. . ."

남편의 눈동자론은 세분하자면 끝이 없었다. 색이 진한가 옅은가의 정도, 빛나는 정도, 눈동자의 크기, 흰자 위와 눈동자의 구분 정도에 따라 평가가 달라졌다. 하여간 재미있었다. 첫 만남에서 내 눈동자를 보고 그때부터 내가 보통내기가 아니라고 생각했다니 특이하게 느껴졌다.

남편의 눈동자론은 딱 한 번 수정되었다. 새카만 눈동자 중에 머리 좋은 사람을 발견했다는 것이다. 새카만 눈동자인데 깊이가 있고 반짝이는 사람이 있더라는 것이다. 그 경우는 타고난 머리는 별로 안 좋은데 후천적 노력에 의해 머리가 발전한 케이스로 본다고 남편은 말했다. 나는 그의 말을 들으며 박장대소했다. 그가 너무 진지했기 때문이었다. 눈동자론을 수정하는 게 뭐 대단하다고 남편이 거의 유레카 수준으로 기뻐하니 어찌 우습지 아니했겠는가.

내 경우 목소리와 함께 입장의 동일함이 중요했다. 故신영복교수는 "인간관계의 최고 형태는 입장의 동일함이다." 라고 했다. 가치관과 신념체계가 같은 것이 인간관계를 맺음에 있어 본질적이라는 의미일 것이다. 한편 이 말은 도달하기 어려운 목표라는 뜻이기도 하다. 부부라고 하여 모든 세상사에 대해 입장이 동일할 수 있을까? 하여간 결혼 전에 나는 적어도 세상을 평등하게 바꾸고자 노력하지 않는 사람에게는 마음이 가지 않았다. 남편은 <말>지2호 기자였으므로 나와 삶의 지향이 같았다. 결국 나는 대화가 되는 남자를 택한 것이다.

남편은 목소리도 좋았고 나와 입장도 동일했다. 관념적 조건으로는 내 맞춤형 연애대상이었다. 그런데 결혼하고 시집문제를 놓고 입장이 동일하지 않음을 확인하게 되었다. 이미 아들도 낳은 상태였고 다른 선택을 할 수가 없어서 참고 살았다. 열정단계에서는 그럭저럭 성공한 선택이었는데 애정단계에서 우리결혼은 결코 성공이라고 보기 어려웠다.

귀책사유는 남편에게 있었다. 남편은 나와 우리 아들을 돌보겠다는 생각보다는 공익이라든가 자신의 미래에 더 관심이 많았다. 우리 아들을 생각하면 짠한 마음이 앞선다. 아빠는 자기 자신에게 몰두하고 있었고 물리적으로도 같이 있는 시간이 매우 적었다. 엄마라는 사람은 어땠을까? 서른 두 세살까지 나는 아이를 키워야 했으므로 민주화 운동 일선에서 활동하지 못하는 것에 대해 늘 미안한 마음으로 지냈다. 머릿속으로는 세상을 들었다 놨다 하면서 내 현실은 아이에게 발목 잡혀 있다고 생각했다. 지금 돌이켜 보면 참으로 어리석은 생각이었다. 엄마는 아이를 낳는 순간 아이에게 최선을 다해야 한다. 내 앞 생명보다 소중한 가치는 없다. 실제로 나는 아이에게 가장 많은 시간을 할애했고 아이가 내게 매우 소중하다고 생각했다. 아이러니한 것은 나의 뒤죽박죽된 가치들로 인해 스스로를 괴롭혔고 스스로를 괴롭히는 엄마를 보면서 아이도 불안했다는 것이다. 다행히 우리 엄마 가까이 살았기 때문에 내 아들은 외할머니를 마음의 고향처럼 생각하며 스스로 컸다.

쉰 살이 넘어 우리부부는 우정단계에 진입했다. 친구처럼 동지처럼 많은 대화를 했다. 특히 낙선 이후 남편은 나의 심리치료사, 정신 관리자 역할을 아낌없이 다 해주었다. 사업을 하느라 늘 시간에 쫓기는 그였지만 나와 대화하는 시간을 최우선으로 할애했다. 대화라고는 하지만 나의 일방적인 푸념이었다. 전날 마을을 돌며 있었던 일들, 특히 구박을 받거나 푸대접을 받은 일들을 남편에게 미주알고주알 일러바쳤다. 낙선 후 거의 1년 동안 아침마다 1시간 이상 남편은 내 얘기를 들어주었다.

　낙선 인사를 한 달 정도 한 어느 날 나는 매우 우울한 상태가 되었다. 새벽에 여행 떠나는 지역주민의 관광버스 인사를 하고 들어온 날이었다. 엘리베이터를 타고 집으로 올라오는데 70대 초반의 남성을 만났다. 그분은 나를 알아보고 반가워했다. 그분이 처음 나를 알아보고 최민희 의원 아니세요? 낮게 말했을 때 나는 가슴이 덜컹 했다. 그즈음 마을행사에서 그림자취급을 받았기 때문에 의기소침한 상태였다. 나는 눈이 동그래져서 안녕하세요 하고 인사를 받았다. 대개 마을 어른들은 새누리당 지지자였다. 이분이 또 무슨 말을 하려고 하나. 가슴이 콩콩 뛰었다. 그의 입에서 예상하지 못했던 말이 흘러나왔다. "최의원 미안해요. 우리가 사람을 몰라보고 정말 미안합니다. 우리 동네에 이런 보물이 들어온 줄 몰랐어요." 갑자기 가슴이 먹먹해지며 눈물이 핑 돌았다. 그분은 다음기회에 꼭 도와 드릴께요 했다.

　그때 나는 왜 그렇게 우울해졌을까? 현관문을 열고 들어와 내 방 침대에 엎드려 엉엉 울어버렸다. 깜짝 놀란 남편이 여보 무슨일이야. 하고 물었다. 나는 우리 이사가자. 나는 이 동네가 정말 싫어. 정치 같은 거 하고 싶지도 않아. 문재인 대표 대통령 만들기는 어느 동네에 가도 다 할 수 있어. 하고 소리쳤다. 남편은 그래. 당신 맘대로 해줄게. 하며 문을 닫아 주었다. 한참 울고 났는데 부끄러운 생각이 들었다. 아무리 내가 어렸을 때부터 울보였다고 해도 이 나이에 엉엉 울다니. 창피했다. 당장 문 밖으로 나가 엄마 밥을 차려주어야 하는데 어떻게 저 문을 열고 나가지? 혼자 고민하고 있었다. 그때 남편이 문을 열었다. 여보 밥 먹자. 이제 다 울었나. 엎드려서 나는 생각했다. 지는 척하고 일어 날까. 그냥 자는 척 할까. 이때 남편이 민희야. 안자는 거 다 안다, 말하 며 내 어깨를 잡았다. 실컷 울었으니 배고프지? 밥 묵자. 밥 먹고 또 울 어라. 남편의 말에 나는 못이기는 척 일어나 앉았다. 웬지 어색한 느낌 이 들었다. 여보 우리 이 동네 떠나자. 나는 이 동네가 정말 싫어. 나처 럼 좋은 사람을 알아보지도 못하고 이상한 사람을 뽑는 이 동네가 진 짜 싫어. 하고 말하며 남편을 바라보았다. 남편이 빙그레 웃었다. 당신 은 이 동네 절대 못 떠나 내일 아침이면 또 인사하러 나갈 거면서. 나 는 고개를 저으면서 아니야. 절대 아니야. 하고 말했다. 다음날 아침 나는 새벽인사를 나갔다.

　피선거권을 박탈당했을 때 하늘이 무너지는 것 같았다. 나는 내가 조금만 더 조심했다면 이런 수모는 겪지 않았을 거야. 생각하며 나를 괴롭혔다. 방송토론 당시 유일호장관을 만나서 합의했다고 표현하는 대신 협의했다고 표현했다면 아예 수사대상도 되지 않았을 일이었다. 남경필지사를 어떻게 믿고 나는 남경필이 남양주 테크노벨리 사업 유 치를 약속했다고 말해 버린 것인가. 실제로 모든 정황을 볼 때 유일호 장관이 합의했다고 나는 받아들일 수 있었고 남경필이 내 부탁에 고 개를 끄덕이며 네 하고 답했으므로 나는 그것을 약속으로 받아들였 다. 허위사실유포란 내가 의도적으로 거짓말인 줄 알면서 발언했다 는 의미다. 정말 아니었다. 조안 IC 설치로 유일호를 만날 때 최재성 의원과 같이 갔고 진건 테크노벨리 관련해선 이모 보좌관으로부터 확 정된 상태이니 남경필을 만나 재확인만 하심 된다고 수차례 보고를 받지 않았던가.

　실제로 나는 유일호 장관과 남경필 지사를 만났고 긍정적인 답변을 받았다. 다른 현역의원들의 경우 이정도 사안으로 피선거권을 박탈당한 사람은 없었다. 나는 방송토론, 주광덕 측의 고발, 검찰조사, 기소와 재판 과정을 반복해 복기하며 나를 괴롭혔다. 하루는 후회하고 하루는 분노에 치가 떨렸다. 이런 나를 보다 못한 남편이 어느 날 "그렇게 혼자 끌탕하지 말고 옷 입어. 나랑 바람이라도 쐬러 가자"하였다. 그즈음 나는 지역행사가 없을 땐 집에서 혼자 자신을 달달 볶으며 시간을 보냈다. 남편은 그냥 잠자코 따라와요. 했는데 뭔지 모를 위압감이 느껴지는 말투였다. 우리는 함께 지하 2층 주차장으로 내려가 차에 올랐다. 남편은 아무 말 없이 차를 몰기 시작했다. 우리가 도착한 곳은 아버지 묘가 있는 수목원이었다.

　남편이 깊은 눈길로 나를 바라보며 "당신은 최갑영의 딸이잖아. 장인이 얼마나 현실적인 분이었는데, 이건 장인 딸답지 않은 허송세월이야" 하고 말했다.

　"최민희가 이렇게 바보였어? 다른 일엔 그렇게 똑똑하게 굴면서 자기 일엔 바보네. 한발 떨어져서 봐. 박근혜 입장에서 생각해보라고. 죽여버리고 싶을 만큼 당신이 밉지 않겠어? 당신은 박근혜 안방까지 들여다봤잖아. 청와대 침대3개까지 폭로 했잖아. 당신이 윤전추와 필라테스 장비를 폭로했을 때 청와대 사람들 기분은 어땠겠어? 제2부속실 몰래카메라는 어떻고. 박근혜는 그 몰래카메라 때문에 제2부속실을 없애야 했지.. 당신 정말 대단한 일을 했어. 그리고 당신 자부심 가져도 돼. 예전의 당신이 오늘의 당신을 구한 거거든.”

무슨 말인가 싶어 남편을 바라보았다. 남편은 내 머리를 콩 쥐어박고 말을 이었다.

“군부독재 때 같으면 당신은 쥐도 새도 모르게 잡혀가 어찌되었을지 몰라. 당신 지금 살아 있잖아. 우리가 민주화운동을 하지 않았다면 민주화된 세상은 오지 않았을 거야. 우리도 일본처럼 극우보수정권이 장기집권 했을 테고 음으로 양으로 권부의 폭압이 계속 되었을 거라고. 그러면 아무리 국회의원이라도 대통령 안방까지 들여다보고 침대까지 폭로하는데 그냥 두겠어? 당신 재판은 정상적인 재판이 아니야. 판결문을 읽어 봐봐. 그게 말이 되는 논리니? 당신에게 유죄를 주겠다는 목표를 정하고 어거지로 끼워 맞춘거야. 판결문은 귀납이어야 해. 근데 당신 판결문은 연역적이야. 이미 정해져 있었다는 거야 결과가.”

남편은 이렇게 말을 마무리했다.

“최민희. 당신은 적폐의 표적이었던 거야. 적폐들이 당신을 죽이려 했던 거라고. 나는 그런 내 아내가 자랑스러운데? 다들 그렇게 생각할 거야. 그런데 정작 당신은 매일 질질 짜고 이렇게 자기를 괴롭혀? 내가 동영상 찍어서 세상에 확 풀어버린다?”

정말 남편이 그렇게 하면 어떻게 하지? 사람들은 내가 매우 강한 사람이라고 생각할텐데 걸핏하면 엎드려 울고 신세한탄이나 하는 모습이 동영상으로 유포되면 어떡하지? 나는 정말 걱정이 되었다. 남편은 진짜 걱정하고 있구나. 진짜 동영상 뿌리기 전에 정신 차려. 하며 하염없이 웃었다.

내 친구 A는 남편이 재선에 실패하고 정신과 치료를 받으러 다녔다. P는 낙선 후 죽음의 충동을 느꼈다고 했다. 나는 낙선 했을 뿐만 아니라 적폐의 표적이 되어 억울한 재판의 결과 피선거권마저 박탈당했다. 사법농단이 벌어진 이후 세상은 나의 억울함을 인정해주었다.

아버지 묘소에서 남편과 대화를 나눈뒤 이상하리만치 나는 담담해졌다. 안정을 찾아갔다. 당신은 최갑영의 딸이야, 그걸 잊으면 안되지. 남편의 이 말이 항상 내 귓가를 맴도는 것 같았다.

그리고 박근혜, 최순실 국정농단이 터지면서 나는 다시금 세상의 주목을 받게 되었고 억울함의 일부를 풀 수 있었다.

남편은 조용한 사람이다. 번잡하게 나돌아 다니는 것을 선호하지 않는다. 시간이 나면 가족과 두런두런 담소를 나누거나 책을 읽는다. 그는 본래 모태신앙이었고 인문대를 간 이유도 독일로 유학가기 위해서 였다. 고등학교 때 부터 그는 <씨알의 소리>나 안병무박사의 <현존>을 읽었다고 한다. 본회퍼목사가 그의 롤 모델이었다. 그런데 국사학과를 가게 되었고 학생운동을 하는 바람에 그의 인생도 달라진 것이다. 나는 남편에게 본회퍼목사는 나치에 저항하다 목숨까지 잃은 분인데 그런 사람을 롤 모델로 삼으면 어떡해? 살아서 끝까지 싸워야지. 하고 말한 적이 있다. 남편은 어이없는 표정으로 당신은 왜그렇게 엉뚱한 말을 해? 죽는 것만 빼고 롤 모델이었어 했다.

이제 우리는 동정단계에 슬슬 진입하는 것 같다. 젊었을 땐 베개를 던지며 지겹도록 싸웠는데 요즘은 두 세 마디면 싸움이 끝난다. 한 두

마디 하며 싸우다가 서로마주보고 피식 웃어버린다. 동정단계에 진입하면서 가끔 우리는 졸혼 얘기도 한다. 그런데 나는 이혼이나 졸혼에는 관심이 없다. 그냥 내가 남편보다 하루만 더 살았으면 좋겠다. 결혼의 네 단계 즉 열정, 애정, 우정, 동정에서 동정단계에 진입한 부부 치고 이혼하는 일은 거의 못 보았다. 동정 다음 단계엔 무엇이 기다리고 있을까? 궁금하다.

여자가 한을 품으면

> 상처 없는 사람은 없다
> 그저 덜 아픈 사람이
> 더 아픈 사람을 안아주는 것이다
>
> 이석희 시 中
— 누가 그랬다

아버지, 이 단어를 입에 올리면 먹먹해지며 울컥해진다. 아버지가 떠나신지 도 이제 7년이나 되었다. 안방에 아버지 사진이 걸려 있어서 매일 아침 나는 아버지 영정에 큰 절을 하고 문을 나섰다. 엄마께도 큰 절을 자주 올린다. 이상하다. 큰 절을 하면 마음이 안정되고 겸손해지는 느낌이 든다.

나이가 들수록 내 행동에서 어떤 때에는 아버지가 불쑥 등장하고 어떤 때에는 엄마가 나타난다. 50살 이전엔 내가 왜 아버지처럼 행동하지? 하는 일이 많았다. 50대를 넘어서면서는 외모부터 모든 것이 엄마를 점점 더 닮아간다.

우리 집에서 아버지를 닮았다고 하면 모욕이고 엄마를 닮았다고 하면 큰 칭찬이었는데 지금은 이러면 어떻고 저러면 어떤가 싶다.

2019년 촛불집회 때 나는 촛불언니가 되었다. 검찰개혁에 작은 힘을 보탰고 세상이 그 사실을 안다. 그러나 촛불집회로 주목당하는 사람이 된 때문인지 2020 총선을 앞두고 기대했는데 사면을 받지 못했다. 이광재(前)지사가 사면되는 것을 지켜보며 마음이 쓰라렸다. 허탈하기도 했다. 그러나 언젠가는 내게도 좋은 일이 생길 것이다 굳게 믿었다. 그렇게 믿고 시민들 속에서 계속 걸어갈 뿐이다 싶었다.

그러나 내가 사면 받지 못한 것은 남양주 병 지역구에 파란을 몰고 왔다. 누가 병 지역구에 출마해 주광덕을 이길 수 있을 것인가. 나는 50% 승리는 가능하다고 보았다. 그만큼 지역구를 단단하게 다져 놓았기 때문이다. 그러나 국힘 쪽은 남양주 병 지역구만은 반드시 이긴다는 판단을 하고 있었는데, 도대체 그들은 뭘 근거로 그런 판단을 했는지 알 길이 없다. 우리 지역구에 누구를 후보로 결정 하느냐가 중요했다.

나는 당에서 전략공천대상으로 추천한 사람들 중에 김용민변호사를 택했다. 당대표가 "최민희의원과 상의해 결정하는 것이 좋겠다"는 생각이었으므로 내 선택이 중요했다. 김용민변호사는 눈이 맑았다. 나는 김용민변호사에게 "딱 4000표만 이겨 달라"고 부탁했다. 2016년 주광덕에게 나는 4000표 차로 졌다. 그리고 김용민의원은 정말 4000여표 차로 주광덕을 이겼다.

김용민의원 당선 후 정말 나를 괴롭히는 일이 있었다. 우리 내부에서 나와 김용민의원을 이간하는 사람들이 생긴 것이었다. 이미 김용민의원이 당선되었는데도 "최민희가 김용민후보를 떨어뜨리려고 했다"는 마타도어가 선거후 6개월까지 돌아다니고 있었다. 급기야 내가 가장 신뢰하는 동네 선배가 나를 찾아와 사실을 확인해달라셨다. 그는 그런 소문이 오해일 것이므로 다 같이 모여 오해를 풀자는 취지로 내게 물은 것이었다.

나는 2015년부터 2020년 4월까지 내가 남양주 병 지역구에 쏟아부은 모든 노력을 송두리째 김용민후보를 위해 내놓았다. 모든 조직과 인맥으로 그의 당선을 도왔다. 만일 주광덕이 당선된다면 나는 그 꼴을 볼 수 없다. 나는 남양주 병지역에서 견딜 수 없을 것이란 게 내 판단이었다. 나는 주광덕의 당선을 필사적으로 막아야하는 처지였다. 그런데 김용민후보가 떨어지도록 작업을 했다니 얼마나 기가 막힐 일인가.

소설이나 역사책을 보면 크고 작은 권력 이동기에 대응하는 인간의 유형이 등장한다. 누군가는 적장의 목을 베어 새로운 보스에게 갖다 바치기도 하고 누군가는 자신의 감정에 겨워 누군가를 음해한다. 누군가는 작은 자리를 탐해 새로운 보스 앞에 과거의 보스를 제물로 삼는 모습이 등장한다. 소설 속 일이 내게 일어나리라곤 상상도 못했다. 막상 당사자가 되니 충격이 컸다.

낙선 뒤 억울한 재판을 받고 문재인정부 창출 후 모두가 소위 '출세'라는 것을 할 때 피선거권이 박탈되어 범죄자라는 비아냥을 받으며 그저 바라보아야만 했다. 주변에서 장관이 된 누군가와 나를 비교하며 혀를 찼다. 그런 시선이 더 힘들었다. 그렇게 혼자 소외된 나날들을 버텨온 나에게 마지막 시련이 찾아온 것이었다. 사람들의 배신이 나에게 가장 큰 상처를 남겼다. 어느 새 내 인생의 모토는 '존버'가 됐는데 그것이 무너질 만큼 심적 타격이 컸다. 진짜 남양주를 떠나고 싶은 마음이 굴뚝같았다. 마지막 내 죽음의 허들은 사람이었다.

이때도 남편이 도와주었다. 왜 당신이 끌탕을 하지? 당신은 보통사람 같음 무너질 상황을 잘 버텨왔어. 남이 잘못한 일로 왜 자신을 괴롭히나. 당신은 버틴 정도가 아니야. 장외에서 문재인정부와 민주당을 위해 누구보다 열심히 살았어. 훌륭했어, 당신! 어려운 처지의 당신을 음해한 사람들을 용서하는 건 정의가 아니라고 내게 확실히 말해준 것도 남편이었다. 남편은 "당신은 혼자 끌탕하다가 혼자 용서하고 한없이 너그럽게 처신하곤 했지. 이번엔 그러지마. 시민운동 할 때와 달라. 정치주변에서 그런 사람들은 가까이 두면 안 돼. 그들이 당신 주변에 알짱거리는 거 내가 용납 못해" 하고 단호히 말했다.

사람에게 받은 상처는 사람으로 치유되는 것인가 보다. 지역구에서 모든 지분을 잃은 내 곁을 지켜준 분들이 계시다. 그분들이 나에게 용기를 주었다. 그리고 그동안 나타나지 않았던 많은 지역 분들이 음으로 양으로 나를 격려해주었다. 그래서 지금 나는 '존버'단계를 넘어 '애버' 중이다. 애정하며 버티기.

존버는 아버지 스타일 애버는 엄마스타일. 남편은 이렇게 봐도 저렇게 봐도 당신은 엄마 아버지 5대 5야. 엄마가 6 아버지가 4 같기도 한데... 하며 고개를 갸웃한다. 내가 보기에 이전의 나는 6대4 정도로 아버지에 가까웠다. 외모도 그렇고 성격도 그렇고 당연히 행동거지까지. 내 안의 아버지가 나를 존버하게 해주었다. 지금 나는? 6대 4 정도로 엄마 쪽에 가깝다. 외모도 점점 엄마와 비슷해지고 있다. 애버., 그래, 앞으로 어떤 일이 벌어져도 나는 애정하며 버틸 것이다.

작업후기

2015년 어느 여름날 최민희라는 사람을 처음 만났다. 당시 그는 비례대표 국회의원이었다. 그는 재선을 위해 신설될 예정이었던 남양주 병지역구로 이사해 지역을 다지고 있었다. 그리고 최민희의원실은 지역에서 일할 비서를 채용 중에 있었다.

나는 군대에서 생도생활을 포함하여 9년 동안 근무하고 대위로 전역했다. 전역한 이후로 가업을 도우며 잠깐 쉬고 있었던 나에게 최민희 의원실의 지역보좌관이었던 A로부터 제안이 왔다.

사실, 군 출신인 내게 정치영역은 낯선 곳이었다. 그리고 군은 '절대적 정치중립'을 표방하고 있기에 선뜻 내키지 않았다. 세상 속으로 나간다는 심정으로 최민희의원실에 들어갔다.

당시 나는 정치인이라고 해봐야 '노무현' 정도를 알고 있을 뿐이었다. 우선 '최민희'라는 사람이 어떤 사람인지 알아야 했다. 열심히 찾아보니, '최민희'라는 사람은 진보적인 시민단체 출신이었다. 그리고 성공한 이력이 눈에 들어왔다. 왠지 여성으로서 열심히 살아왔구나 싶어 마음이 끌렸다. 하여 '이력서'를 준비해서 서류를 넣었다. 다행히 '의원 면접'까지 갈 수 있었다.

'최민희 의원'을 처음 본 그날이 아직도 생생하게 기억난다. 나를 처음 본 순간 그는 내게 '어머! 눈이 참 맑다!'라고 했다. 그날로 채용이 되었다. 생전 처음 들어본 '눈이 맑다'라는 말도 놀라웠지만 내가 채용되었다는 사실이 더 놀라웠다. 그리고 6년이 지난 지금도 나는 최민희 의원과 함께 하고 있다.

나는 살면서 이렇게 '부지런한' 사람을 본 적 없다. 어른들은 한 몸에 두 지게 못 진다는데 이 사람은 한 몸에 몇 지게를 지고 사는지 모른다. 친정엄마와 함께 사는데 아흔 줄을 넘어서면서 어머니가 자주 아프신 듯했다. 밖으로 바쁘게 나도는 사람이니 엄마께 소홀하지 않을까 싶기도 했다. 그런데 그러질 않았다. 할머니가 입원하시면 최의원은 주말에 병원에서 자며 엄마를 간호했다. 그리고 다음날 아침 일찍 TV 토론을 하러 갔다. 어디 어머니뿐인가. 어쨌든 가정주부이고 두 아이의 엄마이다 보니 그의 주변에선 늘 이런저런 대소사가 터졌다. 가끔 저 사람은 머리가 터지지 않을까, 몸살이 나지 않을까 싶은데 그는 너끈하게 많은 일을 소화해갔다. 그토록 부지런히 살면서 그는 "아, 나는 너무 게을러. 우리 엄마만큼 부지런했다면 더 많은 일을 할 수 있었을 텐데." 한다. 나는 어쩌라구, 저 사람은 저런 말을 저리도 태연자약하게 한단 말인가. 그리고 이런 무한 체력의 원천은 어디인가 말인가!

최민희 의원의 체력은 어디로부터 기인하는 것인가? 나는 그것이 늘 궁금했다.

최민희 의원실에 채용될 때 나는 34살이었다. 10여 년간 군대에서 다져진 건장한 사나이였다. 감기 한번 걸린 적 없었다. 웬만한 일정에도 지치지 않았다. 건강 하나만큼은 대한민국 장교 출신으로서 자신 있었다. 그런데 이게 무슨 일인가? 50대 후반인 최의원을 체력적으로 따라가기 벅찼다.(솔직히 쪽팔리지만 고백하는 거다.)

도대체 최민희 의원의 강철 체력의 비결은 뭘까?

그는 알려진 대로 '술과 담배'를 안 한다. 그리고 그는 한때 자연건강법 전도사였다. 단식과 생채식을 많이 했단다. 그래서일까? 그의 회복력은 타의 추종을 불허할 정도다.

무엇보다도 나는 최민희 의원이 '끼니를 거르는 법'을 본 적이 없다. 그는 아마 전쟁이 일어나도 밥은 먹고 싸우자고 할 것이다. 끼니 때가 되면 어김없이 밥을 먹는다. 그렇다고 맛있는 것만 먹는 것도 아니다. 최민희 의원의 주식은 주로 '밥과 김치'다. 김치 하나만 있으면 밥 한공기도 뚝딱이다. 그는 밥과 김치가 세상에서 제일 맛있는 음식이라고 늘 주장한다. 이렇게 매 끼니를 챙겨먹는데도 그는 살이 별로 찌지 않는다. 덕분에 나의 살만 포동포동 올랐을 뿐이다.

최민희 의원을 근접 수행하다 보니 가끔 '최민희'를 규정해 달라고 하는 인터뷰를 하게 된다. 그때마다 나는 '지구상 최고의 지성체'라고 답변한다. 정말로 그는 단지 똑똑한 게 아니라 '언어의 마술사' 같은 느낌이 들기도 한다. 방송토론을 보고 그의 팬이 된 사람들은 그를 천재 같다고 하는데 나는 동의한다.

그런데 그는 진짜 천재일까? 그 진실을 최초 공개하겠다. 그는 천재가 아니다. 다만 천재처럼 보일 뿐이다. 방송토론 중 어떤 상황에 맞닥뜨려도 그는 반드시 논리적으로 대응하고 팩트와 수치로 시청자를 설득한다. 모르는 게 없어 보인다. 어떻게 그럴 수 있을까. 그것은 바로 끊임없이 반복된 노력의 결과이다. 그는 언제 어디서나 자료를 손에서 놓지 않는다. 예전에는 주로 페이퍼 자료를 봤는데 요즘은 '유튜브' 같은 영상자료들도 찾아본다.

자료만 볼까? 아니다. 반드시 팩트를 확인한다. 각 팩트와 관련된 취재원과 취재처를 찾아 수시로 전화해 질문한다. 만 6년 동안 최민희라는 사람은 똑같은 패턴으로 방송토론을 준비해왔다. 가끔 그런 생각이 들기도 했다. 저 사람 로봇(AI)이 아닐까?

일중독자, 자투리 시간 활용의 대가, 까탈스럽기 그지없지만 눈물도 많은 최민희 의원과 만 6년 일하며 트러블이 전혀 없었던 것은 아니었다. 한 번은 내가 번아웃 되었다고 느낀 일이 있다. 모든 게 귀찮고 기분이 다운되었다. 이 상황이 최민희 의원 탓인 것만 같아 그에 대한 불만이 커졌다.

2019년 초 최의원은 아들을 만나기 위해 중국에 간 일이 있다. 나는 그가 국내에 없는 기간에 사고를 치기로 결심했다. 최민희 의원이 중국으로 떠나던 날 나는 일을 그만두고 싶다는 뜻을 전했다. 그리고 그 일주일이 내 인생에서 가장 긴 일주일이 될 줄은 당시에는 몰랐다.

참으로 많은 생각을 했던 시간이었다. 내 인생 진로를 결정하는 선택의 순간이었다. 일을 그만두겠다고 말했지만 갑자기 나는 급 신중해졌다. 혹시나 내가 너무 쉽게 말한 것은 아니었을까? 나는 내가 왜 지금 이 길에 있는지부터 진지하게 생각해보기로 했다. 그랬더니 내가 왜 지금 여기에 있는지가 생각났다.

최민희 의원 '낙선 후' 의원실은 해체되었다. 의원실 직원 9명의 비서들 중에 가장 늦게 들어온 나는 다른 의원실에 들어가기가 어려웠다. 그렇다고 최민희 의원과 함께하는 건 더 어려웠다. 당시 낙선의 원인 중 하나가 A 보좌관의 일탈이었는데. 그가 나를 데려왔기 때문에 나는 일종의 '원죄'가 있는 셈이었다. 그래서 나는 절대로 최민희 의원과 함께 할 수 없다고 생각했다.

그런데 최민희 의원이 어느 날 지역 행사를 가는 길에 갑자기 나에게 '나랑 같이 할래?' 라고 말하는 것이 아닌가? 예상하기 어려운 제안이었기 때문에 나는 잠시 멍한 상태가 되었다. 몇 가지 의원님께 질문을 했지만 나의 본질적 의문은 이러했다. 아니 어떻게 '믿음'과 '신뢰'가 쌓여지기 전의 직원에게 그리고 본인의 낙선에 영향을 끼친 사람이 데려온 직원에게 이렇게 함께 하자는 제안을 할 수 있는 것이지? 그는 나의 이런저런 질문에 아무렇지도 않게 답했다. 나의 미래가 어떻게 되냐고 묻자. 그는 "응 나하고 같이 먹고사는 거지 뭐" 하고 말했던 기억이 또렷하다.

그의 제안에 조금은 충격을 받았던 것 같다. 그래서였을까? 나는 최의원 하고 함께 해야겠다는 생각을 했다. 이런 분이라면 당연히 해야지. 라고 결심했던 그 순간이 불현듯 생각났고 나는 다시 마음을 잡았다.

그 다음이 문제였다. 어떻게 다시 말씀드리지? 고민하고 있던 나에게 최민희 의원은 또 아무렇지도 않게 대해주었다. 그는 결코 마음이 넓은 사람은 아니다. 꼬장꼬장 매사를 따지는 사람들은 천성적으로 마음이 넓을 수가 없다. 그런데 결과적으로 마음 넓은 사람처럼 행동한다. 그때 이런 궁금증이 들었다. 대체 저 사람은 어떤 삶을 살았기에 이런 '삶의 태도'를 보여줄까? 그는 입버릇처럼 이런 얘기를 했다. "내가 잘해준다고 생각되면 나한데 갚으려 하지 말고 나중에 이주형이 윗사람이 됐을 때 아랫사람들에게 나보다 더 잘해주면 돼."

아마 나는 그의 남편보다 그와 같이 있는 시간이 더 많은 사람일 거다. 그와 함께 하면서 그가 살아온 얘기를 단편적으로 들었다. 아버지와의 추억, 어머니와의 추억 그리고 70~80년대의 이야기들. 띄엄띄엄 '에피소드'들을 들었는데 이번에 책 작업을 함께 하며 거의 풀 스토리를 접하게 되었다. 그래서 지금의 최민희가 어떻게 만들어졌는지를 이해하게 되었고 그동안 보여준 그의 삶의 태도가 어디서부터 기인하지를 알게 되었다. 아마도 '최민희'라는 사람을 안다고 생각했던 분들도 이 책을 읽게 되면 '최민희'라는 사람이 진짜 어떤 사람인지 다시 보게 될 것이다. 아마도 지금까지는 모르고 있던 부분이 더 많으리라.

촛불집회 때 그는 아름다웠다. 많은 시민들이 그의 연설에 열광했지만 연단에 서기까지 그는 고민에 휩싸였다. 당장에 촛불집회에 앞장서면 '사면' 받기 어려울 수도 있다는 주위의 우려가 있었다. 나는 그가 촛불집회 때 2백만 분의 1로 조용히 있길 바랐다. 하루빨리 그가 사면 받아 제도권 정치로 복귀하길 바랐으니까. 2019년 말 이광재 전 의원은 사면됐고 최민희 의원은 사면을 못 받았다.

　옆에서 만 6년을 근접 수행하면서 지켜본 나의 결론은 그렇다. 그는 만 6년 동안 어렵고 힘든 시기를 보내고 있다. 그러나 터널에는 끝이 있다. 그의 고난도 머지않아 마감할 것이다. 이 시기가 지나면 그의 역량이 120% 쓰일 날이 올 것임을 나는 확신하고 있다. 촛불이 마지막에 가장 큰 불빛을 내는 것처럼 그가 보통사람들을 위해 큰 불빛 내기를 희망한다. 그 희망을 담은 간절한 마음으로 기도한다. 많은 독자들이 이 책을 읽기를!

이주형

에필로그

지난해 연말, 족쇄에서 풀려났다. 원고를 출판사에 넘긴 뒤라 복권 관련 내용을 원고에 반영하지 못했다. 막상 복권되고 보니 실감이 나지 않았다. 며칠 동안 방송출연을 하지 못한 것, 오랜만에 주말을 통째로 가족들과 보낸 것, 동네를 다녀도 더 이상 주눅 드는 느낌이 들지 않는 것 등등이 변했다면 변한 걸까.

며칠 방송을 쉰 것은 박근혜 전 대통령 사면이 이슈였기 때문이다. 사면을 주제로 다루는 방송에 당사자의 한 명이 나가 왈가왈부하는 것이 겸연쩍게 느껴졌다.

우리 가족은 내 복권소식에 담담했다. 가족들 반응이 덤덤하다보니 덩달아 차분해졌다.

많은 분들로부터 축하를 받았다. 축하선물도 쇄도했다. 감사했다. 축하선물들을 모아놓고 잠시 바라보았다. 가슴이 먹먹해졌다. 눈물이 핑 돌았다. 지난 5년의 설움이 한꺼번에 달려 들었다. 그때 나는 얼마나 외롭고 힘들었는가. 위로받고 싶었다. 누군가 다가와 손 내밀어 주기를 기다렸다. 그러나 많은 것을 잃은 내게 세상은 무심했고 차가왔다. 어려운 처지가 되고 보니 깐부와 깐부 아닌 사람의 태도가 선명하게 구분되었다.

기쁘다면 기쁠 순간에 나는 이런 생각을 했다.

내가 힘들었던 5년을 절대로 잊지 말아야지. 힘든 사람들과 함께 해야지. 억울함 속에 떠난 김재윤 의원을 잊지 말아야지. 의에 굶주리고 목마른 사람들과 함께 해야지.

자유로워진 뒤 우리 동네 간부들과 거리낌 없이 어울리게 되었다. 눈이 오나 비가 오나 슬플 때나 기쁠 때나 내 곁에 있어 준 사람들, 그들과 함께 동네모임에 가는 발길이 그렇게 가벼울 수가 없다. 내 처지로 인해 그들 얼굴에 드리운 그늘이 사라진 게 가장 기쁘다.

정말 비싼 수업료를 치르고 새옹지마의 가르침과 인지상정의 냉혹함을 배웠다.

지치지 말기
포기하지 말기
끝까지 함께 하기
그리고
애정하며 버티기

나는 우리 아버지의 딸이다.

삼사재 기획선 003
아버지

펴낸 날	2022년 01월 21일
저자	최 민 희
발행인	이 정 숙
편집인	이 성 봉
표지 디자인	북디자인 스튜디오 Beautiful Stranger
발행처	삼 사 재
등록일	2020년 05월 26일
등록번호	236-93-01196
주소	(12120) 경기도 남양주시 퇴계원읍 퇴계원로 73 도서출판 삼사재
편집실	(04553) 서울시 중구 삼일대로 8길 12(충무로 2가) 태광빌딩 201호
전화	031)591-9735
대표메일	ggomo89@hanmail.net
블로그	https://blog.naver.com/samsajae0526
인스타그램	@Samsajae_book
제작	화신문화 02) 2277-7848

ISBN 979-11-970644-3-2 03190

· 잘못된 책은 구입하신 서점에서 바꿔드립니다.
· 책값은 뒷 표지에 있습니다.
· 삼사재에 대한 더 많은 정보가 필요하신 분은 블로그를 방문해주시길 바랍니다.

> 삼사재는 독자 여러분의 소중한 아이디어와 원고 투고를 기다리고 있습니다.
> 원고가 있으신 분은 ggomo89@hanmail.net으로 간단한 개요와 취지, 연락처를 보내주세요.